Freiburger Arbeiten zur Soziologie der Diktatur
herausgegeben vom Friedrich Pohlmann

BAND 5

Aufbau, Entwicklung und Verfall kommunistischer Parteiherrschaft in Polen und der DDR

Zur gesellschaftlichen Dynamik in post-totalitären sozialistischen Systemen

Helmut Rothermel

Centaurus-Verlagsgesellschaft
Pfaffenweiler 1997

Der Autor, *Helmut Rothermel*, absolvierte ein Studium der Geschichte und Philosophie in Konstanz und Freiburg sowie ein Studium der Soziologie in Freiburg, 1995 Promotion. Derzeit ist er im Archivwesen tätig.

Die Deutsche Bibliothek – CIP-Einheitsaufnahme

Rothermel, Helmut:
Aufbau, Entwicklung und Verfall kommunistischer Parteiherrschaft in Polen und der DDR : zur gesellschaftlichen Dynamik in post-totalitären sozialistischen Systemen / Helmut Rothermel. – Pfaffenweiler : Centaurus-Verl.-Ges., 1997
(Freiburger Arbeiten zur Soziologie der Diktatur ; 5)
Zugl.: Freiburg (Breisgau), Univ., Diss., 1995
ISBN 3-8255-0138-8
NE: GT

ISSN 0940-8088 * D 25

Satz: Vorlage des Autors
Druck: Prisma-Druck, Frankfurt/M.

Vorwort des Herausgebers

Der Zusammenbruch der Diktaturen sowjet-kommunistischen Typs hat der Forschung ganz neue Aufgaben und Erkenntnisperspektiven eröffnet. Es ist nunmehr möglich, Einzelphänomene dieser Systeme auf einer breiten Dokumentenbasis realistischer zu deuten, darüber hinaus aber läßt sich jetzt auch ihre Gesamtentwicklung überschauen. Wer sich um die Analyse dieser Gesamtentwicklung bemüht, der erhält nach einiger Zeit Hinweise auf eine gewisse "Entwicklungslogik", die sich in theoretischen Modellen "auf den Begriff bringen" lassen könnte. Dies gilt keineswegs nur für die Sowjetunion, sondern ebenso für die nach 1945 errichteten sowjetischen Satellitenstaaten. Die vorliegende, als Dissertation eingereichte Untersuchung ist ein Beitrag zu einer derartigen Theorie kommunistischer Herrschaftssysteme. Ihr geht es nicht nur um eine komparative Analyse der politisch-ökonomischen Entwicklung in der Volksrepublik Polen und der DDR zwischen 1945 und 1989, sondern um die Konzeption eines aus dieser Analyse entwickelten allgemeinen Modells, das die Strukturwandlungen der Herrschaftsverhältnisse in sowjetischen Satellitenstaaten bis zu ihrem Zusammenbruch erklärbar zu machen versucht. Damit hat der Autor zweifellos wissenschaftliches Neuland betreten, denn bisher gab es zwar überzeugende Theorien über die Systemwandlungen in der Sowjetunion, Modelle zur Erklärung der Entwicklungsdynamik der Satellitenstaaten in ihrer Wechselwirkung mit Prozessen im System der Vormacht aber existierten höchstens in Ansätzen.
Im Zentrum von Rothermels Untersuchung steht die "posttotalitäre" Phasenentwicklung kommunistischer Satellitenstaaten, deren Analyse mit den Prämissen und Kategorien der bis vor kurzem in der Forschung dominierenden Theorietypen nicht befriedigend gelingen konnte. Dies zeigt der Autor in einer kritischen Betrachtung des ursprünglichen und dann revidierten Totalitarismusmodells von C.J. Friedrich und der Theorie der "sozialistischen Industriegesellschaft" von P.C. Ludz auf, die ab den späten sechziger Jahren die Deutungsschemata der westdeutschen DDR-Forschung mehr und mehr prägte. In Friedrichs Totalitarismusmodellen kann der Übergang von den "totalitären" in die "posttotalitären" Stadien kommunistischer Systeme theorieimmanent nicht erklärt werden, und P.C. Ludz' Theorie beruht letztlich auf einer unangemessenen Übertragung des marxistischen Basis-Überbau-Theorems auf kommunistische Systeme. Aus dieser Übertragung erklären sich viele falsche Prognosen von Ludz, so insbesondere die Annahme, daß der ökonomisch-technische Fortschritt eine sukzessive "Demokratisierung" des politischen Systems gewissermaßen erzwinge. Ludz hatte die DDR als eine moderne, von sozialem Wandel geprägte Industriegesellschaft beschrieben. Dieser mit der Herausbildung einer technokratischen Elite verbundene Wandel garantiere nicht nur die soziale Stabilität

des Systems, sondern habe auch die alte SED-Führung gezwungen, ihr auf Terror beruhendes Herrschaftssystem zu modernisieren. Nach Ludz hatte sich die DDR von einem totalitären über ein autoritäres System schließlich zu einem "konsultativen Autoritarismus" entwickelt, und korrelativ zu dieser Entwicklung sei der Konsens in der Bevölkerung immer größer geworden. Diese schon damals falsche Diagnose - erklärbar ist sie wohl nur im Zusammenhang mit einer Deutung des Wandels politischer Mentalitäten in der Bundesrepublik - verfestigte sich bei der Mehrheit der westdeutschen DDR-Forscher zu einer unreflektierten Prämisse, die den Gedanken völlig ausschloß, daß das Herrschaftssystem der SED durch den revolutionären Widerstand der Bevölkerung zerbrechen könne.

Rothermels Untersuchung ist in ihrem theoretischen Rahmen an einem Modell über die Entwicklungsdynamik sozialistischer Diktaturen orientiert, das der polnische Philosoph und Sozialwissenschaftler Leszek Nowak für eine Analyse der kommunistischen Zentralmacht - die Sowjetunion - entworfen hat. Mit diesem Modell scheint eine angemessenere Erklärung der verschiedenen Phasen kommunistischer Diktaturen als mit dem Totalitarismus-Ansatz und der Theorie der "sozialistischen Industriegesellschaft" möglich. Nowak definiert diese Systeme überzeugend als "Tripeldiktaturen" - die herrschende Gruppe monopolisiert die politischen Repressions-, die ökonomischen Produktions- und die Indoktrinationsmittel -, und er geht von einem Primat politischer Herrschaft für die kommunistische Diktaturform aus. Seine Konzeption beruht auf der Annahme einer Eigendynamik politischer Machtverhältnisse im Kommunismus, deren wechselnde Figurationen er in verschiedenen - jeweils komplexere Faktorenkonstellationen berücksichtigenden - Modellsequenzen zu fixieren versucht. Die Grundthese Nowaks über die Entwicklung der Machtverhältnisse zwischen den Herrschenden und Beherrschten in "Tripeldiktaturen" läßt sich folgendermaßen formulieren: Der anfänglichen Revolutionsphase folgt eine Entwicklung tiefster Deklassierung der Bürger, die totalitäre Phase, die sich im Terror gegen den Parteiapparat selbst fortsetzten kann. Es kommt dann zur Bildung eines Widerstandspotentials der Beherrschten, auf das die Herrschenden mit Zugeständnissen reagieren, welche dann aber in einer neuen Phase der Deklassierung zurückgenommen werden. Dem folgt ein Widerstand auf breiterer sozialer Basis, auf den wieder mit Zugeständnissen reagiert wird... Das Niveau der Deklassierung verringert sich nach jeder Widerstandsphase der Beherrschten, und dieses Muster zyklischer Revolution und Deklassierung wiederholt sich so lange, bis sich das Kräfteverhältnis zwischen Herrschenden und Beherrschten grundlegend gewandelt hat und die Systemtransformation herbeiführt.

Das hier nur kurz angedeutete, hochabstrakte Modell Nowaks bezieht sich auf die Entwicklung in der Sowjetunion, und es beruht auf Annahmen (z.B. wird bewußt von allen externen Faktoren abgesehen), die für sowjetische Satellitenstaaten nicht unterstellt werden können. Es so zu modifizieren, daß es angemessene Kriterien zur Erklärung der Entwicklungsdynamik von Satellitenstaaten besitzt, ist das Ziel des Verfassers. Voraussetzung dafür ist freilich ein empirischer Überblick über typische Deklassierungs-, Widerstands- und Zugeständnisphasen, in dem die Wechselwirkungen zwischen den abhängigen Staaten und der Vormacht Berücksichtigung finden. Einen derartigen Überblick findet man in materialreichen Darstellungen über die Volksrepublik Polen und die DDR. Anhand der polnischen Entwicklung erläutert der Verfasser die konstitutive Rolle der Sowjetunion für die Errichtung der Diktatur und für die Stalinisierungs- und Entstalinisierungsphasen, und er macht deutlich, daß der Untergang der Parteiherrschaft in Polen Konsequenz eines Prozesses zyklischer, gescheiterter Revolutionen auf zunehmend breiterer sozialer Basis war. Dabei arbeitet der Autor überzeugend den engen Zusammenhang zwischen den politischen und wirtschaftlichen Krisen heraus, und er macht die systeminhärenten Mechanismen in Tripeldiktaturen transparent, die zur systemdestabilisierenden Verschärfung des Krisenzyklus führten.

Die Entwicklung in der DDR, mit der sich Rothermel im dritten Teil seiner Studie befaßt, unterschied sich in wesentlichen Merkmalen vom politisch-ökonomischen Krisenzyklus in Polen. Daß es hier - nach der von der Sowjetunion rasch niedergeschlagenen Revolution von 1953 - bis 1989 zu keinen größreren Unruhen mehr kam, hing eng mit der besonderen Situation der DDR als Teil einer geteilten Nation zusammen. Es war bis 1961 vor allem die Möglichkeit der Abwanderung in die Bundesrepublik, die den typischen politischen Krisenzyklus in sozialistischen Systemen abdämpfte, und danach - nach der völligen Einmauerung der Gesellschaft - war es eine präventive Krisenverhinderungsstrategie, deren wichtigster Teil die sogenannte "Einheit von Wirtschafts- und Sozialpolitik" in der Honecker-Ära wurde. Diese Politik aber hatte - in Verbindung mit einer ineffizienten Konzentration produktiver Investitionen auf die Grundstoff- und mikroelektronische Industrie - einen Verfall des Kapitalstocks zur Folge, der die DDR in den wirtschaftlichen Ruin treiben mußte.

Dem Verfasser gelingt am Schluß seiner Untersuchung - in Orientierung an Nowak - eine überzeugende Zusammenführung seiner Ergebnisse über Polen und die DDR in einem Modell über zwei "Entwicklungspfade" sowjetischer Satellitenstaaten. Zukünftigen Forschungen gibt das vorliegende Buch, das thematisch an den dritten Band dieser Reihe, Achim Siegels Analyse über die "Dynamik des Terrors im Stalinismus" anknüpft, viele neue Impulse.

Friedrich Pohlmann

INHALTSVERZEICHNIS

Seite

EINLEITUNG

Als im November 1917 von den Bolschewiki unter der Führung Lenins in Rußland der erste sozialistische Staat proklamiert wurde, kam dieses Ereignis für die Anhänger des revolutionären Sozialismus einer Zeitenwende gleich. Die „Oktoberrevolution" leitete ihrer Ansicht nach den Übergang von der geschichtlichen Epoche des imperialistischen, absterbenden Kapitalismus, der das internationale Proletariat auf die Schlachtbank des Ersten Weltkrieges geführt habe, in die Epoche der „Proletarischen Revolution" ein. Damit sei die Realisierung des uralten Menschheitstraumes von der Aufhebung der gesellschaftlichen Trennung in Unterdrückte und Unterdrückende in greifbare Nähe gerückt. Der gesetzmäßige Übergang vom Kapitalismus zum Sozialismus bedeute das Ende von Ausbeutung, Unterdrückung, Elend und Krieg; der dem Aufbau des Sozialismus folgende Kommunismus werde den „neuen Menschen" hervorbringen, dessen durchschnittliches geistiges Niveau auf einer Stufe mit Aristoteles, Goethe und Marx stehen werde.[1]

Schon bald wurden diese euphorischen Hoffnungen von der Realität widerlegt und die erhoffte weltweit siegreiche Revolution blieb aus. In Rußland selbst etablierte sich die „Diktatur des Proletariats" als eine Diktatur der kommunistischen Partei als der selbsternannten „Avantgarde" des Proletariats. Anstelle des von Lenin vorhergesagten Absterbens des Staates als einem Organ der Unterdrückung der Mehrheit durch die ausbeutende Minderheit[2] wurde die Staatsmacht als Instrument der Partei ausgebaut; der sozialistische Staat betrachtete seine Bürger als Staatseigentum und behandelte sie ebenso. Gewalt und Staatsterror wurden zur vorherrschenden Methode der sozialistischen Umgestaltung der Gesellschaft.

Obgleich der Massenterror, der während der Herrschaft Stalins seinen Höhepunkt erreicht hatte, seit den fünfziger Jahren abgebaut wurde, herrschte die Partei weiterhin diktatorisch über die Gesellschaft; der real existierende Sozialismus verhöhnte in seiner Praxis die ehemaligen Ideale der sozialistischen Bewegung aufs tiefste.

Trotz dieser Entwicklung behielt die Sowjetunion lange Zeit eine beträchtliche Anziehungskraft auf eine Massenminderheit unter der Arbeiterschaft und der Intelligenz in Europa. In Deutschland allerdings wurde die Anziehungskraft des sowjetischen Sozialismus von derjenigen einer anderen politischen Erlösungsreligion, die dem „Marxismus" in Todfeindschaft gegenüberstand, dem Nationalsozialismus, übertroffen. Als weitaus stärkste deutsche Partei errichtete die NSDAP unter Adolf Hitler 1933 eine Diktatur und stürzte die Welt 1939 in einen neuen Krieg.

---

1 so Trotzki, vgl. Kolakowski 1989[3], Bd.3, S.64

2 so Lenin noch 1917 in seiner Schrift „Staat und Revolution", vgl. Lenin.W.I. 1970[8], Bd.II, S.315-420

Der Angriff des nationalsozialistischen Deutschland auf die Sowjetunion im Jahr 1941, der in der Vorstellung der nationalsozialistischen Führung die Zerstörung des „jüdisch-bolschewistischen“ Hauptfeindes des deutschen Volkes bringen sollte[3], leitete die militärische Niederlage und den Zusammenbruch des Hitlerregimes ein.

Der Zusammenbruch der nationalsozialistischen Herrschaft führte unter dem Schutz der 1945 nach Deutschland vorrückenden Roten Armee zur Errichtung der sowjetischen Vormacht über und der Bildung sozialistischer Gesellschaftsordnungen sowjetischen Typs in Ostmittel- und Osteuropa.

Die vor allem von linken Intellektuellen gehegte Hoffnung, nun in Europa unter den gegenüber der russischen Situation von 1917 vermeintlich günstigeren, weil politisch-ökonomisch fortgeschritteneren Bedingungen einen Sozialismus, der den Intentionen seiner Gründer entspreche, aufbauen zu können erwies sich bald als trügerisch.[4] Ebenso wie in der Sowjetunion errichteten die kommunistischen Parteien eine Diktatur über die Gesellschaft; der Zusammenbruch des europäischen Kommunismus wurde denn auch von der überwiegenden Mehrheit der Bevölkerung der sozialistischen Staaten, bis weit in die Parteimitgliedschaft hinein, als Befreiung empfunden.

Heute ist der Sozialismus sowjetischer Prägung in Europa ein Teil vergangener Geschichte, wenngleich die gesellschaftlichen Nachwirkungen dieses Herrschaftssystems in der Gegenwart die Soziologen und Politologen noch lange Zeit beschäftigen werden. Für die Geschichtswissenschaft, deren Blick sich auf Vergangenes richtet, eröffnet der Zusammenbruch des Kommunismus in den Jahren 1989/90 neue Aufgaben und Perspektiven. Nun, da die Gesellschaftssysteme sowjetischen Typs als ein „abgeschlossenes Ganzes“ übersehen werden können, steht die Forschung vor einer doppelten Aufgabe: einerseits besteht nun die Möglichkeit, „in die Archive zu gehen“, mit Hilfe bisher unzugänglicher Dokumente das Detailwissen über die historischen Ereignisse in den sozialistischen Staaten zu vergrößern und dabei manche Meinung zu korrigieren. Andererseits gilt es, die bekannten Fakten systematisch zu ordnen und theoretisch zu interpretieren. Teil der Geschichtswissenschaft sind „Geschichts-Theorien“, die gesellschaftliche Strukturen und aus ihnen resultierende historische Entwicklungsprozesse thematisieren. Die vorliegende Arbeit versteht sich als ein Beitrag zur Theorie der Geschichte sozialistischer Gesellschaftssysteme; untersucht werden Struktur und aus ihr hervorgehende Entwicklungsdynamik sowjetischer Satellitenstaaten auf der empirischen Grundlage einer Untersuchung der politisch-ökonomischen Entwicklung in der DDR und der Volksrepublik Polen.

---

3 vgl. Nolte, Ernst, Der europäische Bürgerkrieg, Kapitel V und VI

4 vgl. Leonard.Wolfgang, Die Revolution..., Kapitel 7-9

Als in der DDR die Diktatur der SED im Herbst 1989 zusammenbrach, war dies für alle Beobachter ein überraschendes Ereignis, schien die Partei doch trotz der Abkoppelung von der Sowjetunion und der dort unter Gorbatschow eingeleiteten Reformpolitik sowie der im Sommer 1989 einsetzenden Massenflucht nicht ernsthaft in ihrer Machtposition gefährdet. Seit dem Mauerbau im Jahr 1961 war die DDR ein Staatswesen mit hoher politischer Stabilität. Zwar regte sich seit den achtziger Jahren verstärkter Widerstand gegen die Politik der Partei, die in Friedens-, Umwelt- und Bürgerrechtsgruppen organisierte politische Opposition umfasste jedoch nur einen verschwindend geringen Teil der Bevölkerung und sah ihr politisches Ziel nicht im Sturz, sondern in der Reformierung der sozialistischen Gesellschaftsordnung.

Nach den Feiern zum 40. Jahrestag der DDR-Gründung anfang Oktober 1989 und der dort ausgesprochenen Kritik Gorbatschows an der Politik des unter der Führung Honeckers stehenden Politbüros konnte man allenfalls ein Einschwenken der DDR auf den sowjetischen Reformkurs unter einer neuen Parteiführung mit Egon Krenz an der Spitze erwarten. Übersehen wurde, wie stark der Groll eines großen Teils der Bevölkerung gegen die Diktatur in den letzten Jahren angewachsen war; wer hätte vorausgesehen, daß Hundertausende in Berlin, Leipzig und Dresden trotz der Anwesenheit zahlreicher Agenten des Staatssicherheitsdienstes und der drohenden Unterdrückung des Protestes durch eine „chinesische Lösung“[5] unter dem Ruf „Wir sind das Volk“ solange auf die Straße gingen, bis die Partei abdankte und den Weg für den Übergang von der Diktatur in die Demokratie freimachte?

Anders war die Entwicklung in Polen verlaufen. Die politische Herrschaft der Partei war dort mehrmals durch revolutionäre Unruhen erschüttert worden. Die Jahre 1980/81, als die Gewerkschaft „Solidarität“ als unabhängige Interessenvertreterin der Bürgerschaft von der Partei anerkannt werden mußte, bildeten dabei nur den Höhepunkt einer Entwicklung, in welcher die Partei seit der Revolution von 1956 schrittweise an Macht eingebüßt hatte. Zwar konnte durch die Ausrufung des Kriegsrechts im Jahr 1981 und dem Verbot der Gewerkschaft die Herrschaft der Partei zunächst gerettet werden; dennoch brachten die folgenden Jahre die allmähliche Transformation der Parteidiktatur in ein parlamentarisch-demokratisches System. Mit der Einrichtung eines „Runden Tisches“ im Februar 1989 aus Vertretern der kommunistischen Regierung und unabhängiger Bürgergruppen wurde der evolutionäre Systemwechsel institutionalisiert; die Einrichtung des „Runden Tisches“ hatte dann Vorbildcharakter für die benachbarten sozialisitischen Staaten. Anschließende freie Wahlen brachten der kommunistischen Partei eine vernichtende Nieder-

5 Im Frühjahr 1989 wurde die chinesische Demokratiebewegung vom Militär auf brutale Weise gewaltsam unterdrückt. Die politische Führung der DDR begrüßte das Vorgehen der chinesischen Parteiführung.

lage und führten zu einer Regierungsbildung unter dem nicht-kommunistischen Ministerpräsidenten Mazowiecki.

Beide sozialistische Staaten, die DDR und Polen, durchliefen also eine sehr unterschiedliche historische Entwicklung. Gerade deshalb ist die vergleichende Darstellung dieser **unterschiedlichen** Entwicklungen in beiden Ländern als „empirische Basis" für allgemeine theoretische Aussagen über historische Entwicklungsprozesse in sozialistischen Systemen geeignet. Obgleich bereits eine Vielzahl von Theorien über sozialistische Systeme vorliegen[6], ist eine neuerliche theoretische Untersuchung meines Erachtens aus folgenden Gründen gerechtfertigt:

- 1968 schrieb Peter C. Ludz, einer der führenden DDR-Forscher der sechziger und siebziger Jahre über die Aufgabe der DDR- und Kommunismus-Forschung: sie habe Analysen zu erstellen, welche „die Eigendynamik von Herrschaft, Wirtschaft und Gesellschaft... exakt erfassen.Das Ziel dieser Analysen ist die Prognose, deren Sicherheitsgrad angebbar ist."[7]
Die Aufgabenstellung der Kommunismus-Forschung hat sich mit dessen Zusammenbruch gewandelt: nicht mehr die Prognose über zukünftige Entwicklungen in sozialistischen Staaten, sondern die Analyse eines untergegangenen Gesellschaftssystems ist erforderlich. Dabei sind die Faktoren, die zu seinem Untergang führten, zu erforschen.
- Innerhalb der „westlichen" Kommunismus-Forschung dominierten bislang zwei theoretische Modelle, die „Totalitarismus-Theorie" und die „Theorie der sozialistischen Industriegesellschaft". Beide können den Zusammenbruch des Kommunismus nicht theorieimmanent erklären. Sie enthalten sowohl gravierende Mängel, als auch Elemente, die in einer der Sache angemesseneren Theorie im hegelschen Sinne „aufgehoben" werden können.
- Der polnische Sozialwissenschaftler Leszek Nowak hat in seinem „Modell einer sozialistischen Gesellschaft" eine meiner Meinung nach überzeugende Theorie zu Struktur und Entwicklungsdynamik sozialistischer Gesellschaften vorgelegt und am Beispiel der Entwicklung in der Sowjetunion konkretisiert. Diese Theorie fand in der Geschichtswissenschaft, zumindest außerhalb Polens, bisher keine Beachtung. Aufbauend auf einer Kritik der „Totalitarismus-Theorie" und der „Theorie der sozialisitischen Industriegesellschaft" werden die im Vergleich zu diesen Theorien bestehenden Vorteile von Nowaks Modell zunächst dargestellt.

---

6 vgl. die Zusammenfassungen bei Meyer.1979 und Glaeßner.1982: eine Zusammenfassung auch neuerer theoretischer Ansätze findet sich bei: Pollack.1993

7 Ludz 1968, S.12. Die meisten dieser Prognosen erwiesen sich als Teil der Kreml-Astrologie und fanden keine Bestätigung in der realen Entwicklung. So wurde allgemein die langfristige politische Stabilität der sozialistischen Gesellschaften und ihre Fähigkeit zur inneren Reform überbewertet.

In der vorgelegten Arbeit sollen dann folgende Fragen beantwortet werden: Ist Nowaks allgemeine Theorie als Grundlage einer Analyse von Struktur und Entwicklung der sozialistischen Gesellschaften Polens und der DDR verwendbar? Inwiefern muß diese Theorie modifiziert und erweitert werden? Welche Elemente der „Totalitarismus-Theorie" und der „Theorie der sozialistischen Industriegesellschaft" sind in diese Theorie zu übernehmen?

Ziel ist die Erstellung eines theoretischen Modells, das langfristige grundlegende sozial-historische Entwicklungsprozesse in sowjetischen Satellitenstaaten darstellt und erklärt.

Der vorliegenden Arbeit liegt folgender Aufbau zugrunde:

A.) TEIL I

1.) Darstellung und Kritik der „Totalitarismus-Theorie" und der „Theorie der sozialistischen Industriegesellschaft".

Zwei der einflußreichsten Ausprägungen dieser Theorien, Carl Joachim Friedrichs Interpretation sozialistischer Staaten als „totalitärer Diktaturen" und Peter Christian Ludz' Interpretation der DDR der sechziger Jahre als einer post-totalitären „sozialisitischen Industriegesellschaft" bilden die Grundlage dieser Darstellung und Kritik.

2.) Es folgt die Darstellung von Leszek Nowaks „Modell einer sozialistischen Gesellschaft."

Dieses Modell zur Erklärung grundlegender historischer Entwicklungsprozesse in sozialistischen Gesellschaften gründet sich auf

a.) die ebenfalls dargestellte Forschungsmethode der „Idealisierung und Konkretisierung", sowie

b.) auf die von Nowak in einer kritischen Auseinandersetzung mit Marx entwikkelte Geschichtsphilosophie des „nicht- marxistischen historischen Materialismus".

B.) TEIL II

3.) Die auf den grundlegenden Thesen von Nowaks Modell aufbauenden, im zweiten Teil dieser Arbeit vorgelegten theoretischen Aussagen über die Entwicklungsdynamik sowjetischer Satellitenstaaten stützen sich auf

a.) einen Überblick über die Geschichte der Volksrepublik Polen und der DDR als empirischer Basis eines theoretischen gesellschaftlichen Entwicklungsmodells. Abstrahierend wird dabei ausgegangen von einer Zweiteilung der Gesellschaft in die Klassen der „Herrscher" und „Bürger". Im Mittelpunkt dieses Überblicks steht das sich wandelnde machtpolitische Verhältnis zwischen dem Parteiapparat als „herrschender Klasse" und der Bürgerschaft als „unterdrückter Klasse".

b.) Einen Schwerpunkt der vorgelegten Arbeit bildet die Darstellung der wirtschaftlichen Entwicklung sozialistischer Staaten und ihres Einflusses auf das politische System.

Es wird zunächst ein theoretisches Modell der Entwicklung des ökonomischen Sektors innerhalb einer sozialistischen Gesellschaft vorgelegt. Diese Modell wird dann anhand der konkreten wirtschaftlichen Entwicklung in Polen und der DDR überprüft, modifiziert und erweitert.

Abschluß und Ziel dieser Arbeit ist die Formulierung eines theoretischen Modells, das die Entwicklungsdynamik sozialistischer sowjetischer Satellitenstaaten unter Berücksichtigung ihrer politischen und wirtschaftlichen Entwicklung darstellt und dabei grundlegende gesellschaftliche Entwicklungsprozesse in diesen Staaten verständlich macht. Es handelt sich deshalb nicht um eine Arbeit, die neue Quellen erschließt. Vielmehr stützt sie sich auf die bereits veröffentlichte Literatur über Polen und die DDR.

Viele historische Einzelheiten und Zusammenhänge in der Geschichte der sozialistischen Staaten müssen für die Forschung erst durch das Studium bis 1989/90 nicht zugänglicher Quellen erschlossen werden. Dennoch erlaubt das bisherige Wissen die Begründung empirisch gestützter Hypothesen zur Entwicklungsdynamik dieser Staaten. Diese Hypothesen müssen aber an zukünftig erschlossenen Quellen ständig überprüft und wenn nötig modifiziert oder geändert werden.

TEIL I

THEORIEN ZU STRUKTUR UND ENTWICKLUNGSDYNAMIK SOZIALISTISCHER GESELLSCHAFTEN

1.)Der Begriff der „Totalitären Diktatur" zur Charakterisierung der Herrschaftsform sozialistischer Staaten bei C.J. Friedrich

Als einflußreichstes theoretisches Modell zur Analyse sozialistischer Gesellschaftssysteme innerhalb der „westlichen" Forschung galt bis Mitte der sechziger Jahre die „Totalitarismus-Theorie". Die bis heute nicht beendete Ausarbeitung verschiedener Ansätze zeigt, daß bislang keine „wissenschaftlich gültige" Definition des „Totalitarismus" existiert.[8] Für die historische Forschung einflußreichste sowie in der interessierten Öffentlichkeit bekannteste Ausprägung der Theorie ist die von C.J. Friedrich unter Mitarbeit von Z. Brzezinski 1956 veröffentlichte, in der Studie „Totalitäre Diktatur" erarbeitete Version;[9] deren grundlegende Aussagen sollen im folgenden dargestellt werden.

Friedrich gewinnt seinen Begriff der „Totalitären Diktatur" anhand einer vergleichenden Analyse von kennzeichnenden Merkmalen des Stalinismus, des Nationalsozialismus und des italienischen Faschismus. Auf die Problematik seiner These von der „Ähnlichkeit" dieser Herrschaftssysteme kann an dieser Stelle nicht eingegangen werden;[10] es soll lediglich festgestellt werden, daß Friedrich den Terminus „Totalitäre Diktatur" zur Bezeichnung einer „voll entwickelten" sozialistischen Gesellschaft verwendet. Die sozialistische Gesellschaft habe im „Totalitarismus" zu ihrer sie wesentlich kennzeichnenden Ausprägung gefunden.

Die **Struktur** „totalitärer Herrschaft" läßt sich nach Friedrich mittels eines „Merkmalssyndroms" benennen; jedes totalitäre System ist durch sechs sich gegenseitig stützende und ergänzende Merkmale gekennzeichnet. Diese sind: 1.) eine totalitäre Ideologie 2.) eine Einparteidiktatur 3.) eine terroristische Geheimpolizei 4.+5.) das Informations- und Kampfwaffenmonopol der herrschenden Partei 6.) eine zentralistische Planwirtschaft.

Die „Totalitäre Diktatur" ist für Friedrich eine Erscheinung des 20. Jahrhunderts und eine Herrschaftsform „sui generis". Es lassen sich bestimmte Voraussetzungen der Entstehung totalitärer Diktaturen benennen:

a.) die moderne Demokratie als Voraussetzung der totalitären Ideologie und Partei: die „totalitäre Partei erwächst als pervertierte Fortsetzung aus dem Parteiwesen der Demokratie."[11] Eng mit dem Aufkommen demokratischer Parteien ist das Entstehen von Ideologien verbunden. Eine totalitäre Ideologie tritt „an die Stelle der

---

8 vgl.Meyer 1979, S.178

9 Ähnlich großen Einfluß hatte Hannah Arendts Studie über „Elemente und Ursprünge Totaler Herrschaft. Arendt beschränkt selbst die Reichweite ihrer Theorie - soweit sie sozialistische Systeme betrifft - auf die Phase des „Stalinismus"; siehe dazu das Vorwort der Studie. Da es in der hier vorgelegten Arbeit um langfristige Entwicklungen sozialistischer Gesellschaften geht, wird Arendts Theorie nicht behandelt.

10 Friedrich 1957, S.15; vgl. dazu Jänicke, 1971 passim und „Historikerstreit", 1987

11 Friedrich 1957; S.22

üblichen Parteiprogramme, die an den bestehenden Zuständen eine mehr oder weniger begrenzte und gemäßigte Kritik üben. Die totalitären Ideologien gehen weit darüber hinaus."[12]

b.) Eine weitere Voraussetzung des Entstehens totalitärer Diktaturen ist die „moderne Technik". Die Wirksamkeit des Terrors der Geheimpolizei, die Durchsetzung des Informations- und Kampfwaffenmonopols sowie die zentrale Wirtschaftsplanung sind nur auf der Grundlage und mit Hilfe einer modernen Technologie möglich.

Im folgenden soll nun näher auf die drei von Friedrich in seinem Merkmalssyndrom totalitärer Herrschaft zuerst genannten Merkmale eingegangen werden; es sind dies die Ideologie, die Partei und die terroristische Geheimpolizei.

Die totalitäre Ideologie

Innerhalb des friedrichschen Merkmalssyndroms nimmt das Merkmal „totalitäre Ideologie", wie die folgenden Ausführungen zeigen sollen, implizit eine herausgehobene Stellung ein. Eine Ideologie setzt sich, so Friedrich, aus drei Bestandteilen zusammen; sie enthält 1) eine Kritik am gesellschaftlichen Status quo 2.) (allgemeine) Vorstellungen darüber, wie der gesellschaftliche Status quo zu verändern und zu verbessern sei, sowie 3.) ein Aktionsprogramm als konkrete Handlungsanweisung zur gesellschaftlichen Umgestaltung.[13]

Der Marxismus per se ist für Friedrich keine totalitäre Ideologie, sondern ein heterogenes Gedankengebilde, das sowohl demokratische als auch totalitäre Elemente enthält. Als totalitäres Element ist das „utopische" Ziel, das eine Totalnegation des gesellschaftlichen Status quo postuliert, zu betrachten. Historisch sind zwei Entwicklungspfade des Marxismus zu unterscheiden, ein nicht-totalitärer (demokratischer) und ein totalitärer, vertreten durch Sozialdemokratie einerseits und Kommunismus andererseits. Beide haben diesselben geistigen Wurzeln und ihre Spaltung nimmt ihren Ausgang in der Differenzierung der jeweiligen „Aktionsprogramme". Die Sozialdemokratie lehnt Gewalt als Handlungsmuster für die Realisierung der Ideologie ab und strebt eine evolutionäre Entwicklung zum Sozialismus an. Der Kommunismus betrachtet Gewalt als legitimes, ja notwendiges Mittel zur Realisierung der Ideologie und vertritt ein revolutionäres Entwicklungskonzept.

Sowohl Sozialdemokratie als auch Kommunismus können sich in ihren unterschiedlichen Auffassungen auf Elemente der marxschen Theorie stützen. Allerdings hat der grundlegende Unterschied in den Aktionsprogrammen beider Bewegungen

---

12 ebenda

13 Für Friedrich gibt es also keine „konservativen", den gesellschaftlichen Status quo rechtfertigenden Ideologien

weitreichende Konsequenzen; so bilden sich letztlich zwei unterschiedliche, nicht miteinander zu vereinbarende Ideologien aus. Die sozialdemokratische Ideologie paßt sich, so Friedrich, durch ihren Verzicht auf Gewalt „an die Wirklichkeit“ an; an die Stelle der „utopischen“ Totalnegation des gesellschaftlichen Status quo tritt dessen „Partialnegation“, mithin eine Reformpolitik. Das „utopische“ Ziel verflüchtigt sich mehr und mehr im Zuge des ideologischen Wandels. Der Kommunismus betont das revolutionäre Moment der marxschen Ideologie. Die „gewalttätige“ kommunistische Ideologie ist primär durch ihre Negierung der „Wirklichkeit“ gekennzeichnet. Die Umsetzung der „utopischen“ Elemente der Ideologie nach der Machtergreifung einer totalitär-kommunistischen Bewegung führt zum Widerstand der von dem gesellschaftlichen Umbau betroffenen Bevölkerungsgruppen. Die totalitäre Führung der Bewegung hält trotz des Widerstandes an ihrem utopischen Programm fest, das sich nurmehr durch die radikale Ausdehnung des staatlichen Gewaltapparates und exzessive Gewaltanwendung durchsetzen läßt. Diese Entwicklung ist von der politischen Führung nicht geplant. So kann Friedrich feststellen, daß die Ideologie „totalitär“ „im Verlauf ihrer Verwirklichung wird.“[14]

Friedrichs Gedankengang zusammenfassend lassen sich drei Bestandteile einer totalitären Ideologie benennen:

a.) eine „Totalkritik“ am gesellschaftlichen Status quo im Gegensatz zur „Partialkritik“ einer nicht-totalitären Ideologie.

b.) die Forderung nach einem „totalen“ Neuaufbau der Gesellschaft anstelle partieller Reformen; dieser Neuaufbau vollzieht sich als die Realisierung der von der Ideologie „wissenschaftlich“ erkannten „Gesetze der Geschichte“.

c.) exzessive Gewaltanwendung als Handlungsmuster zur Realisierung ideologischer Ziele.

Da Ideologien bestimmte Zielvorstellungen enthalten, zu deren Verwirklichung sie „eine bestimmte Handlungsweise erfordern“, komme es, so Friedrich, daß sie „Organisationen bilden können.“[15] Diese Überlegung führt zu Friedrichs zweitem Merkmal der totalitären Diktatur, der „totalitären Partei“.

Die totalitäre Partei

Friedrich bezeichnet die Partei als „die Hauptstütze der totalitären Diktatur.“[16] Eine politische Partei wird von ihm allgemein als eine „festorganisierte Gruppe“ bezeichnet, die zwei Ziele verfolgt: a.) die Erlangung bzw. Behauptung der Herr-

14 Friedrich 1957; S.36
15 ebenda, S.28
16 ebenda, S.74

schaft über den Staat für die Führer der Partei und b.) durch diese Herrschaft das Erreichen materieller oder ideeller Vorteile für die Parteimitglieder.[17]

Die **totalitäre** Partei unterscheidet sich sowohl in ihrer Funktion als auch in ihrem Aufbau von einer demokratischen Partei, wobei diese Unterschiede ideologisch bedingt sind. Die totalitäre Partei ist geprägt durch ihre „harte Entschlossenheit... die Gesellschaft im Sinne ihres Wunschbildes zu gestalten."[18] Im Gegensatz zu demokratischen Parteien beansprucht die totalitäre Partei die **totale** Macht im Staat; sie errichtet eine Parteidiktatur und unterwirft die staatliche Bürokratie dem Willen der Parteiführung.

Der organisatorische Aufbau der Partei ändert sich im „Ausreifungsprozeß totalitärer Herrschaftsformen".[19] So wird die Partei nach ihrer Machtergreifung immer autokratischer und der Einfluß der Parteibasis auf die Entscheidungen der Führung schwindet; es entsteht ein hierarchisch gegliederter bürokratischer Parteiapparat. Im Prozeß der zunehmenden Zentralisierung der Macht innerhalb der Partei bildet sich als „Normalform" die Herrschaft eines Diktators und von ihm abhängiger „Unterführer" heraus, eine „kollektive" Parteiführung ist ein Ausnahmefall, der vor allem in „Nachfolgekrisen" (Tod des Diktators) auftritt. Nach Überwindung der „Nachfolgekrise" tendiert das System erneut zur Herrschaft eines Diktators.

Die totalitäre Partei ist nach den Prinzipien eines Geheimbundes organisiert; von der breiten Masse der Parteimitglieder heben sich die Eliteorganisationen ab. Der Charakter der Partei als „Kampforganisation" wird durch die ständige Mobilisierung der Mitglieder in „Kampagnen" aufrechterhalten.

Der Terror der Geheimpolizei

Während „Terror" in nicht-totalitären Gesellschaften ein vorübergehendes, in Krisensituationen auftretendes Phänomen ist, bezeichnet ihn Friedrich als den „Lebensnerv" und die „grundsätzliche Methode" der Herrschaftsausübung einer totalitären Diktatur.[20] „Ohne den Terror würde ein solches Regime wohl nicht nur seinen totalitären Charakter, sondern auch seine Macht einbüßen."[21]

Der Terror wird von Friedrich als die notwendige Konsequenz der totalitären Ideologie angesehen, da die ideologisch motivierte totale gesellschaftliche Umgestaltung aufgrund des sich dagegen erhebenden Widerstandes ohne die Anwendung von Terror nicht möglich ist.[22] In der zeitlichen Entwicklung des totalitären Herrschaftssystems radikalisiert sich der Terror; richtet er sich anfangs nur gegen bestimmte

17 ebenda, S.65
18 ebenda, S.74
19 ebenda
20 ebenda, S.124
21 ebenda
22 ebenda, S.123

Bevölkerungsgruppen (Bourgeoisie, Großbauern), so weitet er sich aufgrund sozialer Verflechtungen Letzterer mit anderen Gesellschaftsgruppen stetig aus.[23]

Gelingt es der totalitären Führung, den offenen Widerstand gegen ihr Herrschaftssystem niederzuschlagen und dieses zu stabilisieren, so wird der staatliche Terror nicht beendet, sondern weitet sich zum Massenterror aus. Der Grund für diese Entwicklung ist der ideologische Dogmatismus der totalitären Führung, der ihre „wilde Leidenschaft für vollkommene Einstimmigkeit“[24] verursacht. Der „Terror von oben“ erfaßt die ganze Gesellschaft und unter dem Motto des „Kampfes gegen Volksfeinde“ werden alle von der ideologischen Position der Parteiführung tatsächlich oder potentiell abweichenden Regungen verfolgt. Die „allesdurchdringende Atmosphäre des Terrors“ macht vor der Partei nicht halt; in immer wiederkehrenden „Säuberungen“ wird die totale Macht der Parteiführung innerhalb der Partei durchgesetzt.

Werkzeug des staatlichen Terrors ist die Geheimpolizei, die im Zuge der Reifung der totalitären Diktatur ihren Terrorapparat immer weiter ausbaut und ihre Macht steigert.

Widersprüchlich sind Friedrichs Aussagen über die Grenzen des Terrors. So spricht er von einem Übergreifen des Terrors der Geheimpolizei auf den Parteiapparat, verneint jedoch die These, „daß in einer totalitären Herrschaft die Geheimpolizei über den Parteiapparat triumphiere.“[25] Weiterhin sieht er im grenzenlosen Anwachsen des Terrors eine Gefahr für den Fortbestand des totalitären Regimes. Es entstehe ein „Vakuum“ zwischen der Parteiführung und dem Rest der Gesellschaft, das einen „Kommunikationsverlust“ bewirke, der zu schwerwiegenden Fehlentscheidungen der Parteispitze führe. Die „Entstalinisierung“ könne als Versuch interpretiert werden, dieses Vakuum zu verringern. Andererseits betont Friedrich, daß die Reaktion der Parteiführung auf das entstandene „Vakuum“ der „verstärkte Terror“ sei.[26]

Die Entwicklungsdynamik der Totalitären Diktatur in Friedrichs Theorie

In den von Friedrich genannten sechs Merkmalen wird die **Struktur** einer totalitären Diktatur dargestellt. In dieser Darstellung werden zugleich Aussagen über die **Entwicklungsdynamik** dieses Herrschaftssystems getroffen: so werden die Entstehung der Alleinherrschaft des Diktators, die ständige Radikalisierung und Ausweitung des Terrors und die Machtverlagerung zugunsten der Geheimpolizei als Ergebnisse der „Reifung“ und „Ausbildung“ des Herrschaftssystems genannt. Zusam-

23 ebenda, S.124
24 ebenda, S.123
25 ebenda, S.133
26 ebenda, S.159

menfassend läßt sich die Entwicklungsdynamik eines totalitären Systems in Friedrichs Theorie folgendermaßen darstellen:

Die totalitäre Diktatur entsteht nicht unmittelbar mit der Machtergreifung einer totalitären Partei; vielmehr lassen sich zwei Entwicklungsphasen der Diktatur unterscheiden:

a.) Eine **prä-totalitäre Phase**. Die totalitäre Partei ergreift die Macht über den „bestehenden Staatsapparat, um die totalitäre, von der Ideologie geforderte Aufgabe der Bewegung zu verwirklichen."[27] Die in der Folgezeit entstehenden „kritischen Situationen" führen zu einer „totalitären Verschärfung der Herrschaftsmittel. Erst in diesem ungeplanten Prozeß entsteht die totalitäre Diktatur."[28]

b.) Die **totalitäre Phase** beginnt mit dem „totalitären Durchbruch." Die „institutionalisierte Gewalt" wird zum Massenterror gegen die Widerstand leistende Bevölkerung, gegen die innerparteiliche Opposition, schließlich gegen „potentielle" Feinde.[29] Im Zuge ihrer „Reifung" wird die totalitäre Diktatur immer terroristischer. Zwar können die „riesigen Umbaupläne" der politischen Führung nur stufenweise verwirklicht werden; so wird der „totalitäre Durchbruch" von einer den Terror verringernden Stabilisierungsphase abgelöst, der jedoch ein erneuter, den Terror verstärkender „totalitärer Angriff" auf die Bevölkerung folgt.[30]

Widerstand gegen die totalitäre Diktatur

Friedrich sieht keine Möglichkeiten für einen erfolgreichen Widerstand der Bevölkerung gegen die totalitäre Diktatur. Denn totalitäre Herrschaft zerstöre durch Propaganda und Terror sowie durch die Vernichtung der vortotalitären Gesellschaftsstruktur die traditionalen Bindungen der Menschen, atomisiere und vereinzele sie. Das Ergebnis der totalitären Entwicklung ist der „Massenmensch", der „die radikalste Antithese zum Bürger einer freien Gesellschaft" darstellt.[31] Zwar existieren in der totalitären Gesellschaft weiterhin „Inseln der Absonderung" (Friedrich nennt die Familie, die Kirchen, Universität und Wissenschaft, Militär), in denen die Solidarität innerhalb einzelner Gruppen erhalten bleibt und die trotz des Informationsmonopols des totalitären Staates der Propaganda widerstehen; dennoch können Widerstandsaktionen dieser Gruppen oder einzelner die Stabilität der Diktatur nicht ernstlich bedrohen: „Die totalitäre Beherrschung aller Mittel der Massenmitteilung wie auch Telephon, Telegraph u.s.w., das vollkommene Monopol aller Waffen und

---

27 ebenda, S.256. In der Sowjetunion wird der zaristische Staatsapparat von den Bolschewiki zerschlagen. Friedrichs These trifft eher auf das nationalsozialistische Deutschland und das faschistische Italien zu.

28 ebenda

29 d.h. von der Ideologie definierte Feinde, die in ihren tatsächlichen Handlungen keine gegen die Parteiherrschaft gerichteten Aktionen zu unternehmen brauchen, um Opfer des Terrors zu werden. vgl. auch Arendt 1991, S.485

30 Friedrich 1957, S.259

31 ebenda, S.250

die intensive Überwachung aller Menschen durch die Geheimpolizei mit allen Mitteln moderner Technik, diese und andere für die totalitäre Diktatur typischen Verhältnisse machen es aussichtslos, eine Opposition und Widerstandsbewegung von Belang zu schaffen."[32] Vereinzelte Widerstandsaktionen dienen primär der Selbstachtung des Menschen. Größerer, organisierter Widerstand tritt vor allem zu Beginn der Errichtung einer totalitären Diktatur auf, solange es der totalitären Führung noch nicht gelungen ist, die Atomisierung der Menschen durchzusetzen. In der friedrichschen Theorie ist die Zerstörung der totalitären Diktatur durch inneren - bewaffneten oder friedlichen - Widerstand nicht möglich.

Friedrichs Revision seiner ursprünglichen Theorie

Die Theorie, die von Friedrich im Jahr 1956 in „Totalitarian Dictatorship" formuliert wurde, ist - sofern sie sozialistische Gesellschaftssysteme betrifft - am Beispiel des „Stalinismus" erarbeitet worden. Aufgrund der in den späten fünfziger und den sechziger Jahren sich vollziehenden Veränderungen im „Ostblock" - vor allem dem definitiven Ende des Massenterrors - revidierte Friedrich seine Theorie in entscheidenden Punkten. So verwendet er in der zweiten deutschen Auflage seiner „Totalitären Diktatur" von 1965 den Terrorbegriff in veränderter Form. Als drittes Merkmal der totalitären Diktatur bezeichnet er „ein Terrorsystem, auf physischer oder **psychischer** Grundlage."[33] (Hervorhebung H.R.) Allgemein wird der von der „Partei auf die Gesellschaft ausgeübte Druck" als „Terror" bezeichnet.[34]

Eine weitergehende Revision brachte ein Artikel Friedrichs aus dem Jahr 1968[35]: während er bisher den „Stalinismus" als die höchste Entwicklungsstufe der kommunistisch-totalitären Diktatur betrachtet hatte, formuliert er hier, daß die Regime Hitlers und Stalins nicht typisch für eine totalitäre Diktatur, sondern „rather extreme aberrations" seien.[36] Die kommunistisch-totalitären Systeme seien noch in ihrer Entwicklung begriffen und gegenüber dem „Stalinismus" seien in den sechziger Jahren folgende Veränderungen zu konstatieren:

1.) auffallenste Veränderung sei die Entwicklung eines „substantial consensus"[37] zwischen Parteiführung und Bevölkerung.

2.) Der Terror sei zurückgegangen; er, Friedrich, selbst habe in seinen früheren Ausführungen das Merkmal des Terrors zur Charakterisierung der totalitären Diktatur überschätzt.[38] Der Terror habe sich verändert „into the more coercive forms of

32 ebenda, S.255
33 vgl. Meyer 1979, S.181
34 ebenda
35 Friedrich, 1968.
36 ebenda, S.4
37 ebenda, S.34
38 ebenda

propaganda."[39] Weiter sei die Stellung des Parteiapparats gegenüber der Geheimpolizei gestärkt worden.

3.) Die „Leidenschaft" der Parteiführung „nach Einstimmigkeit" als Massenterror auslösendes Moment sei einer Respektierung des „dissent" gewichen, solange dieser sich individuell äußert und nicht organisiert.[40]

4.) In die zentrale Planwirtschaft wurden Marktmechanismen eingebaut.

5.) Die Rechtssicherheit sei gestärkt worden.[41]

6.) Friedrich wendet sich gegen Mißverständnisse über die Rolle der Ideologie in der totalitären Diktatur. Die Ideologie dürfe nicht als „statisch" betrachtet werden, vielmehr habe sie ihre „Formbarkeit" und ihren „highly dynamic" Charakter erwiesen. Einerseits wachse die Bedeutung der Ideologie, andererseits würden ihre utopischen Elemente „ritualisiert".[42]

Trotz der konstatierten Veränderungen bezeichnet Friedrich die sozialistischen Staaten der sechziger Jahre weiterhin als „totalitär" und reduziert seinen ursprünglichen Merkmalskomplex auf drei Merkmale: 1.) eine Ideologie 2.) eine Partei, gestützt (reinforced) durch die Geheimpolizei 3.) die monopolistische Kontrolle der Parteiführung über „the three major forms of interpersonal confrontation in an industrial mass society" (Massenkommunikationsmittel, Kampfwaffen, alle Organisationen).[43]

Widersprüchlich ist Friedrichs Einschätzung der obengenannten Veränderungen und der weiteren Entwicklung der totalitären Diktaturen. So spricht er einerseits von der „Wahrscheinlichkeit" des Angleichs der totalitären Diktaturen an andere Formen der „Autokratie": „it seems probable that totalitarian regimes will **ultimately** (hervorgehoben H.R.) come to resemble other forms of government so far as their ends or objectives are concerned."[44] Andererseits, so betont Friedrich, seien in älteren autokratischen Regimen „notable ups and downs in the degree of violence" zu beobachten; dies gelte auch für sozialistische Gesellschaftssysteme, in denen eine „alternation of intensification and relaxation of autocratic power is cyclical."[45] Deshalb können die Veränderungen in den totalitär-kommunistischen Diktaturen nicht als unumkehrbare Trends interpretiert werden. Insgesamt sei es „meaningful to speak of totalitarian in terms of more or less."[46]

39 ebenda, S.40
40 ebenda
41 ebenda, S.34
42 ebenda, S.37f
43 ebenda, S.33
44 ebenda, S.33
45 ebenda, S.34
46 ebenda

1.a.) Zur Kritik an Friedrichs Totalitarismus-Theorie - „Totalitarismus“ als Entwicklungsphase des „monopolistischen Parteiregimes“

Vergleicht man Friedrichs Definition des Totalitarismus von 1956 mit derjenigen von 1968, so fällt zunächst der veränderte Bedeutungsinhalt des Terrorbegriffs auf. Während der physische Massenterror ursprünglich als „Lebensnerv“ der totalitären Diktatur bezeichnet wurde, wird der Begriff des „Terrors“ in einer unangemessen inflationären Weise nun für vielfältige Methoden der „sozialen Kontrolle“ verwendet.

Ursprünglich war es für Friedrich die „totalitäre Ideologie“ mit ihren „riesigen Umbauplänen“, welche die Entwicklungsdynamik des Systems prägte, nun spricht er von den „konservativen“ Elementen der Ideologie, deren Ziele sich denjenigen einer „gewöhnlichen“ Autokratie anpassen.

Sicherlich ist Martin Jänicke zuzustimmen, wenn er betont, daß Friedrich in dem oben dargestellten Artikel „recent trends“ aus dem Jahr 1968 neben der alten „zugleich eine neue und andere Theorie“[47] entwickelt; trotz des „Wandels des Begriffsinhalts“ hält Friedrich am „Kampfbegriff“ des „Totalitarismus“ fest; dieses Festhalten sei nur durch „metatheoretische“ Gründe - Friedrichs Ablehnung des Kommunismus - zu verstehen.[48]

Jänicke zeigt, daß Friedrichs ursprüngliche Definition der „totalitären Diktatur“ aus dem Jahr 1956 sowohl a.) für eine **langfristige** Analyse kommunisitischer Systeme **relativ konstante** Merkmale, als auch b.) Merkmale „**transitorisch-variabler**“ Art[49] beinhaltet, wobei beide Merkmalsarten begrifflich nicht klar getrennt werden. Es müsse unterschieden werden zwischen

a.) einem „monopolistischen Parteiregime“ als dem „relativ konstanten Kontinuitätsrahmen“ eines sozialistischen Systems. Nicht die „totalitäre Diktatur“, sondern das „monopolistische Parteiregime“ sei eine neue Staatsform des 20. Jahrhunderts; deren Struktur werde durch die von Friedrich genannten sechs Merkmale - Ideologie, Partei, terroristische Geheimpolizei, Waffen- und Informationsmonopol sowie Zentralplanwirtschaft - gebildet.

b.) von diesem Kontinuitätsrahmen sei der sich innerhalb desselben vollziehende „totalitäre Prozeß“ zu unterscheiden; in Ergänzung zu Friedrichs Entwicklungsschema, das eine prä-totalitäre Phase sowie die sich daran anschließende Entwicklung der totalitären Diktatur kennt, wird eine dritte, die „post-totalitäre“ Entwicklungsstufe des „monopolistischen Parteiregimes“ unterschieden. „Prä-totalitäre“ sowie „post-totalitäre“ Phase werden als „autoritäre Herrschaft“ bezeichnet. Der

---

47 Jänicke 1971, S.243

48 ebenda, S.247

49 so die Herrschaft eines Diktators, der exzessive Staatsterror, die Kontrolle des Parteiapparates durch die Geheimpolizei, innerparteiliche Säuberungen.

„totalitäre Prozeß“ bilde keine neue, eigenständige Staatsform aus, sondern sei als ein neuartiger „Revolutionstypus“, als „totalitäre Revolution von oben“ zu verstehen.[50]

Der Übergang von der „prä-totalitären“ in die „totalitäre“ Entwicklungsphase einer kommunistischen Diktatur wurde in der obigen Darstellung von Friedrichs Theorie thematisiert. Der Wandel des Herrschaftssystems des „monopolistischen Parteiregimes“ vom „Totalitarismus“ zum „Autoritarismus“ ist das Thema der Reflexion der „Theorie der sozialistischen Industriegesellschaft“. Deren Grundaussagen werden im folgenden am Beispiel der Thesen von P.C. Ludz zum „gesellschaftlichen Wandel“ in der DDR dargestellt.

2.) Sozialistische Staaten als „autoritäre“ Herrschaftssysteme - die „Theorie der sozialistischen Industriegesellschaft“ als Grundlage zur Beschreibung gesellschaftlicher Wandlungsprozesse in der DDR bei P.C. Ludz

Ein zentraler Begriff in Friedrichs ursprünglicher Totalitarismus-Theorie von 1956 ist der ideologisch motivierte Terror, der die Entwicklungsdynamik der totalitären Diktatur bestimmt. Zwar beschreibt Friedrich die im Zuge der „Entstalinisierung“ eingetretenen Veränderungen in den sozialistischen Gesellschaftssystemen, kann sie jedoch nicht theoretisch erklären. Es bleibt in Friedrichs Aussagen offen, welche Faktoren außer dem Tod des Diktators die beschriebenen Veränderungen bewirken.

Das definitive Ende des Massenterrors und der Beginn des „Reformkommunismus“ in der Sowjetunion und den von ihr abhängigen Staaten in der zweiten Hälfte der fünfziger Jahre fanden ihren Niederschlag in der „westlichen“ Kommunismusforschung; seit Mitte der sechziger Jahre löste die „Theorie der sozialistischen Industriegesellschaft“ die „Totalitarismustheorie“ als die Forschung leitendes theoretisches Konzept - zumindest teilweise - ab. Die Totalitarismustheorie in ihren verschiedenen Ausprägungen hatte sich schwerpunktmäßig mit der Darstellung der **Struktur** der kommunistischen Diktaturen beschäftigt[51]; die Theorie der sozialistischen Industriegesellschaft konzentrierte sich dagegen auf die Untersuchung von **Wandlungstendenzen** und **Strukturveränderungen** innerhalb dieser Systeme.

---

50 Jänicke 1971, S. 203ff.. Auf Jänickes Charakterisierung des „totalitären Prozesses“ und der „autoritären Herrschaft“ kann an dieser Stelle nicht näher eingegangen werden, siehe Jänicke, S.236ff

51 in Friedrichs Theorie wird sie durch das „Merkmalssyndrom“ beschrieben

Friedrich sah in seinem Werk „Totalitarian Dictatorship“ die Entwicklung der modernen Technologie als einen Faktor an, der die totalitäre Herrschaft noch „totalitärer“ mache; die technologische Entwicklung ermögliche eine Vervollkommnung der staatlichen Kontrolle über die Gesellschaft.[52]

Im Gegensatz zu dieser Ansicht bringt die „Industriegesellschaftstheorie“ den Wandel von „totalitären“ zu „autoritären“ Herrschaftsformen in sozialistischen Systemen in engsten Zusammenhang mit dem technologischen Fortschritt. Die verschiedenen Ausprägungen der „Industriegesellschaftstheorie“ gehen von einer gemeinsamen Grundhypothese aus: gegen Ende der fünfziger Jahre habe die fortschreitende Industrialisierung mit ihrem Übergang von extensivem zu intensivem Wirtschaftswachstum die Sowjetunion und ihre europäischen Satelliten vor eine neue Situation gestellt; die sich entwickelnde hochkomplexe Industriegesellschaft mit ihrer modernen Technologie könne nicht mehr mit traditionell-totalitären Herrschaftsmethoden funktionstüchtig erhalten werden. Die funktionelle Notwendigkeit der Vermehrung von Information, Kommunikation und Innovation in der Gesellschaft bedinge einen politischen „Reformzwang“, der zur Ablösung „totalitärer“ und zur Ausbildung „autoritärer“ Herrschaft führe.[53]

Innerhalb der DDR-Forschung war P.C. Ludz während der sechziger Jahre der einflußreichste Vertreter der neuen theoretischen Richtung. Im folgenden soll seine Studie über die „Parteielite im Wandel“ vorgestellt werden.

„Parteielite im Wandel“ - gesellschaftlicher Wandel in der DDR

Ludz versteht seine Analyse der „Parteielite“ der SED als einen Beitrag zur Erklärung des systemimmanenten Wandels in der DDR von „totalitärer“ zu „autoritärer“ Herrschaft. Als „Parteielite“ werden dabei die Mitglieder der Führungsgruppen (wie Politbüro, ZK-Sekretariat, Bezirksleitungen, Zentralkomitee) sowie Parteimitglieder in hohen Staats- und Regierungsämtern (wie Staats- und Ministerrat) verstanden.[54] „Systemimmanent“ sei dieser Wandel, da er die Einparteiherrschaft der SED nicht zerstört, sondern sie im Gegenteil durch ihre „Modernisierung“ stabilisiert.

In Bezug auf den gesellschaftlich-politischen Wandel in der DDR formuliert Ludz folgende „Grundhypothesen“:

1.) Die in einer „industriellen Gesellschaft“ dominierende „großbetriebliche“ Organisationsstruktur löst seit Ende des „Stalinismus“ die totalitäre „geheimbundartige“ Organisationsstruktur innerhalb der herrschenden kommunistischen Parteien ab.

---

52 vgl. Friedrich, 1956, S.21
53 vgl. den Sammelband, herausgegeben von Chalmers Johnson, 1970
54 Ludz 1970, S.34

2.) Die bisher einheitliche totalitäre politische Führungsgruppe in der DDR differenziert sich in konkurrierende Gruppen. Dieser Differenzierungsprozeß schwächt die „totale Durchdringung der Gesellschaft durch das ideologische Wollen einer Partei“ und hat „Schwankungen im Sanktionsvollzug der herrschenden Gruppen“ zur Folge.[55]

Ein Wandlungsprozeß des Herrschaftssystems sei besonders seit den Jahren 1962/63 deutlich erkennbar. Ludz beschränkt seine Analyse auf das Jahrzehnt von 1955/56 bis 1965/66 und untersucht im einzelnen:

- den Wandel der Organisationsstruktur der SED
- den sozialstrukturellen Wandel innerhalb der Parteielite
- Wandlungsprozesse auf dem Gebiet der Ideologie.

Zunächst begründet Ludz seine Ablehnung des Begriffes „totalitäre Herrschaft“ zur Charakterisierung des Gesellschaftssystems der DDR seit Beginn der sechziger Jahre. Er bemängelt die „Verquickung von Analyse und Wertung“ im Totalitarismusbegriff sowie dessen „idealtypische“ Konzeption, die sich einer empirischen Kontrolle entziehe.[56] Vor allem aber sei der Begriff der Sache (dem Herrschaftssystem der DDR) unangemessen, da sich die gesellschafts-politische Zielsetzung der SED-Führung seit Beginn der sechziger Jahre gegenüber dem vorhergehenden Zeitraum geändert habe: „Seit 1963“ sei „ein genereller Wandel der Aufgabenstellung der ursprünglich überwiegend politisch, das heißt auf Erhaltung der politischen Macht ausgerichteten Parteiorganisation vom Politischen zum Wirtschaftlichen und Gesellschaftlichen hin zu erkennen.“[57] An die Stelle des Zieles einer „totalen Revolution von oben“ zur zentral gelenkten völligen Umgestaltung der Gesellschaft gemäß den ideologischen Vorgaben des Marxismus-Leninismus sei das Ziel der „Errichtung eines funktionstüchtigen Wirtschafts- und Gesellschaftssystems“[58] getreten. Die Anerkennung dieser Zielsetzung führe innerhalb der Parteiführung zu der Erkenntnis, „daß in einem hochindustrialisierten und hochspezialisierten, arbeitsteiligen Wirtschafts- und Gesellschaftssystem nicht mehr alle Führungsqualitäten in den Mitgliedern des höchsten politischen Entscheidungsgremiums vereinigt sein können.“[59]

Die für ein totalitäres System typische Zentralisierung der gesellschaftspolitischen Macht sei einer Einschränkung der Macht der Parteiführung und einem Machtzuwachs vor allem der technisch-ökonomischen „Experten“ gewichen, d.h. der „Totalisierungsgrad“ der Gesellschaft habe abgenommen.

Die Totalitarismus-Theorie habe den sich in der sozialistischen Industriegesellschaft vollziehenden „sozialen Wandel“ und dessen politische Auswirkungen nicht

55 ebenda, S.5
56 ebenda,S.12
57 ebenda, S.76
58 ebenda.S.77
59 ebenda

reflektiert. Zwar sei, so Ludz, dieser Wandel von einer anderen „Globaldeutung" sozialistischer Systeme, nämlich der „Konvergenztheorie" erkannt worden; diese Theorie vertrete jedoch ein „deterministisches" Entwicklungskonzept folgenden Inhalts: die durch den technischen Fortschritt bedingte Dynamik der Produktivkräfte prägt die Sozialstruktur einer Gesellschaft; die Sozialstruktur prägt den politischen „Überbau".[60] Die „Konvergenzthese" behauptet letztendlich den notwendigen Untergang der sozialistischen Systeme durch ihre Anpassung an das „westliche" Gesellschaftssystem. Im Gegensatz zu diesem „deterministischen" Konzept spricht Ludz von einem „**konfliktreichen**" Anpassungsprozeß des sozialistischen Herrschaftssystems an die „Industriegesellschaft"; dieser Prozeß führe nicht zur Zerstörung, sondern zur Stabilisierung des Systems.[61]

Die von Ludz genannten Konflikte beziehen sich zunächst auf den innerparteilichen Wandel der SED. Da innerhalb des gesellschaftlichen Systems der DDR, so Ludz' Gedankengang, die SED das wichtigste Subsystem darstellt, ist der organisationspolitische, sozialstrukturelle und ideologische Wandlungsprozeß innerhalb der Elite der Partei ein Indikator des gesamtgesellschaftlichen Wandels.[62] Letzterer lasse sich also im Rahmen einer „Elitestudie" erschließen.

Der Wandel der Organisationsstruktur der SED

Im Wandlungsprozeß der SED von einer „totalitären" zu einer „autoritären" Partei lasse sich, so Ludz, ein organisationspolitischer Grundkonflikt lokalisieren: die traditionelle „geheimbundartige" Organisationsform kommunistischer Parteien werde teilweise abgelöst von einer „großbetrieblichen" Organisationsstruktur innerhalb der SED. Als Merkmale der Organisationsform von Geheimbünden nennt Ludz: Aufnahme-Ritual, Esoterik der Mitgliedschaft, geringe Information und Kommunikation, hierarchisch-autoritärer Organisationsaufbau, die auf Dauer angelegte „charismatisch-traditionale" Autorität der Führung sowie die „volle soziale Marginalität" der Führungsgruppe.[63] Als „konstitutive Prinzipien" der großbetrieblichen Organisationsstruktur bezeichnet Ludz: bürokratische Rationalität, Ausdehnung der bürokratischen Organisationen und Konkurrenz derselben, das Vordringen „funktio-naler" Autorität, die Zunahme von Kommunikation und Information sowie eine beschleunigte Zirkulation der Führungsgruppen.[64]

Mit der Einführung des Wirtschaftsreformprogramms im Jahr 1963 seien gesellschafts- und wirtschaftspolitische Entscheidungen aus dem Funktionsbereich von Politbüro und Bezirksleitungen ausgegliedert und wirtschaftswissenschaftlich vorgebildeten Parteifachleuten übertragen worden. Als wichtige organisationspolitische

---

60 ebenda. S.22
61 ebenda. S.325
62 ebenda. S.5
63 ebenda. S.25. S.31
64 ebenda. S.29

Neuerung nennt Ludz dabei die Einführung des „Produktionsprinzips". Bereits vor dem Jahr 1963 war der Parteiapparat der SED sowohl territorial als auch nach Produktionsbereichen gegliedert; vorherrschend war jedoch das „Territorialprinzip", während im Jahr 1963 das „Produktionsprinzip" gestärkt wurde. Die Gliederung nach Produktionsbereichen, so Ludz, ermöglichte der SED eine stärkere Kontrolle und Anleitung der Wirtschaftsprozesse und führte zum Aufstieg zahlreicher junger, fachlich gebildeter Parteifunktionäre im Parteiapparat. Die „relative Offenheit" der jungen Parteikader gegenüber wirtschaftlichen Erfordernissen verringere die Kluft zwischen Partei und Bevölkerung.

Im Zusammenhang mit der Einführung des „Produktionsprinzips" wurden im Februar 1963 beim Politbüro der SED das „Büro für Industrie und Bauwesen" und das „Büro für Landwirtschaft" gebildet. Die Einrichtung dieser „Büros" bedeute eine Ausgliederung wirtschafts-politischer Entscheidungen aus dem direkten Verfügungsbereich des Politbüros und die „Verfachlichung" und „Versachlichung" der Wirtschaftspolitik. Ludz bezeichnet die „Büros" in Anlehnung an die in der großbetrieblichen Organisation anzutreffende Unterscheidung zwischen „Stab" und „Linie" als „Stabsstellen". Während das Politbüro die grundsätzlichen wirtschaftspolitischen Entscheidungen trifft, wird deren Ausführung in die Hand von „Fachleuten" gelegt.[65] Durch diese „Verfachlichung" und die "Vergrößerung" der Gruppe der Träger wirtschafts- und gesellschaftspolitischer Entscheidungen stünden sich nunmehr innerhalb der SED beide Organisationsformen - die „geheimbundartige" und die „großbetriebliche" - gegenüber; das bis 1963 den Organisationsaufbau der gesamten Partei dominierende „Geheimbundprinzip" beschränke sich nur auf die Parteispitze.[66]

Die „Verfachlichung" der Politik zeige sich auch im Funktionswandel des Zentralkomitees der SED. Während das ZK sich in den fünfziger Jahren zum „Akklamations- und Deklamationsgremium" der Beschlüsse des Politbüros entwikkelte, wandelten sich die Plenen des ZK seit 1963 in zunehmendem Maße zu Arbeitstagungen, auf denen die aktuelle politische und wirtschaftliche Lage offen diskutiert wird. Anhand der Teilnehmer- und Rednerlisten einiger ZK-Plenen und -Tagungen zeigt Ludz, daß seit 1963 zunehmend „Wissenschaftler, Technokraten und Manager sowie leitende Funktionäre des zentralen Parteiapparates und der Bezirks- und Kreisleitungen von der SED-Führung zu gelegentlichen oder ständigen Konsultationen herangezogen werden. Die 'Verwissenschaftlichung' der gesellschaftlichen Planung und Kontrolle, erklärtes Ziel der Parteiführung, findet hier ihr institutionelles Pendant."[67]

65 ebenda, S.75
66 ebenda, S.68, S.71
67 ebenda, S.98

Der sozialstrukturelle Wandel in der SED-Parteielite:
Das Entstehen der „institutionalisierten Gegenelite“

Innerhalb der „politischen Elite im engeren Sinne, also der Führungsgremien der SED“[68] unterscheidet Ludz zwei „Elitetypen“, die sich konkurrierend gegenüberstehen: die „strategische Clique“ sowie die „institutionalisierte Gegenelite“. Die „strategische Clique“ umfaße die „politische Entscheidungselite“, d.h. die Ulbricht-Gruppe im Polit-Büro der SED und die Altfunktionäre in den Bezirksleitungen. Zur Sicherung ihrer politischen Entscheidungsmacht schließe sich diese „Clique“ zu einer „informellen Gruppe“ innerhalb des Parteiapparates zusammen; eine der bürokratischen Organisation vorhergehende „Primärgruppenloyalität“, die sich auf „Solidarität“ und den „habitualisierten Glauben an dasselbe Ziel“ gründe, halte diese Gruppe zusammen. Eine „strategische Clique“ wird von Ludz definiert als „die Führungsgruppe einer kommunistischen Partei unter den Bedingungen der Anpassung/Einpassung an einen neuen Organisations-Typ.“[69]

Zur Aufrechterhaltung ihrer Machtposition unter den Bedingungen einer entwikkelten Industriegesellschaft sei diese Gruppe gezwungen, die für eine revolutionäre Führungsgruppe traditionelle „volle soziale Marginalität“ ihrer Mitglieder zugunsten einer „Restmarginalität“ gegenüber der Gesellschaft aufzugeben. Sie müsse eine Erweiterung von „Information“ und „Kommunikation“ innerhalb der Partei und der Gesellschaft ebenso anerkennen wie die Stärkung der „funktionalen Autorität“ gegenüber der „charismatisch- traditionalen“. Ihre Haltung gegenüber organisationspolitischen Veränderungen im Parteiapparat sei ambivalent: Sie initiiert und akzeptiert den organisatorischen Wandel, ist jedoch bestrebt ihn unter Konrolle zu halten. Dies sei der „strategischen Clique“ bisher (1967) gelungen, sie habe die Möglichkeit „aufsteigende Fachleute... sowohl in den Entscheidungsprozeß einzubeziehen als auch von grundsätzlichen Entscheidungen fernzuhalten.“[70]

Der „strategischen Clique“ stehe die „institutionalisierte Gegenelite“ in Konkurrenz gegenüber. Sie werde von jüngeren Parteifunktionären gebildet, deren Karriereweg sich von dem der „Altfunktionäre“ unterscheidet. Sie sind nach einem wirtschaftlichen oder technischen Studium über Positionen in Betrieb und Wirtschaftsverwaltung innerhalb des Parteiapparates aufgestiegen und besetzen „Positionen in Funktionsbereichen der gesellschaftspolitischen, nicht der politischen Macht im engeren Sinne.“[71] Als herausragende Vertreter dieser Gruppe nennt Ludz die Wirtschaftsfachleute und maßgebenden Mitgestalter des Reformprogrammes von 1963 Günter Mittag und Erich Apel. Die „institutionalisierte Gegenelite“ sei mit der „strategischen Clique“ durch eine „grundsätzlich gleiche politische Zielsetzung“[72]

68 ebenda. S.39
69 ebenda. S.32
70 ebenda. S.34
71 ebenda. S.42
72 ebenda. S.44

verbunden. Ihre Mitglieder bilden nach ihrem Selbstverständnis keine „globale politische Alternative“ zur strategischen Clique; vielmehr vertreten sie eine „Gegenposition“, die ein „ins soziale verlagertes Konfliktangebot“[73] beinhalte. Ihre Haltung gegenüber der „Dynamik der Industriegesellschaft“ sei „offener“ und „undogmatischer“ als diejenige der strategischen Clique. Während Ludz das „Gesellschaftsbild“ letzterer als „primär konservativ-beharrend“ bezeichnet, vertrete die institutionalisierte Gegenelite ein „dynamisches Gesellschaftsbild“ im Sinne einer „geordneten Dynamik“.[74]

Als Subgruppe der „institutionalisierten Gegenelite“ bezeichnet Ludz die Vertreter des „institutionalisierten Revisionismus“; es handele sich dabei um „Parteiphilosophen“, deren Bestreben es sei, das ideologische Dogma des Marxismus-Leninismus sowie das Aktionsprogramm der SED von seiner „Leerformelhaftigkeit“ zu befreien und an die „Dynamik der industriellen Gesellschaft“ anzupassen.[75] Diese theoretische Anpassung sei durch eine „gebrochene Offenheit“ charakterisiert, die sich in einer „partiellen Zurückweisung der utopisch-eschatologischen Elemente der Doktrin“ äußere.[76]

Die Neuordnung der Organisationsstruktur der Partei, so Ludz, entwickelte eine zunehmende Eigendynamik, die von der „strategischen Clique“ als Bedrohung ihrer Machtposition interpretiert wurde. Bereits im Jahr 1963 versucht sie, den von ihr initiierten Wandlungsprozeß durch eine Korrektur des eingeleiteten „Neuen Ökonomischen Systems“ unter Kontrolle zu halten. Ludz hebt dabei vier Maßnahmen der „strategischen Clique“ hervor:

- im Mai 1963 die Gründung der „Arbeiter und Bauerninspektion“
- die Einrichtung von „Produktionskomitees“ in den Großbetrieben
- die Einrichtung von Kontrollorganen des Politbüros innerhalb der „Büros für Industrie und Bauwesen“
- Die Aufwertung der 1963 gebildeten „Ideologischen Kommission“

Die „Arbeiter- und Bauerninspektion“ und die „Produktionskomitees“ werden von Ludz als Kontrollorgane der Partei innerhalb der Betriebe bezeichnet; als Rückfall in eine Politik der „Massenmobilisierung“ zur Kontrolle der Produktion schwächen sie die Stellung der Betriebsdirektoren, die sich primär an der wirtschaftlichen Effizienz der Betriebe und weniger an den Vorgaben der Parteiführung orientieren. Die „strategische Clique“ engte, so Ludz, seit 1965 den Entscheidungssspielraum des „Büros für Industrie und Bauwesen“ zunehmend ein, bis das Büro im Jahr 1966 stillschweigend aufgelöst wurde. Die genannten Maßnahmen der

73 ebenda, S.44
74 ebenda
75 ebenda, S.52
76 ebenda

„Strategischen Clique“ gegen die Eigendynamik des Reformprozesses werden von Ludz nicht als Restauration der „totalitären Herrschaft“ begriffen. Sie seien Ausdruck des konfliktreichen, sich weiter vollziehenden gesellschaftlichen Wandlungsprozesses, denn „die Organisationsprinzipien großgesellschaftlicher Verbände“ sind „dem Gesetz der industriellen Gesellschaft folgend, bereits so tief in dem Staats- und Wirtschaftsapparat verankert, daß ihre Aufhebung ebenfalls die Machtbasis der Partei in Frage stellen würde.“[77]

Die Entwicklungsdynamik einer „sozialistischen Industriegesellschaft“ - vom „Totalitarismus“ zum „Partizipativen Autoritarismus“

Die dargestellten innerparteilichen Wandlungsprozesse sind, so Ludz, Ausdruck des gesellschaftlichen Wandels. Während die Gesellschaft der DDR bis zu den Jahren 1961/62 als „totalitär“ bezeichnet werden könne, habe sie sich seit 1963 zu einem Herrschaftssystem des „konsultativen Autoritarismus“ gewandelt.

Wichtigstes Unterscheidungsmerkmal zwischen „totalitärer“ und „autoritärer“ Herrschaft sei der Abbau des Terrors: „Autoritäre Herrschaft basiert prinzipiell nicht auf dem Massenterror, sondern auf einer spezifischen Form der Gruppenidentifikation, die durch die Organisationsstrukturen in Partei, Staat und Wirtschaft erreicht wird.“[78]

Gemeinsam ist beiden Herrschaftsformen, daß sie sich auf den „Marxismus-Leninismus“ als Legitimationsbasis berufen. Im totalitären System bleibe die Anerkennung der ideologischen Zielsetzung der Partei durch die Bevölkerung äußerlich. In einem autoritären System werde die (gewandelte) Zielsetzung der Partei von der Bevölkerung „stärker“ anerkannt. Zwischen beiden entständen „Ansätze einer Kooperation und Koordination, die nicht auf Zwang beruhen.“[79] Ludz spricht von „gemeinsamer Haltung“, „gemeinsamem Bewußtsein“[80] und einer „wenigstens partiellen Interessenidentität“ zwischen Partei und Gesellschaft.[81]

Das gewandelte Verhältnis zwischen Partei und Gesellschaft ermögliche eine „größere Flexibilität des Kontrollsystems“ und „größere Anpassungsmöglichkeiten der verschiedenen Organisationssysteme an den wissenschaftlich-technischen Fortschritt.“[82] Die Anerkennung sozialer Konflikte und verschiedener Gruppeninteressen durch die Parteiführung ist, so Ludz, für „autoritäre Herrschaft“ charakteristisch. Von der „Linie“ der Parteiführung abweichende Meinungen würden toleriert, solange sie sich artikulieren, aber nicht selbstständig organisieren und solange sie von der Führung als integrier- und steuerbar angesehen werden. „Zentrale Steuerung“ oder

77 ebenda. S.145
78 ebenda. S.3
79 ebenda. S.35
80 ebenda. S.3
81 ebenda. S.8
82 ebenda. S.3

„Regelung“ werden von Ludz als „entscheidendes Merkmal autoritärer Herrschaft“ bestimmt.[83] Die für das gegenwärtig (1967) in der DDR bestehende System des **„konsultativen Autoritarismus“** typische Hinzuziehung von „Fachleuten“ zur Entscheidungsfindung seitens der politischen Führung bedeute zwar einen Abbau der Macht der Parteiführung, „eine konsultative autoritäre Entscheidungselite ist jedoch, im Vergleich mit dem partizipativen Typ der autoritären Elite, nur zögernd bereit, sich demokratischer Partizipation zu öffnen“. [84]

Ludz betont, daß er mit seiner Untersuchung der „Parteielite“ der SED keine „allgemeine Theorie“ der Entwicklung sozialistischer Industriegesellschaften vorlegen wolle. Vielmehr verzichte er auf ein umfassendes theoretisches Konzept, wie es die „Totalitarismus-Theorie“ darstelle. Seine „theoretisch-empirische“ Analyse stelle vielmehr auf Grundlage empirisch abgesicherter Daten „Regelmäßigkeiten“ fest, die in Form von „ad-hoc-Theorien“ „mittlerer Reichweite“ zusammengefaßt werden.[85] Allerdings sprengt Ludz diesen selbstgesetzten Rahmen in der Ausarbeitung seiner „Theorie mittlerer Reichweite“. So spricht er von dem „**Gesetz** (Hervorhebung H.R.) der industriellen Gesellschaft“, das die definitive Umwandlung der traditionellen kommunistischen Geheimbundorganisation in eine „großbetriebliche“ Organisation bewirke.[86] An anderer Stelle gibt Ludz eine Prognose für die langfristige politische Entwicklung der DDR ab. So „kann unter Berücksichtigung der technisch-wirtschaftlichen Entwicklung westlicher Industriegesellschaften angenommen werden, daß der partizipative Autoritarismus“ - als die Weiterentwicklung des „konsultativen Autoritarismus“ zu einem Herrschaftssystem mit weitgehender demokratischer Teilhabe der Bevölkerung an der politischen Macht - „für die DDR und für andere hochindustrialisierte Länder des Ostblocks nicht mehr nur ein theoretisches Konzept darstellt. Die Bejahung des technischen Fortschritts“ - Voraussetzung des Machterhalts der Partei - „kann auf die Dauer vor dem Prinzip der Partizipation nicht haltmachen.“[87]

Es ist deutlich zu erkennen, daß der „empirisch-theoretischen“ Analyse von Ludz eine „allgemeine Theorie“ der „sozialistischen Industriegesellschaft“ zu Grunde liegt. Der von Ludz gegen die „Konvergenztheorie“ erhobene Vorwurf des „Determinismus“ ist in seiner Analyse selbst enthalten. Die in der Untersuchung von Ludz teils implizit, teils explizit enthaltene „allgemeine Theorie“ läßt sich wie folgt zusammenfassen:

a.) sozialistische Industriegesellschaften durchlaufen verschiedene Entwicklungsphasen: vom „Totalitarismus“ zum „konsultativen Autoritarismus“ und schließlich

83 ebenda. S.14
84 ebenda. S.325
85 ebenda. S.9, S.21
86 ebenda. S.145
87 ebenda. S.37

zum „partizipativen Autoritarismus“. In letzterem, als Fluchtpunkt gegenwärtiger Tendenzen verstandenen System, hat die Bevölkerung ein weitgehendes demokratisches Mitbestimmungsrecht an den Entscheidungen der politischen Führung erhalten.

b.) Ludz übernimmt die Grundaussagen des marxistischen „Basis-Überbau-Theorems“, nach welchem die Entwicklung der Produktivkräfte die Form des gesellschaftlichen Überbaus bestimmt. Er überträgt dieses von Marx anhand der europäisch-kapitalistischen Entwicklung des 19. Jahrhunderts entwickelte Konzept auf die sozialistischen Gesellschaften des 20. Jahrhunderts.

Ludz konstatiert eine mit der Entwicklung der Produktivkräfte einhergehende „Höherentwicklung“ der Gesellschaft. Diese „Höherentwicklung“, zugleich als „Demokratisierung“ interpretiert, findet für Ludz ihr Ziel jedoch nicht in einer harmonistisch gedachten klassenlosen Gesellschaft, sondern vielmehr in der Ausdifferenzierung der Gesellschaft in verschiedene Interessengruppen und der Ausbalancierung dieser Interessen durch eine dem „ökonomischen Leistungsprinzip“ gegenüber offene politische Führung. Ähnlich wie in der „Konvergenztheorie“ nähert sich die sozialistische Gesellschaft in ihrer „autoritären“ Phase durch ihre zunehmende „Demokratisierung“ der kapitalistisch-demokratischen Gesellschaft an.

c.) Der Wandlungsprozeß der „sozialistischen Industriegesellschaft“ führe zu einer Stabilisierung der Herrschaft der kommunistischen Partei; ebenso wie in der „Totalitarismus-Theorie“ ist - wenn auch aus entgegengesetzten Gründen - in der „Theorie der sozialistischen Industriegesellschaft“ ein durch den Widerstand der Bevölkerung erzwungener Untergang des Systems nicht denkbar, „denn die vorliegende Arbeit scheint einen Nachweis dafür erbracht zu haben, daß die DDR-Gesellschaft in zunehmendem Maße als ein sich im Prozeß des Wandels sozial stabilisierendes System angesehen werden kann. Eine realsoziologische Analyse des Widerstandes gegen ein autoritäres Herrschaftssystem, wie sie für historische Formen totalitärer Herrschaft ihre Berechtigung hat, ist deshalb in dieser Studie nicht durchgeführt worden.“[88]

88 ebenda, S.325

3.) Die Unangemessenheit von „Totalitarismus-Theorie“ und „Theorie der sozialistischen Industriegesellschaft“ zur theoretischen Klärung der Entwicklungsdynamik sozialistischer Gesellschaften

3.a.) Empirische Falsifikation von „Totalitarismus-Theorie“ und „Theorie der sozialistischen Industriegesellschaft“

Es läßt sich zeigen, daß zentrale Thesen der dargestellten Theorien im Gegensatz zu empirischen Fakten der Entwicklung in der DDR bzw. in Polen stehen. Dies wird zunächst anhand der Aussagen der „Totalitarismus-Theorie“ dargestellt.

Als Grundlage des Vergleichs von Theorie und empirischen Fakten wird hier der „generalisierte“, auch die post-stalinistische Phase „totalitärer Diktaturen“ reflektierende Begriff Friedrichs von 1968 verwendet; Als „Merkmale“ der totalitären Diktatur nennt Friedrich: 1.) die totalitäre Ideologie 2.) die Einparteiherrschaft 3.) eine vollentwickelte Geheimpolizei, sowie die monopolistische Kontrolle der Partei über a.) die Massenkommunikationsmittel b.) die Kampfwaffen und c.) alle Organisationen.

Im Widerspruch zu Punkt c.), der monopolistische Kontrolle über alle Organisationen, rechnet Friedrich selbst die Kirchen zu den „islands of separateness“,[89] die dadurch charakterisiert sind, daß sie sich der totalitären Kontrolle entziehen. Sie sind Orte des Widerstandes gegen die Diktatur. In der Tat kann für die DDR sowie für Polen gesagt werden, daß die Kirchen zunächst die einzigen Organisationen sind, die sich der staatlichen Kontrolle verweigern können; sie sind die wichtigsten Kristallisationspunkte des Widerstandes. In Polen gelingt es - als weiterer Großorganisation - der unabhängigen Gewerkschaft, im Jahr 1981 ihre Anerkennung durch das Regime zu erzwingen und damit das Organisationsmonopol der Partei zu durchbrechen. Ebenso durchbrechen in der Endphase der Existenz der DDR und der Volksrepublik Polen Bürgerrechtsbewegungen und Parteien das Organisationsmonopol der kommunistischen Partei und der von ihr abhängigen Organisationen.

„Because of the regime's monopoly over all organisations“, so schließt Friedrich, „there is not and cannot be any effective opposition to totalitarian rule“.[90] Tatsächlich ist es die von den parteiunabhängigen Organisationen ins Leben gerufene Opposition gegen die Diktatur, die diese zu Fall bringt. Die von der überwiegenden Mehrheit der Bevölkerung unterstützte erfolgreiche Opposition der Gewerkschaft in Polen sowie der Massenwiderstand der Revolution von 1989 in der DDR widerle-

89 Friedrich 1968, S.42
90 ebenda, S.42

gen ferner die These vom Entstehen eines „substantiellen Consensus“[91] zwischen Partei und Volk.

Zusammenfassend läßt sich sagen: die Interpretation einer sozialistischen Gesellschaft als „totalitärer Diktatur“ steht im Widerspruch 1.) zum Faktum der Existenz staatsunabhängiger Organisationen; das Merkmal der Kontrolle der Partei über alle Organisationen (mit Ausnahme der Kirchen) ist ein gültiges Merkmal für bestimmte Entwicklungsphasen der Parteidiktatur; für die „Endphase“ einer solchen Diktatur verliert es seine Gültigkeit. 2.) zum Faktum des revolutionären, durch die politische Opposition der Bevölkerung bewirkten Zusammenbruchs der Diktatur.

Welche empirischen Fakten sprechen nun gegen die „Theorie der sozialistischen Industriegesellschaft“? Zu unterscheiden sind die „allgemeine“ Theorie der sozialistischen Industriegesellschaft und ihre besonderen Ausformungen. Grundthese der allgemeinen Theorie ist die Bedingtheit des Übergangs von einer „totalitären“ zu einer „autoritären“ sozialistischen Gesellschaft durch die Entwicklung der Produktivkräfte. Eine Kritik dieser Grundthese wird an dieser Stelle noch zurückgestellt.[92]

Im folgenden ist die besondere Ausformung dieser allgemeinen Theorie in der Analyse der Entwicklung der DDR bei Ludz das Thema. Die zentralen Thesen von Ludz lassen sich folgendermaßen zusamenfassen:

a.) Der konfliktreiche Wandel von totalitärer zu autoritärer Herrschaft in den sozialistischen Staaten ist primär durch die Weiterentwicklung der Produktivkräfte bedingt.

b.) Für den gesellschaftlichen Wandel in der DDR bedeutendster innergesellschaftlicher Konflikt ist der Konflikt zwischen „strategischer Clique“ und „institutionalisierter Gegenelite“.

c.) Das Gesellschaftssystem der DDR stabilisiert sich zunehmend in einem Prozeß der gesellschaftlichen Demokratisierung, die zu einem Herrschaftssystem des „partizipativen Autoritarismus“ führen wird.

Empirisch falsifizieren lassen sich die beiden zuletzt genannten Thesen. Zunächst jedoch läßt sich die Unzulänglichkeit der **empirischen Basis** einiger zentraler Thesen von Ludz aufzeigen:[93]

a.) Ludz konstatiert eine „Verfachlichung“ der Politik der SED durch die Zunahme der Fach- und Hochschulabsolventen unter den Mitgliedern des Zentralkomitees. Doch statt eine genaue Analyse der angeblich „verfachlichten“ Politik vorzunehmen, schließt Ludz vom Ausbildungsniveau der ZK-Mitglieder auf ihre Verhaltensweisen. Nicht reflektiert wird hierbei die Möglichkeit, daß die Mitgliedschaft in

---

91 ebenda, S.34
92 siehe unten S.50ff
93 zum folgenden Anders 1976, S.30ff

der politischen Nomenklatura das Verhalten dieser Gruppe stärker beeinflussen könnte als ihre spezifische Fachausbildung. Ebensowenig läßt sich schlüssig zeigen, daß die fachlich nicht vorgebildeten „Altfunktionäre“ einer „Verfachlichung“ der Politik grundsätzlich negativ gegenüberständen; gerade der „Altfunktionär“ Ulbricht war eine treibende Kraft bei der Umsetzung der Wirtschaftsreformen der sechziger Jahre in der DDR.

b.) Die „Versachlichung“ der innerparteilichen Diskussion im Zentralkomitee der SED belegt Ludz mit dem prozentualen Anstieg der Redebeiträge von „Fachleuten“ auf den Konferenzen und Sitzungen des ZK; eine **inhaltliche** Analyse dieser Redebeiträge unterbleibt bei Ludz allerdings!

c.) Als „Zentrum der Dynamik“ und Bastion der „instutionalisierten Gegenelite“ bezeichnet Ludz den „Ministerrat“; der „Staatsapparat“ habe sich gegenüber dem „konservativen“ Parteiapparat verselbstständigt. Diese These wird aber nicht anhand tatsächlich nachweisbarer politischer Differenzen zwischen den beiden genannten Apparaten belegt.

Als falsch hat sich die These von der „Elitenkonkurrenz“ zwischen „strategischer Clique“ und „institutionalisierter Gegenelite“ erwiesen. Die Herausbildung zweier divergierender politischer Zentren infolge des Nachrückens jüngerer Fachleute in hohe politische Funktionen ab den sechziger Jahren fand nicht statt. „Manifeste, substantielle, gar länger anhaltende Konflikte innerhalb der Machtelite der DDR, eventuell entlang der von Ludz aufgezeigten Linie, lassen sich in der Ära Honecker nicht feststellen.“[94] Stattdessen paßten sich die jüngeren Mitglieder der „Machtelite“ an die „konservative Strategie der Machterhaltung“ an.[95] Drastisches Beispiel hierfür ist die Entwicklung Günther Mittags. Von einem der Initiatoren und wichtigsten Gestalter der Wirtschaftsreformen der sechziger Jahre wird Mittag in den siebziger und achtziger Jahren zur Symbolgestalt der bürokratisch-zentralistischen Erstarrung des Wirtschaftslebens in der DDR.

Während der siebziger und achtziger Jahre lassen sich keine Anzeichen für das Entstehen eines „partizipativen Autoritarismus“ erkennen. Vielmehr verengt sich der Kreis derjenigen, welche die grundsätzlichen politischen Entscheidungen fällen, auf wenige Personen.[96] Gegen den Verzicht auf Partizipation und die Gewährung politischer, wirtschaftlicher oder kultureller Freiheit bietet die Parteiführung der Bevölkerung im Tausch eine staatliche „Fürsorgepolitik“ an.[97] Gegen die sowjetische Politik von „Perestroika“ und „Glasnost“, deren Fluchtpunkt der „partizipative Autoritarismus“ ist, schirmt sich die Machtelite ab; bis zuletzt sträubt sie sich gegen grundlegende Reformen des Systems.

---

94 so Meyer, 1991, S.203f

95 ebenda, S.319f

96 siehe Przybylski 1992, S.116ff; Meyer 1991,S.46ff. Meyer spricht von der „politischen Allzuständigkeit“ des Politbüros in der „Ära Honecker“.

97 So Meyer, 1991, S.340ff

3.b.) Die Entwicklungsphasen sozialistischer Gesellschaften und die „Totalitarismus-Theorie" bzw. die „Theorie der sozialistischen Industriegesellschaft"

Das Ergebnis der bisherigen Ausführungen zu den beiden vorgestellten Theorien über sozialistische Gesellschaften läßt sich folgendermaßen zusammenfassen:

a.) die Totalitarismus-Theorie Friedrichs **in ihrer ursprünglichen Fassung** beschreibt die „stalinistische" bzw. „totalitäre" Phase der Entwicklung sozialistischer Gesellschaften: die traditionelle (vorrevolutionäre) Gesellschaftsstruktur wird durch die „totale Revolution von oben" mittels des Staatsterrors vernichtet; die neuerrichtete Gesellschaftsstruktur ist gekennzeichnet durch die „Verstaatlichung" der Gesellschaft und die damit einhergehende „Atomisierung" der Menschen.

Im Rahmen dieser Theorie können nicht erklärt werden:

1.) Reformen innerhalb des Systems; der Übergang vom „Totalitarismus" zum „Autoritarismus".

2.) erfolgreiche Revolutionen, die zum Sturz der Diktatur führen.

b.) Die Totalitarismus-Theorie Friedrichs **in ihrer generalisierten Fassung** beschreibt die vor-totalitäre, die totalitäre sowie teilweise die post-totalitäre Entwicklungsphase sozialistischer Gesellschaften; nicht integrierbar in diese Theorie ist die „revolutionäre" Phase, die zum Sturz der Diktatur führt. Die „post-stalinistischen" Wandlungen werden zwar als Phänomene beschrieben, es wird jedoch keine theoretische Erklärung der „Liberalisierung" des Systems gegeben.

c.) Die „Theorie der sozialistischen Industriegesellschaft" beschreibt einerseits Phänomene kommunistischer Reformphasen; andererseits erklärt sie die Wandlung vom „totalitären" zum „autoritären" Herrschaftssystem auf der Grundlage eines „ökonomische Basis-politischer Überbau"-Modells. Nicht erklärbar sind mit dieser Theorie

1) das **definitive** Ende weitgehender ökonomischer Reformen in der DDR ab 1971 sowie

2.) die der Einführung von politischen und ökonomischen Reformen folgenden Restaurationsphasen in der polnischen Entwicklung.

3.) Ebenfalls nicht erklärbar sind die revolutionären Entwicklungsphasen, da eine zunehmende politische Stabilisierung des Herrschaftssystems vorausgesetzt wird.

Die dargestellten Mängel beider (bzw. aller drei) Theorien werden, wie nun zu zeigen ist, in Leszek Nowaks „Modell einer sozialistischen Gesellschaft" überwunden. Erklärt wird dabei der Übergang sozialistischer Gesellschaften von der „prätotalitären" in die „totalitäre" und „post-totalitäre" Phase. Ferner kann gezeigt werden, weshalb es der Partei nicht gelingt, trotz wiederkehrender Reformanstrengungen in der zuletzt genannten Entwicklungsphase einen „substantiellen Konsensus" zwischen Partei und Bevölkerung herzustellen; schließlich wird der durch den breiten Widerstand der Bevölkerung bewirkte Untergang der sozialistischen Systeme theorieimmanent gedeutet.

Zum Verständnis von Nowaks „Modell einer sozialistischen Gesellschaft" ist es zunächst notwendig, auf die „geschichtsphilosophische" Grundlage seiner Theorie, den „nicht-marxistischen historischen Materialismus" und seine - von Marx übernommene - Forschungsmethode der „Idealisierung und Konkretisierung" einzugehen.

4.) Leszek Nowaks Theorie der Entwicklungsdynamik sozialistischer Gesellschaften

4.a). Nowaks Geschichtstheorie des „nicht-marxistischen historischen Materialismus"

Nowak entwickelt den „nicht-marxistischen historischen Materialismus" in einer kritischen Auseinandersetzung mit der marxschen Geschichtstheorie des „Historischen Materialismus".

Die zwei grundlegenden Entdeckungen von Marx[98]

Als die zwei grundlegenden Entdeckungen von Marx zur Erforschung der menschlichen Geschichte bezeichnet Nowak den „Materialismus" und die „Idee des Klassenkampfes":

- Das prämarxistische Geschichtsdenken hatte eine „idealistischen" Charakter; „Ideen", moralische Regeln, „Prinzipien" bestimmter Epochen oder Nationen bestimmen innerhalb einer „idealistischen" Theorie den Geschichtsverlauf. Marx setzt dem eine „materialistische" Erklärung entgegen: hauptsächlicher Faktor geschichtlichen Wandels ist die Entwicklung der „Produktivkräfte". Die Grundgedanken der materialistischen Geschichtsauffassung finden sich zusammengefaßt in Vorwort seiner Schrift „Zur Kritik der Politischen Ökonomie". Jede Gesellschaftsordnung ist demnach folgendermaßen strukturiert:

A) Die Produktivkräfte determinieren die Produktionsbeziehungen

B) Die ökonomische „Basis" (= Produktivkräfte + Produktionsbeziehungen)) determiniert den juristisch-politischen „Überbau"

C) Die sozio-ökonomischen Bedingungen (A+B) determinieren das Bewußtsein.

Geschichtliche Entwicklung sei nun folgendermaßen zu erklären: „Auf einer gewissen Stufe ihrer Entwicklung geraten die materiellen Produktivkräfte der Gesellschaft in Widerspruch mit den vorhandenen Produktionsverhältnissen oder, was nur ein juristischer Ausdruck dafür ist, mit den Eigentumsverhältnissen, innerhalb deren sie sich bisher bewegt hatten. Aus Entwicklungsformen der Produktivkräfte schlagen diese Verhältnisse in Fesseln derselben um. Es tritt dann eine Epoche sozialer Revolution ein."[99] Entscheidender Faktor historischer Entwicklung ist hier also der Widerspruch zwischen dem Entwicklungsniveau der Produktivkräfte (wobei vorausgesetzt ist, daß diese sich weiterentwickeln „müssen") und den diesem nicht mehr „angepaßten" Produktionsverhältnissen.

---

98 zum folgenden. Nowak 1983, S.18ff und S.131f

99 Marx, Engels 1972, Band II, S.503

- Als zweite grundlegende Entdeckung von Marx innerhalb der Geschichtstheorie bezeichnet Nowak die „Idee des Klassenkampfes". Das vormarxsche Geschichtsdenken hatte einen „individualistischen" Charakter; die Geschichte wird als die Summe von Handlungen einzelner, geschichtsprägender Personen betrachtet. Für Marx dagegen ist geschichtliche Veränderung primär das Ergebnis von Widerstandshandlungen der „unterdrückten Klassen" gegen die „unterdrückenden Klassen." Überschreitet der Grad der ökonomischen Ausbeutung ein bestimmtes Maß, dann kommt es zu einer Revolution der Produzenten gegen die Besitzer der Produktionsmittel. Revolutionen der unterdrückten Klassen sind der Motor der geschichtlichen Entwicklung, des Übergangs von einer Gesellschaftsformation in die nächste. Im „Kommunistischen Manifest" formuliert Marx diesen Gedanken folgendermaßen: „Die Geschichte aller bisherigen Gesellschaft ist die Geschichte von Klassenkämpfen... Unterdrücker und Unterdrückte standen in stetem Gegensatz zueinander, führten einen ununterbrochenen, bald versteckten, bald offenen Kampf, einen Kampf, der jedesmal mit einer revolutionären Umgestaltung der ganzen Gesellschaft endete oder mit dem gemeinsamen Untergang der kämpfenden Klassen."[100]

Vergleicht man die beiden dargestellten Ausprägungen des „historischen Materialismus", so wird deutlich, daß Marx hier eigentlich zwei **unterschiedliche** Theorien entwickelt: in der ersten Theorie ist der **primäre** Faktor historischer Entwicklung der Widerspruch zwischen dem Entwicklungsniveau der Produktivkräfte und den existierenden Produktionsverhältnissen. In der zweiten Theorie ist der **primäre** Faktor historischer Entwicklung der Klassenkampf der Unterdrückten gegen ihre Unterdrücker.

Es kann hier nicht auf die Auswirkungen dieser Zweideutigkeit innerhalb der marxschen Theorie auf die weitere Entwicklung des Marxismus eingegangen werden.[101] Nowak selbst formuliert in Bezug auf eine kritische Auseinandersetzung mit den zwei dargestellten grundlegenden marxschen Entdeckungen folgende Aufgabe: Es ist zu prüfen, ob und gegebenenfalls wie, die beiden marxschen Entdeckungen sinnvoll in **einer** Theorie vereinigt werden können. Die marxsche materialistische Geschichtsauffassung basiert auf der Annahme der grundsätzlich für alle Gesellschaftsformationen geltenden Dominanz der „Wirtschaft" über die „Politik" und „Ideologie". Nun lassen sich Argumente zugunsten der Auffassung anführen, daß dieses Theorem zumindest für eine Gesellschaftsordnung, nämlich die sozialistische, nicht anwendbar ist.[102] Ist es möglich, so fragt Nowak nun, die materialistische Ge-

100 Marx, Engels 1972, Band I, S.416
101 vgl Nowak 1983, S.27ff
102 Nowak bestreitet auch die Anwendbarkeit des „Basis-Überbau-Theorems" zur Analyse kapitalistischer Gesellschaften. Nowak 1983, S.101ff

schichtsauffassung aus ihrer „ökonomischen Beschränktheit" zu befreien und damit auch für die Analyse sozialistischer Gesellschaftsformationen nutzbar zu machen?

Im folgenden wird Nowaks theoretischer Ansatz dargestellt. Zunächst soll gezeigt werden, wie eine **nicht-ökonomistische** und dennoch **materialistische Theorie** über eine bestimmte Gesellschaftsform, nämlich die sozialistische, erstellt werden kann.

Die Unangemessenheit des marxschen „Basis-Überbau-Theorems" für die Analyse sozialistischer Gesellschaften[103]

Gegen die Anwendung des „Basis-Überbau-Theorems", welches ein grundsätzliches Abhängigkeitsverhältnis des politischen Sektors einer Gesellschaft von seiner ökonomischen Basis postuliert, lassen sich, in Bezug auf sozialistische Staaten, Argumente ins Feld führen:

-In seiner Schrift „Anti-Dühring" begründet Engels die Auffassung vom „Absterben" des Staates im Sozialismus. Der Staat als die Organisationsform des „juristisch-politischen Überbaus" sei in seiner Existenz an eine bestimmte Form der Produktionsverhältnisse gebunden: „Die bisherige, sich in Klassengegensätzen bewegende Gesellschaft hatte den Staat nötig, das heißt eine Organisation der jedesmaligen ausbeutenden Klasse zur Aufrechterhaltung ihrer äußeren Produktionsbedingungen, also namentlich zur gewaltsamen Niederhaltung der ausgebeuteten Klasse in den durch die bestehende Produktionsweise gegebenen Bedingungen der Unterdrückung." Im Sozialismus stirbt der Staat ab, denn „das Proletariat ergreift die Staatsmacht und verwandelt die Produktionsmittel zunächst in Staatseigentum. Aber damit hebt es sich selbst als Proletariat, damit hebt es alle Klassenunterschiede und Klassengegensätze auf, und damit auch den Staat als Staat."[104]

Nun ist die „Verwandlung der Produktionsmittel in Staatseigentum" eines der kennzeichnenden Merkmale eines sozialistischen Staates, - ebenso wie die - im Gegensatz zu Engels' Voraussage und im Vergleich zu kapitalistisch-demokratischen Ländern - außerordentlich starke Beherrschung der Gesellschaft durch die „Staatsmacht". Engels Voraussage vom „Absterben" des Staates, so könnte man argumentieren, gilt nur unter der Bedingung des **gleichzeitigen** Übergangs zumindest der fortgeschrittensten kapitalistischen Länder zum Sozialismus; ist dies nicht der Fall, tritt der Übergang zum Sozialismus gar nur in einem einzigen, rückständigen Land ein, so muß sich dieses sozialistische Land mithilfe der „sozialistischen Staatsmacht" gegen die „kapitalistische Einkreisung" wappnen.[105] Eine solche Argumentation könnte aber lediglich das im Vergleich zu Engels' Voraussage **langsamere Absterben** des Staates im Sozialismus begründen, nicht jedoch die extreme

103 zum folgenden: Nowak 1983, S.126ff
104 Marx.Engels 1972. Band V. S.307
105 vgl. Stalin 1947, S.134ff

Herrschaft des sozialistischen Staates über die Gesellschaft. Die nach dem Übergang zum Sozialismus sich verstärkende Rolle des Staates bei gleichzeitiger Verstaatlichung der Produktionsmittel zeigt die Unrichtigkeit der engelsschen Argumentation. Der Privatbesitz an Produktionsmitteln und die sich daraus ergebende Klassenteilung ist nicht die alleinige Ursache des Bestehens der „Staatsmacht“ und der Teilung der Gesellschaft in „Unterdrücker“ und „Unterdrückte“. Die marx-engelssche These von der rein instrumentellen Natur des Staates - der Staat als Instrument zur Aufrechterhaltung des Privatbesitzes an Produktionsmitteln - ist nicht stichhaltig.

- Zu paradoxen Schlußfolgerungen führt die Anwendung des „Basis-Überbau-Theorems“, betrachtet man es im Zusammenhang mit der sozialistischen Wirtschaftsplanung. Die Wirtschaftsplanung „wird durch den sozialistischen Staat als der politischen Organisation des Volkes... wahrgenommen.“[106] Der Volkswirtschaftsplan wird nach seiner Erstellung vom Parlament als **Gesetz** verabschiedet, das eine Reihe von Verhaltensanweisungen der Staatsorgane an die einzelnen Betriebe enthält. Gehört der Volkswirtschaftsplan **als ein Gesetz** also zum juristisch-politischen Überbau? Wenn ja, dann wäre die ökonomische Basis, zu welcher die sozialistischen Betriebe als ein Teil zählen, vom juristisch-politischen Überbau abhängig. Das „Basis-Überbau-Theorem“ müßte durch ein „Überbau-Basis-Theorem“ ersetzt werden.

-Ein weiteres Argument gegen die Anwendung des „Basis-Überbau-Theorems“ ergibt sich aus der Definition des Sozialismus als einem System des „Gemeineigentums an Produktionsmitteln“. Die Klassenzugehörigkeit eines Gesellschaftsmitgliedes, seine gesellschaftliche Stellung als „Unterdrücker“ oder „Unterdrückter“ entscheidet sich für Marx durch den Besitz bzw. Nicht-Besitz von Produktionsmitteln. Wenn die Produktionsmittel aber „Gemeineigentum“ sind, dann sind **alle** Gesellschaftsmitglieder zugleich Produktionsmittelbesitzer. Angesichts der realen Klassenscheidung innerhalb sozialistischer Gesellschaften in „Unterdrückende“ und „Unterdrückte“ kann gesagt werden, daß der **formale** „Besitz“ an Produktionsmitteln nichts über die gesellschaftliche Stellung aussagt.

Um die eine der beiden oben genannten Entdeckungen von Marx, nämlich die **materialistische Geschichtsauffassung**, trotz der Unangemessenheit des „Basis-Überbau-Theorems“ für die Analyse sozialistischer Gesellschaften nutzbar machen zu können, muß zunächst, so Nowaks Argumentation, die „ökonomische Beschränktheit“ der marxschen Theorie überwunden werden.

Die Generalisierung der marxschen Entdeckungen bei Nowak

Die Struktur einer Gesellschaft ist in Marx' Theorie durch eine bestimmte Hierarchie folgender „Faktoren“ geprägt: Die Art der Produktionswerkzeuge (Produktionsmittel) bestimmt die Produktionsbeziehungen; diese „Basis“ bestimmt

106 Wörterbuch der Ökonomie. Sozialismus. S.863

den juristisch-politischen Überbau; Basis und juristisch-politischer Überbau bestimmen das Bewußtsein.

Wird die Dominanz des „ökonomischen Sektors" für den Aufbau einer Gesellschaftsstruktur - im Gegensatz zu Marx - **nicht** vorausgesetzt, dann läßt sich die oben dargestellte Hierarchie folgendermaßen **verallgemeinern**: die Art bestimmter Werkzeuge (materieller Mittel) bestimmt die Art der sozialen Beziehungen; beide zusammen bestimmen die Form von bestimmten Institutionen; alle drei bestimmen die Form des Bewußtseins.

Nun lassen sich in einer Gesellschaft drei „Bereiche" des sozialen Lebens unterscheiden, die „Wirtschaft", die „Politik" und die „Kultur". Auf den **politischen Bereich** einer Gesellschaft bezogen läßt sich die **verallgemeinerte Hierarchie der Gesellschaftsstruktur** folgendermaßen konkretisieren: als Analogon zu den „Produktivkräften" der wirtschaftlichen Sphäre lassen sich in der politischen Sphäre die „Repressionsmittel" als spezielle Art von „materiellen Werkzeugen" bezeichnen; analog zur Klassenscheidung in „Produktionsmittelbesitzer" und „Produzenten" lassen sich die Disponenten über die „Repressionsmittel" als „Herrscher" von den „Bürgern", die über keine „Repressionsmittel" verfügen, unterscheiden; den wirtschaftspolitischen Institutionen, welche die Produktionsverhältnisse sanktionieren, entsprechen politische Institutionen, welche die Herrschaft der „Herrscher" über die „Bürger" sichern; analog zum „wirtschaftpolitischen" Bewußtsein, welches die existierenden Produktionsverhältnisse als „vernünftig" interpretiert gibt es ein „gesellschaftspolitisches" Bewußtsein, daß die existierenden „politischen Herrschaftsverhältnisse" rationalisiert. Die Art der „Repressionsmittel" determiniert die Art der „politischen Herrschaftsverhältnisse;"[107] beide determinieren die politischen Institutionen; alle drei determinieren das gesellschaftspolitische Bewußtsein.

Im **kulturellen** Bereich einer Gesellschaft unterscheidet Nowak: die „Indoktrinationsmittel" als „Produktionsmittel" des Bewußtseins; sodann die Klasse der „Priester" als Disponenten über die „Indoktrinationsmittel" und als Herrscher über die Klasse der „Gläubigen", die über keine „Indoktrinationsmittel" verfügen; ferner „ideologische Institutionen" zur Sicherung der Herrschaft der „Priester" über

---

107 Diese These läßt sich an folgendem Beispiel illustrieren: Sind Schwert und Lanze die vorherrschenden „Repressionsmittel", dann läßt sich ein auf der Verfügung über diese Mittel aufbauendes politisches Herrschaftsmonopol nur schwer verwirklichen: der Zugang zu diesen Waffen läßt sich von einem Herrschaftszentrum aus nicht kontrollieren: Der zentrale Herrscher wird Teile seiner politischen Macht an die Mitglieder einer besonderen Kriegerkaste abgeben, die besonders gut mit Schwert und Lanze umgehen können; es entsteht ein „feudalistisches" Herrschaftssystem. Sind Kanonen oder gar Panzer und Flugzeuge die vorherrschenden „Repressionsmittel", so läßt sich die Verfügungsgewalt über diese wesentlich besser monopoli-sieren: allein der Wert dieser Waffen macht sie für eine größere Anzahl von Menschen uner-schwinglich. Ein auf der Verfügungsgewalt über diese Waffen gegründetes politisches Herrschaftsmonopol mit einer starken zentralen Macht läßt sich verwirklichen.

die „Gläubigen“; schließlich die „Ideologie in der Ideologie“ als die spezifische Art der ideologischen Rechtfertigung der gesellschaftlichen Scheidung in (unterdrückende) „Priester“ und (unterdrückte) „Gläubige“.

Als erstes Ergebnis der Generalisierung des marxschen „historischen Materialismus“ durch Nowak läßt sich festhalten: für Marx entscheidet sich die Klassenzugehörigkeit eines Gesellschaftsmitgliedes durch seine Stellung zu den Produktionsmitteln, er unterscheidet die Klasse der „Produktionsmittelbesitzer“ von der Klasse der „Produzenten.“ Nowak dagegen erweitert den marxschen Klassenbegriff und unterscheidet drei voneinander unabhängige Klassenscheidungen in einer Gesellschaft zwischen: a.)Produktionsmittelbesitzern und Produzenten, b.)Herrschern und Bürgern, c.)Priestern und Gläubigen. Gemeinsame Quelle der Herrschaft der drei „unterdrückenden Klassen“ ist ihre Verfügungsgewalt über bestimmte materielle Mittel. Je nach der gesellschaftlichen Sphäre der Herrschaftsausübung unterscheiden sich diese Mittel. Diese Erweiterung des marxschen Klassenbegriffs eröffnet die Möglichkeit einer materialistischen Geschichtstheorie, in welcher nicht der wirtschaftliche, sondern der politische oder der kulturelle gesellschaftliche Bereich eine determinierende Rolle für die Entwicklung des gesellschaftlichen Gesamtsystems spielt.

Zu fragen ist nun, wie entschieden werden kann, welchem der genannten Bereiche eine für die spezifische Struktur und Entwicklungsdynamik einer bestimmten Gesellschaft **entscheidende** Rolle zukommt. Tritt etwa, so argumentiert Nowak, das **wirtschaftliche** Interesse der „Produktionsmittelbesitzer“ in Konflikt mit dem **politischen** Interesse der „Herrscher“ und setzt sich **langfristig** das wirtschaftliche Interesse durch, so dominiert in der entsprechenden Gesellschaft die „Wirtschaft“ über die „Politik“.

Wie lassen sich aber die jeweiligen „Interessen“ der unterschiedlichen Klassen feststellen, gibt es ein „objektives Klasseninteresse“? Nowak stützt sich bei der Beantwortung dieser Frage auf die Argumentation von Marx und geht dann über diese hinaus: für Marx liegt das Klasseninteresse der Produktionsmittelbesitzer in der Maximierung ihres „Profits“. Dieses Interesse ist aber wiederum aus einem anderen Interesse abgeleitet: in einer Klassengesellschaft steht der einzelne Produktionsmittelbesitzer in einem wirtschaftlichen Konkurrenzverhältnis zu seinen Klassengenossen; um seine **soziale Position** als Besitzender zu erhalten, muß er im Konkurrenzkampf bestehen, d.h. seinen Profit maximieren. „Soziale Position“, so Nowak, ist aber kein **ökonomischer**, sondern ein **herrschaftssoziologischer Begriff**. Das letztlich bestimmende Interesse des Produktionsmittelbesitzers ist es daher, auf der Grundlage der Verfügungsgewalt über Produktionsmittel über die Produzenten zu **herrschen**.

Ebenso wie das „Klasseninteresse“ der Produktionsmittelbesitzer lasse sich dasjenige der Produzenten bestimmen. Quelle des Profits ist die **unbezahlte** Arbeit der Produzenten, die den „Mehrwert“ schafft, welchen sich die Produktionsmittelbesitzer aneignen. Das Interesse der Produzenten ist die Minimierung desjenigen Anteils an ihrer Arbeitsleistung, den sie unbezahlt leisten. Hieraus lasse sich schließen, daß sich die „Klasseninteressen“ der Produktionsmittelbesitzer und der Produzenten „antagonistisch“ gegenüberstehen.

Welches sind nun die „Klasseninteressen“ der „Priester“ und „Gläubigen“ bzw. der „Herrscher“ und „Bürger“? Das Interesse der Klasse der Priester, so Nowak, ist die Kontrolle über einen möglichst großen Anteil der „Ideen“, welchen die Gläubigen anhängen. Am besten wird dieses Interesse erfüllt, wenn es einer Gruppe von Priestern, die Anhänger derselben „Ideologie“ sind, gelingt, ein „ideologisches Herrschaftsmonopol“ in der Gesellschaft durchzusetzen. Das Interesse der Gläubigen steht dem Interesse der Priester antagonistisch gegenüber: es ist die Erhaltung ihrer intellektuellen und moralischen Unabhängigkeit.[108]

Das Klasseninteresse eines (politischen) „Herrschers“ besteht in der Erweiterung seines „Einfluß-“ oder „Machtbereiches“. Sein „Einflußbereich“ setzt sich zusammen aus der Anzahl von Handlungen einzelner Bürger bzw. Interaktionen zwischen Bürgern, die von ihm **kontrolliert** werden.[109] Je mehr Handlungen die Bürger entsprechend den Vorgaben eines Herrschers durchführen, desto größer ist der Einflußbereich dieses Herrschers. Die Summe aller Einflußbereiche aller (einzelnen) Herrscher bildet den gesamtgesellschaftlichen (staatlichen) Einflußbereich der (ganzen) „Herrscherklasse“ einer Gesellschaft; das Klasseninteresse der Herrscherklasse ist die Erweiterung ihres gesamtgesellschaftlichen Einflußbereiches.

Das Klasseninteresse der Bürger läßt sich wie folgt bestimmen: es liegt im Interesse der Bürger, einen Teil ihrer Handlungsautonomie an die Herrschenden abzugeben; dies betrifft z.B. die staatliche Regelung des Straßenverkehrs oder die Kriminalitätsbekämpfung. Das Überschreiten eines bestimmten gesamtgesellschaftlichen Regelungsniveaus, ab welchem staatliche Regelungen als **Repressionen** interpretiert werden, richtet sich gegen das Interesse der Bürger. Das Klasseninteresse der Bürger, so läßt sich zusammenfassen, widerspricht demjenigen der Herrscher. Es liegt in der Verteidigung autonomer, staatsfreier Handlungs- und Interaktionsbereiche gegen die Tendenz zur stetigen Ausdehnung des gesamtgesellschaftlichen (staatlichen) Regelungsniveaus seitens der Herrschenden.

---

108 Nowak 1983, S.175f

109 Neben der **Anzahl** von kontrollierten Handlungen und Interaktionen spielt die **Intensität** der Kontrolle für die Bestimmung des Umfangs des herrschaftlichen Regelungsbereiches eine Rolle.

Das „Klasseninteresse" der „Priester" bzw. „Herrscher" an einem „ideologischen Herrschaftsmonopol" bzw. an der Erweiterung des „gesamtgesellschaftlichen Regelungsbereiches" bedarf noch einer genaueren Erläuterung. Die Klasse der „Herrscher" setzt sich, ebenso wie die Klasse der „Produktionsmittelbesitzer", aus einzelnen, untereinander in einem **Konkurrenzverhältnis** um Herrschaftsanteile stehenden Herrschern zusammen. Innerhalb der „Herrscherklasse" als ganzer finden sich prinzipiell immer solche Mitglieder, die Herrschaft um der Herrschaft willen ersteben und deren Verhalten sich nach einer ständigen Erweiterung ihres persönlichen Einflußbereiches ausrichtet. Gleiches gilt für die Klasse der „Priester". Unter diesen Bedingungen ist die Voraussetzung zur Erhaltung der sozialen Position eines „Herrschers" bzw. „Priesters" die **Anpassung** an dieses nach steter Vergrößerung der eigenen Herrschaftsanteile ausgerichteten Verhaltens; es führt ein „spontaner sozialer Anpassungsprozeß"[110] zur stetigen Ausdehnung des „gesamtgesellschaftlichen Regelungsniveaus" infolge der Bemühungen einzelner Herrscher, ihre soziale Position - unter Konkurrenzbedingungen - zu sichern. Ebenso steigt der Druck auf die „Gläubigen" , sich den herrschenden „Ideologien" zu unterwerfen.

Verständlich wird jetzt auch die von Nowak vertretene These der **hierarchischen** Gliederung der sozialen Struktur, wonach die Art der materiellen Herrschaftsmittel (ökonomischer, politischer oder ideologischer Art) die (ökonomischen, politischen bzw. ideologischen) Verhältnisse[111] determinieren. Das oben dargestellte Konkurrenzverhältnis führt zur „optimalen Adaption" der Produktions- bzw. politischen und ideologischen Verhältnisse an das Entwicklungsniveau der materiellen (Produktions-, Repressions-, Indoktrinations-) Mittel.

Die „sozialistische Gesellschaft" als „Tripel-Herrschaft"[112]

Nowak unterscheidet drei Arten von Gesellschaftsformen, die auf der Teilung der Gesellschaft in „Klassen" beruhen:

a.) **„Klassengesellschaften"** sind Gesellschaften, in denen die Minderheiten der Produktionsmittelbesitzer, der Herrscher und der Priester als **voneinander unabhängige Klassen** über die Mehrheit der Produzenten bzw. Bürger bzw. Gläubigen herrschen.

b.) **„Supra-Klassengesellschaften"** sind Gesellschaften, in denen **eine Doppelklasse und eine einfache Klasse von „Unterdrückern"** existieren. Der Faschismus beispielsweise ist eine Supra-Klassengesellschaft mit der „Doppelkasse" der „Herrscher-Priester" und der Klasse der „Besitzenden" als unterdrückenden Klassen.

---

110 vgl.dazu Siegel 1992, S.94ff

111 „Verhältnisse" = „Institutionen"+ „Bewußtsein", vgl. oben S.32

112 zum folgenden: Nowak 1987, S.9

c.) „**Tripel-Klassengesellschaften**“ sind Gesellschaften, in denen ***eine* Klasse von „Unterdrückern“ gleichzeitig als „Herrscher-Besitzer-Priester“ über die Bevölkerung herrscht**. Sozialistische Gesellschaften gehören zum Typ der „Tripel-Klassengesellschaften“; hier hat der Apparat der kommunistischen Partei ein Herrschaftsmonopol über die Produktionsmittel, die Indoktrinationsmittel und die Zwangsmittel errungen.

Nowak bezeichnet den Parteiapparat als eine Klasse von „Herrschern“, die **auch** „Besitzer“ und „Priester“ sind. Das heißt, im Konfliktfall zwischen politischen, wirtschaftlichen oder kulturellen Interessen wird der Parteiapparat seinem **politischen** Herrschaftsinteresse den Vorrang einräumen. Mit anderen Worten: im Gegensatz zu Marx' These von der prinzipiellen Dominanz des ökonomischen Faktors für die Struktur aller Gesellschaftsordnungen bezeichnet Nowak sozialistische Gesellschaften als Gesellschaftsordnungen in welchen das **politische** Moment dominiert.

Bevor nun genauer auf Nowaks „Theorie der sozialistischen Gesellschaft“ eingegangen werden kann, muß seine sozialwissenschaftliche Forschungs**methode** in ihren Grundzügen dargestellt werden. Das Verständnis von Nowaks theoretischen Erläuterungen setzt das Verständnis dieser Methode voraus.

4.b.) „Idealisierung und Konkretisierung“ - die sozialwissenschaftliche Forschungsmethode Nowaks[113]

Die von Marx in seinem Spätwerk zur Erforschung der Bewegungsgesetze der bürgerlichen Gesellschaft verwandte Methode wird von Nowak als „Idealisierung und Konkretisierung“ bezeichnet und für seine eigenen Forschungen übernommen.

Ontologische Voraussetzungen der Methode der „Idealisierung und Konkretisierung“[114]

Da eine in der sozialwissenschaftlichen Forschung verwandte Methode, so Nowak, der Erkenntnis der gesellschaftlichen „Wirklichkeit“ dient, muß der Aufbau der „Methode“ demjenigen der „Wirklichkeit“ entsprechen. Voraussetzung der Adäquanz der Methode der „Idealisierung und Konkretisierung“ zur Erkenntnis „gesellschaftlicher Wirklichkeit“ ist eine „essentialistische“ Verfassung dieser „Wirklichkeit“. Nach Marx muß die **wissenschaftliche** Erkenntnis eines Untersuchungsgegenstandes zwischen dessen „Wesen“ und seiner „Erscheinungsform“ unterscheiden, denn „... alle Wissenschaft wäre überflüssig, wenn die Erscheinungsform und das Wesen der Dinge unmittelbar zusammenfielen.“[115]

---

113 dazu: Nowkak, 1980 und Siegel 1992, S.83-90

114 zum folgenden: Siegel 1992, S.87

115 MEW, 23, S.825

Ein gegebener Untersuchungsgegenstand **U**, so Nowaks These, wird in seiner **Struktur** von einer bestimmten Anzahl von **Faktoren** beeinflußt. Einige dieser Faktoren haben einen größeren Einfluß auf **U** als andere; die Einflußfaktoren lassen sich in einer Hierarchie ordnen.

Die **Wesensstruktur von U** setzt sich aus der **gesamten Faktorenhierarchie** zusammen. Die **wesentlichen** Einflußfaktoren werden von Nowak als **Hauptfaktoren** bezeichnet. **Sekundäre Faktoren** üben einen weniger wesentlichen Einfluß aus; unterschieden werden **sekundäre Faktoren ersten Grades**, solche **zweiten Grades** u.s.w..

Regularität bezeichnet den **Zusammenhang von U und seinen Hauptfaktoren**. Die **erste Erscheinungsform der Regularität** zeigt, in welcher Weise **U** von seinen **Hauptfaktoren** und den **sekundären Faktoren ersten Grades** beeinflußt wird. Die **zweite Erscheinungsform der Regularität** beschreibt die Abhängigkeit von **U** von seinen **Hauptfaktoren**, seinen **sekundären Faktoren ersten Grades** sowie den **sekundären Faktoren zweiten Grades**. Die **vollständige Erscheinungsform der Regularität** wird von **sämtlichen U beeinflussenden Faktoren** gebildet.

Der „essentialistischen" Wirklichkeitsauffassung entspricht die Theoriebildung mittels der Methode der „Idealisierung und Konkretisierung": ein Untersuchungsgegenstand erscheint der Anschauung zunächst als „chaotische" Mannigfaltigkeit. Der erste Schritt der **Theoriebildung** besteht in der Isolierung der **Hauptfaktoren** des Untersuchungsgegenstandes **U**. Dieser wird nun betrachtet „als ob" er nur aus seinen **Hauptfaktoren** bestünde. Dieses **idealisierte Bild von U** läßt sich mit einer Karikatur vergleichen: ebenso wie eine solche hebt es die den Gegenstand am stärksten charakterisierenden Merkmale unter Absehung von seinen Nebenaspekten hervor. Ein **erstes theoretisches Modell von U** entsteht nun, indem Hypothesen über die gegenseitige Beeinflussung der Hauptfaktoren getroffen werden. Dieses erste Modell erfaßt das **Wesen** bzw. die **Regularität des Untersuchungsgegenstandes**. Dieses erste, hochabstrakte Modell von U kann mithilfe weiterer Modelle **konkretisiert** werden. Das **zweite theoretische Modell von U** betrachtet den Untersuchungsgegenstand „als ob" er aus seinen **Hauptfaktoren** und den **sekundären Faktoren ersten Grades** bestünde. Wiederum werden Hypothesen über die gegenseitige Beeinflußung dieser Faktoren erstellt. Im Verlauf der Erstellung weiterer Modelle entsteht ein immer konkreteres, wirklichkeitsnäheres Bild des Untersuchungsgegenstandes, im besten Falle bis zur **vollständigen Erscheinungsform der Regularität**. Im Gegensatz zur **vor-theoretischen Anschauung des Untersuchungsgegenstandes** wird durch die Anwendung der Methode der Idealisierung und Konkretisierung eine **Theorie** erstellt, die „das innere Spiel seines Mechanismus“[116] enthüllt.

Eine derartige **theoretische** Betrachtung eines Gegenstandes ist bereits in ihrer Grundannahme der „essentiellen“ Verfassung der Wirklichkeit hypothetisch; ein „Beweis“ für ihre Richtigkeit kann nicht erbracht werden. Die Aufgabe einer Theorie liegt für Nowak denn auch in der **Erstellung sinnvoll begründeter Hypothesen über einen Untersuchungsgegenstand**. Zur wissenschaftlichen Erkenntnis trägt eine Theorie dann bei, wenn die für die Erstellung der sukzessiven Modelle gewählte **Faktorenhierarchie** der im Gegenstand selbst liegenden Hierarchie entspricht. Die Wahl der für das erste, grundlegende Modell gewählten Hauptfaktoren erfolgt zunächst intuitiv; das vor-theoretische, empirische Wissen über den Gegenstand bestimmt die Wahl des Forschers. Ob diese Wahl dem Gegenstand entspricht zeigt die Konkretisierung des ersten Modelles: die Wahl der Faktorenhierarchie ist dann gerechtfertigt, wenn es mit Hilfe sukzessiver Modelle gelingt, den Untersuchungsgegenstand von Modell zu Modell „realitätsnaher“ darzustellen; mit anderen Worten: wenn die Diskrepanz zwischen den in den theoretischen Modellen verwandten Faktoren und den empirischen Daten des Gegenstandes sich von Modell zu Modell signifikant verringert. Die theoretischen Aussagen lassen sich durch die Methode der „Falsifizierung“ überprüfen; denn verringert sich die oben genannte Diskrepanz nicht, dann entspricht die Theorie nicht der Wirklichkeit. Es muß dann eine neue Theorie mit einer anderen Faktorenhierarchie gebildet werden.

Nach diesen Ausführungen zur Theorie des „nicht-marxistischen historischen Materialismus“ und der Methode der „Idealisierung und Konkretisierung“ ist es möglich, Nowaks grundlegendes **Modell einer sozialistischen Gesellschaft** verständlich darzustellen. Diese Darstellung ermöglicht dann anschließend einen theoretischen und methodischen Vergleich der Theorie Nowaks mit der „Totalitarismus-Theorie“ und der „Theorie der sozialistischen Industriegesellschaft.“

4.c.) Nowaks „Theorie einer sozialistischen Gesellschaft“ - „Modell I“[117]

Idealisierende Bedingungen des „Modells I“ einer Sozialistischen Gesellschaft

In „Modell I“ wir die „reguläre“ Entwicklung einer sozialistischen Gesellschaft dargestellt; sie ergibt sich aus der Art und Weise der gegenseitigen Beeinflußung ihrer „Hauptfaktoren.“ Die Mannigfaltigkeit der empirischen Wirklichkeit wird in diesem Modell eingeschränkt; die Gesellschaft wird so betrachtet, „als ob“ sie nur aus ihren „Hauptfaktoren“ bestünde.

Nowak stellt dabei folgende Grundhypothese auf: Die „herrschende Klasse“ einer sozialistischen Gesellschaft ist primär eine Klasse **politischer Herrscher**, die außer-

---

116 MEW.23, S.590

117 zum folgenden: Nowak 1987

dem eine monopolistische Verfügungsgewalt über die „Produktionsmittel“ und die „Indoktrinationsmittel“ besitzt. Mit anderen Worten: Grundlage der Herrschaft des Apparates der kommunistischen Partei über die sozialistische Gesellschaft ist die in der monopolistischen Verfügungsgewalt über die „Repressionsmittel“ begründetete **politische** Macht. Deshalb kann ein erstes Modell einer sozialistischen Gesellschaft als Modell einer „rein-politischen“ Gesellschaft dargestellt werden, in welchem von allen Einflüssen der Wirtschaft und Kultur auf das soziale Leben abstrahiert wird. Dieses erste Modell muß im Laufe der weiteren Untersuchung durch konkretere, realitätsnähere Modelle, die auch die nichtpolitischen Felder des sozialen Lebens einbeziehen, ergänzt werden. Idealisierende Annahme (A) des Modells ist: die rein-politische Gesellschaft setzt sich aus zwei Klassen, den „Herrschern“ über die staatlichen Zwangsmittel und der Klasse der „Bürger“ zusammen. Abgesehen wird in diesem Modell von den Klassenteilungen in „Besitzer“ und „Produzierende“ (Annahme B) sowie in „Priester“ und „Gläubige“ (Annahme C). In dem abstrakten „Modell I“ (beruhend auf Annahme (A)) wird unterstellt, daß es keinen technologischen Fortschritt in der Entwicklung von „Repressionsmitteln“ gibt (Annahme D), außerdem wird vom Einfluß internationaler, zwischenstaatlicher Beziehungen auf eine bestimmte Gesellschaft (Annahme E) abgesehen. Allgemein gilt in „Modell I“ die „ceteris-paribus Klausel“[118]: Alle eine Gesellschaft beeinflussenden Faktoren außer „Annahme A“ werden in der Untersuchung dieser Gesellschaft zunächst vernachlässigt.

Eine solche „abstrahierende“ Modellbildung ist dann gerechtfertigt, wenn sie zur Erkenntnis grundlegender sozialhistorischer Prozesse in sozialistischen Gesellschaften führt.

Untersuchung einer rein-politischen Gesellschaft in ihrer zeitlichen Entwicklung

Allgemein läßt sich das Interesse einer politischen Herrscherklasse folgendermaßen beschreiben: das Interesse der „Herrscher“ (= Monopolisten über die staatlichen Zwangsmittel) ist es, den Einflußbereich ihrer Macht zu vergrößern. Die einzelnen Mitglieder einer Herrscherklasse stehen untereinander in Konkurrenz um Herrschaftsbereiche. Diese Konkurrenz zwingt jeden einzelnen Herrscher dazu, seinen „Einflußbereich“ ständig zu vergrößern - zumindest solange er seine „soziale Position“ als „Herrscher“ erhalten will. Verweigert er sich der Konkurrenz, so sinkt sein Anteil an der Herrschaft solange, bis er aus der Gemeinschaft der Herrschenden ausscheidet. Das gemeinsame Interesse der Herrscherklasse als ganzer ist es, den staatlichen Regulationsbereich ständig zu erweitern, was den Interessen der Bürgerschaft an der Aufrechterhaltung autonomer, nicht staatlich regulierter Aktivitätsbereiche widerspricht; deshalb ist eine Zunahme des staatlichen Regulationsbereichs

---

118 ebenda, S.9ff

mit Widerstand der Bürger einerseits und mit steigender Repression andererseits verbunden.

Nowak nennt das Verhältnis der vom staatlichen Regulationsbereich erfassten Aktivitäten der Bürgerschaft zu den autonomen, nicht staatlich regulierten bürgerlichen Aktivitäten das Niveau der „gesellschaftlichen Entfremdung“ („civil alienation“)[119]

Das Niveau des politischen „Klassenkampfes“ wird vom Grad der „gesellschaftlichen Entfremdung“ bestimmt. Unter den Bedingungen eines niedrigen Entfremdungsgrades ist der Grad des Widerstandes der Bürger ebenfalls niedrig. Aber auch unter einem sehr hohen Entfremdungsniveau ist der bürgerliche Widerstand gering. Die extrem hohe Regulierung bürgerlicher Aktivitäten erfordert einen extrem hohen Repressionsgrad, der zum Zusammenbruch sozialer Bindungen und der „Atomisierung“ der Bürgerschaft führt und die Möglichkeit kollektiven Widerstands ausschließt. Der politische „Klassenkampf“ ist bei einer „mittleren Höhe“ des Repressionsgrades am stärksten, weil dann das Niveau staatlicher Repression hoch genug ist, um bürgerlichen Widerstand zu provozieren, aber nicht hoch genug, um die sozialen Bindungen innerhalb der Bürgerschaft (als Voraussetzung kollektiven Widerstandes) zu zerstören.

Die **Beziehungen zwischen „Herrschern“ und „Bürgern“** lassen sich in drei „Intervalle“ ordnen: den Zustand des „**Klassenfriedens**“, der „**Revolution**“ und der „**Deklassierung der Bürgerschaft**“, wobei die „Deklassierung“ als „Subintervall“ den Zustand der „**Totalisierung**“ einschließt. Der Zustand der „Totalisierung“ ist dann erreicht, wenn alle bürgerlichen Aktivitäten, die mithilfe der bestehenden Kontroll- und Überwachungsmittel staatlich reguliert werden können, auch tatsächlich reguliert sind.

- Das Wachsen der „gesellschaftlichen Entfremdung“ und die „Revolution ersten Typs“

Ausgangspunkt ist folgende Annahme: Zu Beginn der Entwicklung der „reinpolitischen Gesellschaft“ herrscht ein Zustand des „Klassenfriedens“ mit einem geringen Grad an staatlicher Regulierung und geringem bürgerlichen Widerstand. Der Konkurrenzmechanismus innerhalb der herrschenden Klasse führt zur Ausdehnung des staatlichen Regulationsbereiches und damit zur wachsenden gesellschaftlichen Entfremdung der Bürger. Schließlich führt die wachsende Entfremdung zu einer „Revolution des ersten Typs“.

119 ebenda, S.11

- Die Niederschlagung der „Revolution ersten Typs“ und die „Deklassierung der Bürgerschaft“

Die Revolution endet entweder mit einem Sieg der Revolutionäre oder der Niederschlagung des revolutionären Widerstandes. Im zweiten Fall folgt der Niederlage der „postrevolutionäre Terror“; dieser beginnt nach der Beseitigung der militärischen Gefahr für die „herrschende Klasse“ Seine soziale Funktion ist die Zerstörung autonomer, nicht staatlicher regulierter Sozialbeziehungen durch die „Eliminierung“ der sozial aktivsten Bürger; diese Gruppe der Bürgerschaft bildet die Aktionszentren des bürgerlichen Widerstandes. Die Zerstörung dieser Zentren durch den Terror eröffnet den Herrschenden die Möglichkeit, den gesamtstaatlichen Regelungsbereich ohne ernsthaften Widerstand seitens der Bürger radikal auszudehnen. Es beginnt dann das Intervall der „Deklassierung der Bürgerschaft“.

- Die siegreiche Revolution und der „Civil Loop“

Endet eine „Revolution des ersten Typs“ siegreich, so wandelt sich die „revolutionäre Elite“ zu einer neuen „Machtelite;“ unabhängig von ihrem ideologischen Anspruch auf die Befreiung der bisher Unterdrückten bildet sie den Embryo einer neuen „herrschenden Klasse,“ die ihrerseits nun das Verfügungsmonopol über die „Repressionsmittel“ in Händen hält. Die revolutionäre Herrscherklasse ist denselben Konkurrenzmechanismen unterworfen wie die vorrevolutionäre. Innerhalb der revolutionären Elite gibt es einzelne oder Gruppen, die die Macht um der Macht willen erstreben; diese sammeln nach der erfolgreichen Revolution immer mehr Entscheidungsmacht in ihren Händen an und verdrängen die „echten Revolutionäre“, die der revolutionären Befreiungsdoktrin treu bleiben, aus den staatlichen Machtpositionen. Letztere werden nach einiger Zeit als „Volksfeinde“ „eliminiert“. Die herrschenden „Apparatschiki“ erweitern den staatlichen Regulationsbereich, bis der Widerstand der Bürgerschaft erneut das revolutionäre Intervall erreicht. Eine siegreiche Revolution führt also zu einer „Schleife“ („civil loop“) der historischen Entwicklung. Die Aufeinanderfolge mehrerer „civil loops“ innerhalb einer kurzer Zeitspanne führt schließlich zur Erschöpfung der Widerstandskraft der Bürgerschaft und zu deren „Deklassierung“.

- Die „Totalisierung“ der Gesellschaft

Ein Subintervall der „Deklassierung“ ist die „Totalisierung“ der Gesellschaft. Der Zustand der „Totalisierung“ ist erreicht, sobald alle regulierungsfähigen gesellschaftlichen Bereiche de facto staatlich reguliert sind. Der „totalitäre“ Zustand setzt den innerherrschaftlichen Konkurrenzmechanismus aber nicht außer Kraft, der einzelne Herrscher muß weiterhin versuchen, seinen Regulationsbereich auszudehnen. Unter der in „Modell I“ geltenden Annahme (D) (kein Fortschritt der Unterdrükkungs- und Kontrolltechnologie) gibt es nur eine Möglichkeit, das Herrschaftssystem am Leben zu erhalten, nämlich periodische innerparteiliche „Säuberungen". Diese „Säuberungen" „eliminieren" einen Teil der Herrschaftselite und schaffen auf diese Weise „herrenlose", unregulierte Gesellschaftsbereiche. Der bisherige Regulierungsbereich der ausgeschalteten „Herrscher" steht nun den Konkurrenzkämpfen der in ihrer „sozialen Position" verbliebenen „Herrscher" zur Verfügung. Einige Zeit nach einer „Säuberung" wird der Zustand der totalen Reguliertheit der Gesellschaft erneut erreicht ; eine neue „Säuberung" findet statt; denn ohne periodisch wiederkehrende „Säuberungen" des Parteiapparates durch die Parteizentrale würde ein totalitäres Herrschaftssystem im Kampf eines jeden „Herrschers" gegen alle anderen auseinanderbrechen.

- Zyklische „Revolutionen zweiten Typs" und zyklische „Deklassierung"

Die „Totalisierung" der Gesellschaft und die mit ihr einhergehende regelmäßige partielle Selbstdestruktion der „Herrscherklasse" kann nur durch die wachsende Fähigkeit der Bürgerschaft zur Überwindung der gesellschaftlichen „Atomisierung" selbst unter hochrepressiven Bedingungen beendet werden. Ein längeres Andauern hochrepressiver gesellschaftlicher Verhältnisse führt zu einem „spontanen sozialen Anpassungsprozeß" innerhalb der Bürgerschaft: Einige Bürger „lernen" , sich aus der weitgehenden bzw. totalen Verstaatlichung ihrer Interaktionen zu lösen und autonome Sozialbeziehungen wiederaufzubauen.[120] Diese Gruppen von Bürgern bilden die Kristallisationspunkte des wiederauflebenden Widerstandes. Das Ansteigen dieses Widerstandes führt zu einer ersten „Revolution des zweiten Typs". Die Chancen auf einen Sieg dieser Revolution sind gering, da sich erst eine begrenzte Gruppe von Bürgern aus ihrer Deklassierung gelöst hat; die Revolution schafft aber neuen Raum für das Regulierungsstreben der Herrschenden und gibt ihnen die Möglichkeit, die periodische partielle Selbstdestruktion der totalitären Phase zu beenden.

Ein weiteres Ergebnis der „ersten Revolution zweiten Typs" ist ein **grundlegender** Wandel in den Beziehungen zwischen den gesellschaftlichen Klassen. Die gestiegene Widerstandsfähigkeit der Bürger ändert die Reaktion der Herrschenden im Falle einer Niederlage der „ersten Revolution zweiten Typs" gegenüber ihrem Verhalten nach dem Scheitern der „Revolution ersten Typs". Dieser zweiten revolutionären Niederlage folgt nicht die Vertiefung der „Deklassierung" der Bürgerschaft, sondern Zugeständnisse der Herrschenden an die Bürger; **das gesellschaftliche Regulationsniveau sinkt gegenüber dem vorrevolutionären Niveau (der Revolution zweiten Typs!).**

Nach dem Abebben der revolutionären Gefahr setzt der innerherrschaftliche Konkurrenzmechanismus erneut ein, das gesellschaftliche Regulationsniveau steigt

---

120 zum Prozeß des Wiederauflebens autonomer Sozialbeziehungen vgl. Nowak 1987, S.35f und Siegel 1992, S.143ff

und erreicht wiederum das Intervall der „Deklassierung". Mit der Zeit gelingt es aber einer steigenden Anzahl von Bürgern, sich aus dem Zustand der Deklassierung zu lösen; die Folge ist eine „zweite Revolution des zweiten Typs" auf einer breiteren sozialen Basis. Im Falle einer revolutionären Niederlage reagiert die Herrscherklasse mit erweiterten Zugeständnissen, deren Rücknahme eine erneute Revolution zur Folge hat. Der Trend zu periodischen Revolutionen mit stets vergrößerter sozialer Basis ist ein Charakteristikum der „post-totalitären" Entwicklungsphase einer sozialistischen Gesellschaft.

Das Muster der historischen Entwicklung der „post-totalitären sozialistischen Gesellschaft" ist folgendes: Revolution - Zugeständnisse - Deklassierung - Revolution auf erweiterter sozialer Basis - erweiterte Zugeständnisse u.s.w. Das Niveau der Deklassierung der Bürgerschaft verringert sich nach jeder Revolution im Vergleich zur vorhergehenden Revolution. Diese Entwicklung wiederholt sich solange, bis sich das Kräfteverhältnis zwischen den Klassen grundlegend geändert hat. Die Bürgerschaft geht im Verlauf einer Reihe von revolutionären Niederlagen derart gestärkt aus der „Klassenauseinandersetzung" hervor, daß sie einen Rückfall in die Phase der „Deklassierung" definitiv verhindern kann. Sie zwingt die „Herrscherklasse", ihren Regulationsbereich innerhalb des Intervalls des „Klassenfriedens" zu halten.

- Der Mechanismus des sozialen Fortschritts in einer rein-politischen Gesellschaft: gescheiterte Revolutionen

In den unterschiedlichen Gesellschaftstheorien lassen sich zwei Standpunkte in Bezug auf den Mechanismus sozialen Fortschritts (als der Steigerung bürgerlicher Autonomie verstanden) unterscheiden. Von einem „revolutionären" Standpunkt aus ist eine siegreiche Revolution die einzige Möglichkeit zur Erreichung sozialen Fortschritts. In einer „evolutionären" Pespektive sind die „sozialen Kosten" einer Revolution zu hoch; schrittweise gesellschaftliche Veränderungen werden als effektivste Methode sozialen Fortschritts angesehen.

Unter der Annahme der Gültigkeit von „Modell I" ist keiner dieser Standpunkte gerechtfertigt. Unter totalitären oder hochrepressiven Verhältnissen gibt es für die Bürger keine Möglichkeit evolutionärer Veränderungen ihrer Situation. Eine siegreiche Revolution dagegen führt zu einem „civil loop". Sozialer Fortschritt ist nach „Modell I" nur möglich als Folge gescheiterter Revolutionen. Diese führen zu Zugeständnissen der Herrschenden an die Bürger; sind diese Zugeständnisse unzureichend, d.h. führen sie nicht zu einem langfristigen „Klassenfrieden", kommt es zu erneuten Revolutionen. Nowaks hier dargestelltes Konzept verbindet den „revolutionären" mit dem „evolutionären" Standpunkt: sozialer Fortschritt entsteht durch evolutionäre Veränderungen, die durch gescheiterte Revolutionen hervorgerufen werden.

5.) Nowaks Theorie im Vergleich mit der „Totalitarismus-Theorie" und der „Theorie der sozialistischen Industriegesellschaft" - theoretische und methodische Kritik

Nach dieser Darstellung der Theorie und Methode Nowaks kann nach der „Erklärungskraft" der „Totalitarismus-Theorie" und der „Theorie der sozialistischen Industriegesellschaft" im Vergleich zu Nowaks Theorie gefragt werden. An Stelle der weiter oben geleisteten „empirischen Falsifizierung" dieser Theorien folgt nun ein „methodische" bzw. „theoretische" Kritik derselben.

Charakter und Aufgabe einer historisch-sozialwissenschaftlichen Theorie, wie Nowak sie versteht, lassen sich folgendermaßer zusammenfassen: die Theorie hat einen wesentlich **dynamischen** Charakter. Sie besteht in der Erstellung von begründeten Hypothesen über **Entwicklungsprozesse** eines gesellschaftlichen Systems.

Eine „Theorie sozialistischer Gesellschaften" muß von der dominierenden Rolle der politischen Gesellschaftssphäre für die Entwicklung des Gesellschaftssystems ausgehen. Ihr grundlegendes theoretisches Modell der gesellschaftlichen Entwicklungsdynamik thematisiert die Veränderungen in der Beziehung zwischen der „politischen Herrscherklasse" und der „Bürgerschaft" und dem aus diesen Veränderungen sich ergebenden „gesellschaftlichen Wandel".

Dieses Modell ist anhand der „empirischen Fakten" zu überprüfen. Weitere theoretische Modelle modifizieren und konkretisieren dann das im ersten Modell erstellte Bild der Entwicklung einer sozialistischen Gesellschaft.[121]

Zunächst wird nun der Frage nachgegangen, inwiefern die „Totalitarismus-Theorie" dieser Aufgabe gerecht wird, bzw. weshalb sie ihr nicht gerecht werden kann. Grundlage der Untersuchung ist zunächst der „generalisierte" Totalitarismus-Begriff Friedrichs aus den sechziger Jahren.

5.a.) Der Begriff der „Totalitären Diktatur" als „Idealtypus" - die methodische Schwäche der „Totalitarismus-Theorie"[122]

Friedrichs „generalisierte" Theorie beschränkt sich im wesentlichen auf die Nennung von drei Merkmalen einer totalitären Diktatur: 1.) die totalitäre Ideologie 2.) eine Partei, die sich auf die Geheimpolizei stützt und 3.) die monopolistische Kontrolle der Parteiführung über die Massenkommunikationsmittel, die Kampfwaffen und alle Organisationen.

Dieser Totalitarismusbegriff hat „idealtypischen" Charakter. In der Definition Max Webers ist ein „Idealtypus" eine „gedankliche Konstruktion", die der

121 vgl. Nowak 1987, S.19ff und Nowak 1991, S.69ff

122 vgl. Nowak 1993, S.45ff

„denkenden Ordnung der empirischen Wirklichkeit“ dient.[123] Ein Idealtypus wird gebildet, indem

a.) ein empirisch wahrgenommener Zustand eines untersuchten Systems (hier: Gesellschaftssystems) in seiner **extremen Form** dargestellt wird. Ein Beispiel wäre das Merkmal der „monopolistischen Kontrolle der Parteiführung über die Massenkommunikationsmittel.“ Wird die DDR, wie bei Friedrich, als „totalitäres System“ charakterisiert, so ist zu bemerken, daß das „idealtypisch“ angenommene Merkmal in der Realität durchbrochen wird: 1.) durch die Möglichkeit der Nutzung westlicher Massenkommunikationsmittel (Fernsehen) seitens der Bevölkerung und 2.) durch die relativ parteiunabhängige kirchliche Presse.

b.) Die empirisch beobachteten Zustände eines untersuchten Systems werden mit seinem „Idealtypus“ verglichen und entsprechend dem Grad der Abweichung von diesem hierarchisch geordnet. Dieses Vorgehen gestattet es dann, von „mehr“ oder „weniger“ „totalitären“ Systemen zu sprechen.

c.) Wenn der empirisch beobachtete Zustand des untersuchten Systems sich „zu weit“ von seinem „Idealtypus“ entfernt, dann verliert der „Idealtypus“ seine Anwendbarkeit als Konstrukt zur theoretischen Erkenntnis dieses Systems. Es muß dann ein neuer „Idealtypus“ gebildet werden.

Unter dem Einfluß von „Glasnost“ und „Perestroika“ entfernt sich die Sowjetunion der späten achtziger Jahre „zu weit“ vom „Idealtypus“ „totalitäres System“. Das Parteimonopol über die Massenkommunikationsmittel und die Organisationen wird mehr und mehr durchbrochen. Das existierende System kann nicht mehr unter diesen idealtypischen Begriff subsumiert werden. Damit aber wird die von Friedrich vertretene Gleichung „sozialistisches System = totalitäre Diktatur“ sinnlos. Es entsteht die Schwierigkeit, daß **verschiedene Entwicklungsphasen ein und desselben gesellschaftlichen Systems**, nämlich einer sozialistischen Gesellschaft, nicht in **einer** Theorie beschrieben werden können. Das „in sich identische“ „sozialistische System“ benötigt dann zu seiner theoretischen Beschreibung **zwei unterschiedliche** Idealtypen.

Die von Friedrich vorgenommene Sammlung von typischen Merkmalen einer „totalitären Diktatur“ als „Idealtypus“ bildet noch keine entwickelte Theorie. Vielmehr kann die geordnete Zusammenfassung typischer Merkmale **als Voraussetzung zur Bildung einer Theorie** verstanden werden. Von diesen „Merkmalen“ müssen dann die „Hauptfaktoren“, deren gegenseitige Beeinflußung die **reguläre Entwicklung sozial-historischer Prozesse**[124] bedingt, zunächst isoliert betrachtet werden. Im Falle der von Friedrich genannten „Merkmale“, denen er gleiche „Wichtigkeit“ für die Funktionsweise des Systems zuschreibt, ist also zunächst das Merkmal der „monopolistischen Kontrolle über die Kampfwaffen“ und das dadurch bedingte

123 Weber 1973. S.150

124 zum Begriff der „Regularität“ siehe oben Seite 41

„politische Herrschaftsmonopol" des Parteiapparates hervorzuheben und gesondert zu betrachten. Eine solche Methode ermöglicht es dann, **alle Entwicklungsphasen eines „sozialistischen Systems" innerhalb einer Theorie** in ihrer gegenseitigen Bedingtheit zu deuten.

Abschließend noch eine Bemerkung zu Friedrichs ursprünglicher Totalitarismustheorie der fünfziger Jahre. Bei der Ausarbeitung dieser Theorie hebt Friedrich implizit ein Merkmal- die „totalitäre Ideologie" - aus seinen sechs „sich gegenseitig stützenden und bedingenden" Merkmalen heraus. Diese Sonderstellung der „Ideologie" ermöglicht es Friedrich, eine bestimmte Entwicklungsdynamik des Systems zu konstruieren: die „totalitäre Ideologie" hat notwendigerweise den „totalitären Terror" zur Folge. Das Bemühen der Parteiführung um Realisierung der Ideologie führt zum Massenterror. Mit dieser Theorie läßt sich in der Tat die Entwicklungsdynamik des „Stalinismus" beschreiben. Sie kann aber nicht die „poststalinistische" Entwicklung erfassen: denn die Ideologie wird hier „ritualisiert" und erweist sich zunehmend als „falsches Bewußtsein" (Marx) zur Verschleierung des Herrschaftsmonopols des Parteiapparates. Elemente der Ideologie, die diese Herrschaft gefährden, werden von der Parteiführung als „Trotzkismus" oder „Revisionismus" gebrandmarkt.

Wird nicht die „Ideologie", sondern werden das **politische Herrschaftsmonopol des Parteiapparates**, das sich auf ein Zwangsmittelmonopol gründet, in Verbindung mit dem **innerherrschaftlichen Konkurrenzmechanismus** und dem **Klassenkampf** als „Hauptfaktoren" der Entwicklung des Systems angesehen, so lassen sich auch die „nicht-totalitären" Entwicklungsetappen einer „sozialisitischen Gesellschaft" theoretisch erfassen.

5.b.) Die theoretische Schwäche der „Theorie der sozialistischen Industriegesellschaft": die Übernahme des marxschen „Basis-Überbau-Theorems" zur Erklärung der Entwicklungsdynamik sozialistischer Gesellschaften

Die zentrale These der „Theorie der sozialistischen Industriegesellschaft" in ihren unterschiedlichen Ausformungen lautet: auf einem bestimmten Entwicklungsniveau ihrer Produktivkräfte wandeln sich sozialistische Gesellschaften von „totalitären" zu „autoritären" Herrschaftsordnungen. Genauer formuliert: erreicht das Niveau der Produktivkräfte den Stand der „modernen Industrie", dann passen sich die politischen Institutionen sozialistischer Gesellschaften dem Niveau ihrer Produktivkräfte an. Unter dem Zwang zur effektiven Anwendung der fortgeschrittenen Produktivkräfte „ent-totalisiert" bzw. „liberalisiert" sich die Gesellschaft. Die Liberalisierung des Systems geht mit einem „ideologischen Wandel" einher; die Ideologie paßt sich den Erfordernissen einer „modernen Industriegesellschaft" an.

Offensichtlich handelt es sich bei der „Theorie der sozialistischen Industriegesellschaft“ um ein Konstrukt, welches den grundlegenden Gedanken des marxschen „Basis-Überbau-Theorems“ zur Erklärung der „Entwicklungsdynamik“ sozialistischer Gesellschaften nutzbar macht: nämlich die dominierende Rolle der „ökonomischen Basis“ gegenüber dem „politisch-juristischen“ und „ideologischen“ „Überbau“.

Die folgenden Hypothesen sollen zeigen, daß die oben dargestellte empirische Unangemessenheit dieser Theorie[125] auf ihre **theoretische** Grundorientierung zurückzuführen ist.

A.) Das Klasseninteresse der „Herrscher“ und der „Besitzer“ in einer „Klassengesellschaft“[126]

Als „Klassengesellschaft“ wurde von Nowak ein Gesellschaft definiert, in der die Minderheiten der „Produktionsmittelbesitzer“, der „Herrscher“ und der „Priester“ als voneinander unabhängige Klassen über die Mehrheit der „Produzenten“, „Bürger“ und „Gläubigen“ herrschen. Zum Zweck der Vereinfachung der Analyse wird im folgenden von der Klassenspaltung in „Priester“ und „Gläubige“ abgesehen; die Klassengesellschaft wird betrachtet, „als ob“ sie sich aus den restlichen vier der genannten Klassen zusammensetzt. Eine Analyse der „Klasseninteressen“ dieser Klassen in ihrer gegenseitigen Verschränkung führt dann zu folgenden Überlegungen:

1.) Wenn die Mitglieder der Gruppe der **Herrscher** untereinander in einem Konkurrenzverhältnis um Herrschaftsanteile stehen, dann besteht das Interesse jedes einzelnen Herrschers in der Erweiterung seines „Regulationsbereiches“ zum Zweck der Sicherung seiner „sozialen Position“.

2.) Wenn die Mitglieder der Gruppe der **Produktionsmittelbesitzer** untereinander in einem Konkurrenzverhältnis stehen, dann besteht das Interesse jedes einzelnen Besitzers in der Maximierung seines Profits zum Zweck der Sicherung seiner „sozialen Position“ (als Besitzender).

3.) Die Interessen von „Herrschern“ und „Besitzern“ **stimmen teilweise überein**:

a.) Dem Interesse der „Herrscher“ an der Erweiterung ihrer Regulationsbereiche steht der Widerstand der „Bürger“ entgegen.

b.) Dem Interesse der „Besitzenden“ an der Maximierung ihres Profits steht der Widerstand der „Produzenten“ entgegen.

c.) Zur Unterdrückung des Widerstandes gegen die Maximierung ihres Profits auf Kosten der „Produzenten“ benötigen die „Besitzenden“ die Unterstützung des staatlichen Repressionsapparates, der unter der Verfügungsgewalt der „Herrschenden“ steht.

125 vgl. oben 3.a.). S.27f

126 vgl. Nowak 1983, S.179ff

d.) Die „Besitzenden" sind aber zugleich ein Teil der „Bürgerschaft"; als deren mächtigste Gruppe bilden sie ein Reservoir zur Rekrutierung „politischer Führer". Der „politische Kampf" der „Bürgerschaft" richtet sich gegen die Aspirationen der Herrschenden auf die Erweiterung des gesamtgesellschaftlichen Regulationsbereiches. Im „Klassenkampf zwischen Herrschern und Bürgern" „lernen" erstere, daß es für sie nützlich ist, eine Allianz mit der mächtigsten Gruppe der Bürger, den „Besitzenden", zu schließen: die Spaltung der „Bürgerschaft" erhöht die Chancen der „Herrschenden" auf die Realisierung ihrer Aspirationen.

e.) Als Ergebnis dieser Allianz erhält die Klasse der „Besitzenden" die Unterstützung der staatlichen Repressionsmittel zur Unterdrückung des Widerstandes der „Produzenten"; die Klasse der „Herrschenden" dagegen verzichtet zumindest teilweise auf die Ausdehnung ihres Regulationsbereiches. Sie respektiert die autonomen, staatsunabhängigen Interaktionen innerhalb der Klasse der „Besitzenden".

4.) Die Interessen von „Herrschern" und „Besitzern" **widersprechen sich teilweise**:

a.) Als Teil der „Bürgerschaft" sind die „Besitzenden" der Tendenz der „Herrscher" nach stetiger Ausdehnung ihres Regulationsbereiches ausgesetzt. In der **ökonomischen** Gesellschaftssphäre äußert sich diese Tendenz im Versuch der „Herrscher", die Verfügungsgewalt über die Produktionsmittel den „Besitzenden" zu entreißen und sich selbst anzueignen; mit anderen Worten: die Produktionsmittel zu **verstaatlichen**. Diese Tendenz trifft auf den Widerstand der „Besitzenden".

b.) Ebenso leisten die „Besitzenden" Widerstand gegen die Absichten der „Herrschenden" zur „Deklassierung der Bürgerschaft". Das **primäre** Interesse der „Produktionsmittelbesitzer" ist die Profitmaximierung; die „Deklassierung" der „Produzenten" ist aber mit einem Sinken der Arbeitsproduktivität und damit des Profits verbunden.. Die Arbeitsproduktivität „freier" Arbeit ist stets größer als diejenige von „Sklavenarbeit".

c.) Aus a.) und b.) läßt sich schließen: Privateigentum an Produktionsmitteln innerhalb einer „Klassengesellschaft" ist ein wirksamer Schutz gegen die politische „Deklassierung" der Bürgerschaft.

B.) Der „Klassenkampf" zwischen „Herrschern" und „Besitzern" - das Entstehen von „Supraklassengesellschaften"

a.) Die **natürliche Tendenz** jeder „unterdrückenden Klasse" ist es, sich zur Sicherung der eigenen „sozialen Position" die Verfügungsgewalt über diejenigen „materiellen Mittel" anzueignen, die bislang unter der Verfügungsgewalt einer anderen „unterdrückenden Klasse" stehen. In einer „Klassengesellschaft" mit den beiden „unterdrückenden Klassen" der „Besitzer" und „Herrscher" bedeutet dies: die „Besitzer" versuchen, ein Herrschaftsmonopol über die **politischen** Organisationen, die **politische** Ideologie, schließlich über die **Repressionsmittel** zu erhalten. Umgekehrt erstreben die „Herrscher“ die Verfügungsgewalt über die **ökonomischen** Organisationen, die **ökonomische** Doktrin, und schließlich über die **Produktionsmittel**.

b.) Gelingt es einer der beiden „unterdrückenden Klassen“, die Verfügungsgewalt über die materiellen Mittel und die Organisationen der anderen „unterdrückenden Klasse“ zu erobern, entsteht eine „Supra-Klassengesellschaft“. Die Klasse der „Besitzer“ wandelt sich im Falle ihres Erfolges zur Doppelklasse der „Besitzer-Herrscher“. Diese nützt ihre zusätzlich erworbene politische Machtposition in der Gesellschaft, um ihr genuines Interesse wirkungsvoller durchzusetzen: die „Produzenten“ zu zwingen, einen größeren Anteil unbezahlter Arbeit zu leisten und den Mehrwert für die „Produktionsmittelbesitzer“ zu erhöhen. **Politische** Macht dient der „Besitzerklasse“ zur Erzielung von „Extraprofiten“.

c.) Gelingt es der „Herrscherklasse“, die Verfügungsgewalt über die ökonomische Sphäre der Gesellschaft zu erobern und die Produktionsmittel zu verstaatlichen, wandelt sie sich zur Doppelklasse der „Herrscher-Besitzer“. Diese verwendet ihre zusätzliche ökonomische Macht, um ihr genuines Interesse wirkungsvoller zu befriedigen: die Erweiterung des staatlich kontrollierten Regelungsbereiches. Die wirtschaftlichen Maßnahmen der „Herrscher-Besitzer“ dienen primär politischen Zwecken. Ein wirkungsvoller Weg zur Zerstörung autonomer Sozialbeziehungen ist es, die „Bürger“ in solche ökonomischen Bedingungen zu versetzen, die ein Weiterbestehen dieser Beziehungen unmöglich machen. So zerstören die Verstaatlichung der Produktionsmittel und die Zentralisierung der Wirtschaft autonome Beziehungen zwischen den „Besitzern.“ Die Verstaatlichung der Gewerkschaften verhindert das Entstehen von Solidarität unter den „Produzenten“.

d.) „Sozialistische Gesellschaften“ werden von der „Tripelklasse“ der „Herrscher-Besitzer-Priester“ beherrscht. Primäres Ziel ihrer **Wirtschaftspolitik** ist die Realisierung **politischer** Zwecke. Hieraus erklärt sich das Scheitern aller tiefgreifenden Wirtschaftsreformen in sozialistischen Gesellschaften. Wirtschaftsreformen sind der Versuch, durch eine „Entpolitisierung“ der Wirtschaft deren Effektivität zu steigern. Sie widersprechen der „natürlichen Tendenz“ der „Herrscher“ zur steten Ausdehnung ihrer Kontrollmacht über die Gesellschaft.

Die in A.) und B.) aufgestellten Hypothesen ergeben sich aus der Analyse der „Klasseninteressen“ der „Herrscher/Bürger“ bzw. „Besitzer/Produzenten“ Diese Analyse führt zu einer Kritik an der „Theorie der sozialistischen Industriegesellschaft“ in folgenden Punkten:

a.) **Erste Voraussetzung einer „liberalisierenden“ Einwirkung der ökonomischen Sphäre auf die politische Sphäre einer Gesellschaft ist eine kompetitiv verfaßte Wirtschaftsordnung.** Das Konkurrenzverhältnis zwischen den „Besitzenden“ zwingt diese zur Mehrwertmaximierung; die Mehrwertmaximierung erfordert die Steigerung der Arbeitsproduktivität. Die Arbeitsproduktivität eines „deklassierten" Produzenten ist niedriger als diejenige eines „freien" Arbeiters. Aus diesem Grund schützt der in Konkurrenz zu seinen Klassengenossen stehende „Besitzer" die „Produzenten" vor politischer „Deklassierung". Hierbei ist es gleichgültig, ob die Besitzer „Kapitalisten" oder „Genossenschaften" sind.

b.) **Zweite Voraussetzung einer „liberalisierenden" Einwirkung der ökonomischen Sphäre auf die politische Sphäre einer Gesellschaft ist die Eigenständigkeit der Klassen der „Herrscher" und „Besitzer" oder die Existenz einer Doppelklasse von „Besitzern-Herrschern"**. Eine Doppelklasse von „Herrschern-Besitzern" dagegen setzt ihre wirtschaftliche Macht zur wirkungsvolleren politischen „Deklassierung" der „Bürgerschaft" ein.

Weder die erste noch die zweite der genannten Voraussetzungen a.) und b.) sind in einer sozialistischen Gesellschaft gegeben. Hier herrscht eine „Tripelklasse" mit primär **politischen** Interessen über die Gesellschaft. Die Wirtschaftsprozesse werden von dieser Klasse nach primär politischen Gesichtspunkten gesteuert; die Produktionsmittel sind verstaatlicht und die Produktion richtet sich nach einem zentralen Wirtschaftsplan. In sozialistischen Gesellschaften übt die Entwicklung der Produktivkräfte, im Gegensatz zu den Aussagen der „Theorie der sozialistischen Industriegesellschaft", keine **genuin** liberalisierende Wirkung auf das Herrschaftssystem aus.

TEIL II:

DIE GESELLSCHAFTLICHE ENTWICKLUNGSDYNAMIK VON SOWJETISCHEN SATELLITENSTAATEN

EIN THEORETISCHES MODELL, ERSTELLT AUF DER EMPIRISCHEN BASIS DER HISTORISCHEN ENTWICKLUNG POLENS UND DER DDR

Im ersten Teil der vorliegenden Arbeit wurden anhand zweier Beispiele die beiden in der Geschichtswissenschaft dominierenden Theorien über sozialistische Gesellschaftssysteme vorgestellt, die „Totalitarismus-Theorie“ und die „Theorie der sozialistischen Industriegesellschaft.“ Es konnte gezeigt werden, daß bestimmte in der Entwicklung sozialistischer Systeme auftretende Phänomene im Widerspruch zu grundlegenden Aussagen dieser Theorien stehen.

Die „Totalitarismus-Theorie“ konnte den Übergang von der „totalitären“ in eine „post-totalitäre“ Entwicklungsphase nicht theorieimmanent erklären. Zur Beschreibung bestimmter post-totalitärer Phänomene, z.B. des Abebbens des staatlichen Massenterrors und des Aufkommens eines „Reformkommunismus“, mußte sie grundlegende ihrer ursprünglichen Aussagen revidieren. Unter der Annahme der „Atomisierung“ der Bürger in einem „ausgereiften“ sozialistischen Staat konnte sie die Bildung parteiunabhängiger Organisationen und revolutionärer Bewegungen, die zum Sturz der Parteiherrschaft führten, nicht erfassen.

Die „Theorie der sozialistischen Industriegesellschaft“ formulierte eine Entwicklungslogik vom „Totalitarismus“ zum „partizipativen Autoritarismus“. Unter den „Sachzwängen“ einer „modernen Industriegesellschaft“ müsse sich die Parteiherrschaft langfristig demokratisieren. In diesem Prozeß stabilisiere sich das System zunehmend. Eine solche „Demokratisierung“ ist beispielsweise in der Entwicklung der DDR nicht zu beobachten. Im Gegenteil: in der „Ära Honecker“ ist die Entscheidungsmacht über grundsätzliche politische Fragen auf wenige Personen beschränkt. Das Gesellschaftssystem destabilisiert sich in den achtziger Jahren, bis es 1989 in einer „sanften Revolution“ zugrunde geht.

Als Alternative zu den beiden genannten Theorien wurde die innerhalb der Geschichtswissenschaft bisher nicht beachtete Theorie Leszek Nowaks vorgestellt. Mit Hilfe dieser Theorie, so lautete die Hypothese, können die Mängel der zuerst genannten Theorien überwunden werden. Die verschiedenen Entwicklungsphasen sozialistischer Systeme, „totalitäre“ Entwicklungsphasen, Reformphasen und „revolutionäre“ Phasen, können theorieimmanent und in ihrer gegenseitigen Bedingtheit verständlich gemacht werden.

Einer Darstellung der Grundzüge von Nowaks Theorie folgte eine methodische und theoretische Kritik von „Totalitarismus-“ und „Industriegesellschafts-Theorie“.

Das von Friedrich formulierte „idealtypische“ Merkmalssyndrom sozialistisch-totalitärer Systeme ist noch keine Theorie. Vielmehr bildet es die Voraussetzung zur Erstellung einer „dynamischen“ Theorie der Entwicklung dieser Systeme auf Grundlage der Forschungsmethode der „Idealisierung und Konkretisierung“.

Das der „Theorie der sozialistischen Industriegesellschaft“ zugrunde liegende „Basis-Überbau-Theorem“ ist für die Erkenntnis der Struktur und Entwicklungsdynamik sozialistischer Staaten nicht geeignet.

Die **empirische Basis**, auf deren Grundlage Nowak sein im ersten Teil dieser Arbeit vorgestelltes „Modell I", das die **reguläre** Entwicklung eines sozialistischen Systems beschreibt, erarbeitete, ist die historische Entwicklung in der Sowjetunion.[127]

Auf eine Darstellung und Analyse der sowjetischen Entwicklung anhand der von Nowak erarbeiteten theoretischen Modelle muß hier verzichtet werden. Nur auf ein Problem sei an dieser Stelle hingewiesen: Nowak sieht den Untergang des Systems der „Tripelherrschaft" in seinem „Modell I" durch eine „Revolution zweiten Typs" auf breiter sozialer Basis bedingt. In der Sowjetunion dagegen wirkte die von der Parteispitze zur Verhinderung einer Revolution initiierte Politik der „Perestroika" letzlich als „Revolutionsersatz", der den Untergang des Systems beschleunigte.[128]

Das Thema des zweiten Teils dieser Arbeit ist die Entwicklungsdynamik eines „Satellitenstaates" innerhalb des sowjetisch dominierten „Ostblocks". Während Nowak in seinem „Modell I" von einer **isolierten** Gesellschaft ausgeht, muß diese Abstraktion bei dem nun zu erarbeitenden „Modell I" für einen Satellitenstaat aufgehoben werden. Innerhalb des sowjetisch dominierten Blocks entstehen die „Satellitenstaaten" durch eine „importierte Revolution", die sich auf die Macht der sowjetischen Zwangsmittel stützt. Nach der Errichtung eines Systems der „Tripelherrschaft" wird auch die weitere Entwicklung eines Satellitenstaates von der Existenz und der Entwicklung in der den Block führenden „Supermacht" beeinflußt.

Im folgenden ist nun zuerst zu zeigen, in welcher Weise Nowaks „Modell I" verändert werden muß, um die **reguläre** Entwicklungsdynamik eines Satellitenstaates zu beschreiben. Dabei wird die Frage zu beantworten sein, inwieweit die Grundaussagen von Nowaks Theorie sich bestätigen.

Die **empirische Basis** der Erarbeitung des grundlegenden Modells der **regulären** Entwicklungsdynamik bildet die historische Entwicklung in der Volksrepublik Polen und in der DDR.

Zur Erarbeitung des regulären Modells der Entwicklung eines Satellitenstaates ist eine möglichst breite empirische Basis wünschenswert, im optimalen Fall eine Untersuchung der historischen Entwicklung aller sowjetischen Satellitenstaaten. Aus diesem Grund versteht sich die vorliegende Arbeit als ein erster Schritt zur Erarbeitung einer umfassenden „Theorie sozialistischer Systeme".

Die hier getroffene Auswahl einer Analyse der Entwicklung in Polen und der DDR als „empirischer Basis" birgt folgenden Vorteil in sich: beide Staaten sind durch eine im Vergleich zueinander ganz unterschiedlich geartete Entwicklung bestimmt. In Polen muß eine schwache zentrale Führung ihr Machtmonopol gegen

127 siehe Nowak 1987, S.34ff
128 vgl. Nowak 1991, S.171ff

mehrere, durch den Widerstand breiter Bevölkerungsteile ausgelöste Rebellionen verteidigen. Die Gewerkschaft „Solidarität" wird zu einer parteiunabhängigen Massenbewegung, die die Transformation des Systems in eine parlamentarische Demokratie erzwingt. Ganz anders ist die Entwicklung in der DDR verlaufen. Nach dem Aufstand von 1953 gelingt es der Partei, die Bevölkerung bis gegen Ende der achtziger Jahre unter Kontrolle zu halten. Es bildet sich eine starke zentrale Führung heraus, das politische System zeichnet sich seit dem Mauerbau 1961 über Jahrzehnte durch große politische Stabilität aus. Um so überraschender bricht die Parteiherrschaft in der Revolution des Jahres 1989 zusammen.

Gerade diese unterschiedliche Entwicklung in beiden Staaten ermöglicht eine Prüfung der Reichweite der Erklärungskraft von Nowaks Theorie.

Das Ziel des zweiten Teils der vorliegenden Arbeit ist zunächst die Erstellung eines **Modells der regulären Entwicklung eines sowjetischen Satellitenstaates**. Dieses hochabstrakte Modell soll sodann durch ein konkreteres „**Modell II**" ergänzt werden.

In „**Modell I**" werden die Satellitenstaaten in ihrer Entwicklung als „reinpolitische Systeme" untersucht. Im dann zu erstellenden „**Modell II**" wird der Einfluß des **ökonomischen Subsystems** auf den Entwicklungsgang des „reinpolitischen Systems" thematisiert. Auf diese Weise entsteht ein konkreteres Modell der gesellschaftlichen Entwicklung. „**Modell II**" kann so als **Modell der Entwicklungsdynamik eines sowjetischen Satellitenstaates als politisch-ökonomischem System** bezeichnet werden. Es wird gezeigt, wie die gesellschaftliche Entwicklung von ihren **Hauptfaktoren** und ihren **sekundären Faktoren ersten Grades** beeinflußt wird.[129]

In einem ersten Schritt wird nun ein **vorläufiges „Modell Ia"** der gesellschaftlichen Entwicklungsdynamik auf der empirischen Basis der polnischen historischen Entwicklung erstellt.

---

129 vgl. oben S.41

6.) Vorläufiges „Modell Ia“ der Entwicklung eines sowjetischen Satellitensystems Empirische Basis: Die historische Entwicklung der Volksrepublik Polen

6.a.) Die gesellschafts-politische Entwicklung Polens - empirische Basis zur Erstellung des „Modells Ia“

Im folgenden wird die gesellschafts-politische Entwicklung Polens von 1944 bis 1989 dargestellt; diese Darstellung bildet einen ersten Teil der „empirischen Basis“, auf der dann das „Modell I“ der regulären Entwicklung eines „rein-politischen sowjetischen Satellitensystems“ erstellt wird.

Die folgende Darstellung erreicht noch nicht den in „Modell I“ bestehenden hohen Abstraktionsgrad. Es wird von der Existenz des ökonomischen und kulturellen gesellschaftlichen Bereichs **nicht** abgesehen. Die Rückwirkungen dieser gesellschaftlichen Subsysteme auf das politische System werden jedoch noch nicht systematisch analysiert. Abstrahiert wird insofern, als das machtpolitische Verhältnis der beiden Klassen der „Herrscher-Besitzer-Priester“ und der „Bürger“ in seinen Wandlungen im Mittelpunkt der Beschreibung steht.

Der Einfluß der Führungsmacht des „Blockes“ wird nur sehr allgemein thematisiert, im Mittelpunkt stehen die innergesellschaftlichen Entwicklungen Polens.

Die Erringung des Zwangsmittelmonopols der Polnischen Arbeiterpartei (PPR) als Basis ihrer Herrschaft

Nachdem Polen von deutschen Truppen besetzt worden war, bildete sich in London eine Exilregierung, die seit 1942 mit der in Polen agierenden 300 000 Mann starken Heimatarmee (AK) über einen bewaffneten Arm verfügte. In Konkurrenz zur Exilregierung bildete sich das im August 1944 von der Sowjetunion als rechtmäßige polnische Vertretung anerkannte, kommunistisch dominierte „Komitee der Nationalen Befreiung“ (PKWN). Diesem wurde von der Roten Armee in den von ihr besetzten polnischen Gebieten die Regierungsgewalt übertragen.[130]

Der Machtkampf zwischen Exilregierung und Komitee entschied sich im August 1944, als die Rote Armee ihre Offensive vor Warschau stoppte und die Heimatarme, die in der Stadt einen Aufstand begonnen hatte, vor der übermächtigen deutschen Wehrmacht kapitulieren mußte. Seit dem Beginn der sowjetischen Okkupation Anfang 1945 gingen immer mehr Mitglieder der „Heimatarmee“ in den Untergrund. Unter der Zusicherung freien Geleits begaben sich 15 ihrer wichtigsten zivilen und

130 Die Exilregierung leitete ihre Rechtmäßigkeit von der „Pilsudski- Verfassung“ von 1935 ab. das PKWN von der demokratischen Verfassung von 1921.

militärischen Führer zu politischen Beratungen nach Moskau, wo sie im Juni 1945 zu langjährigen Haftstrafen verurteilt wurden; über 50 000 AK-Mitglieder wurden in die Sowjetunion deportiert. Der anhaltende bewaffnete Widerstand der Heimatarmee, den die Sicherheitsbehörden erst 1947 endgültig brechen konnten, forderte ungefähr 30 000 Tote.

Der Kampf gegen die bewaffnete Opposition wurde von der kommunistisch dominierten Regierung zum Ausbau des Sicherheitsapparates und dessen Einsatz gegen die politische Opposition genutzt. Bereits seit 1944 hatte der vom sowjetischen Geheimdienst NKWD geschulte S. Radkiewicz, dem das gesamte polnische Sicherheitswesen unterstand, das „Sicherheitsamt" und die „Bürgermiliz" als Polizeiorgane aufgebaut; im Mai 1945 wurde das „Korps der Inneren Sicherheit" als kasernierte Polizeitruppe für Spezialaufgaben ins Leben gerufen. Zur weiteren Kontrolle der Bevölkerung wurde im Februar 1946 die freiwillige Reserve der Bürgermiliz geschaffen.

Die neu aufgebaute Armee der Volksrepublik Polen entstand aus den Mitgliedern der „Volksarmee"[131] und der während des Krieges in der Sowjetunion aufgestellten „Berling Armee". Bis zum Jahr 1948 verfolgte die kommunistische Parteiführung eine Politik, die auf die Kontrolle der Armeeführung und die Gewinnung von Offizieren der Vorkriegsarmee gerichtet war. Ab 1948 kam es zur Säuberung der Armee von allen Offizieren, die der Partei nicht treu ergeben schienen; im Jahr 1955 stammten nur noch 3% der Offiziere aus der Vorkriegsarmee. 1950 wurde ein Schauprozeß gegen neun Generäle durchgeführt und in anschließenden geheimen Prozessen mindestens 37 Offiziere der Vorkriegsarmee hingerichtet und zahlreiche andere zu Haftstrafen verurteilt.[132]

Die Sicherung des Zwangsmittelmonopols durch die Kontrolle über Armee, Polizei und Geheimpolizei war die Basis, auf der die Partei ihre Herrschaft über die gesellschaftlichen Subsysteme der Politik, Wirtschaft und Kultur errichtete.

Monopolisierung der Herrschaft der PPR über das politische gesellschaftliche Subsystem

In den Jahren 1937 bis 1939 war die gesamte, im Moskauer Exil weilende, Führungsspitze der Kommunistischen Partei Polens den stalinschen Säuberungen zum Opfer gefallen; die Komintern gab im Juli die Auflösung der Partei bekannt, da sie mit „Spionen" und „Feinden" durchsetzt sei. Nach dem deutschen Angriff auf die Sowjetunion kam es in Polen selbst zum Neuaufbau einer Parteiorganisation.[133] In der Sowjetunion bildeten sich Ende 1941 zwei „Initiativgruppen" der Komintern zur

---

131 Die Zusammenfassung sämtlicher linker Widerstandsgruppen zur Volksarmee wurde am 1.1.1944 realisiert, vgl. Diepenthal 1973, S.37

132 von Thadden 1986, S.79

133 im August/September 1941 wurde der „Verband zum Kampf um die Befreiung" (ZWW) unter der Führung von Marian Spychalski gegründet.

Neugründung einer polnischen KP. Im Februar 1942 wurde im polnischen Untergrund von diesen Initiativgruppen und den „Heimatkommunisten" die „Polnische Arbeiterpartei" gegründet. In personeller Hinsicht wurde die neue Partei zunächst von den Heimkehrern aus der Sowjetunion beherrscht, nach der Ausschaltung der führenden „Moskowiter" Nowotko und Finder[134] wurde der „Heimatkommunist" Gomulka Generalsekretär. Als der Sowjetemigrant Boleslaw Bierut im August 1943 nach Polen zurückkehrte, widmete er sich in erster Linie dem Aufbau einer kommunistisch dominierten Gegenregierung zur Londoner Exilregierung. Am 25. April 1943[135] hatte die Sowjetunion die diplomatischen Beziehungen zur Exilregierung abgebrochen; Bierut nahm Verbindung zu anderen politischen Gruppen des Untergrunds auf und gründete im November 1943 ein Organisationskomitee zur Vorbereitung eines „Landesnationalrates" (KRN). Zum Jahreswechsel 1943/44 wurde der KRN gegründet, in welchem außer der PPR nur zwei politisch relevante Gruppen vertreten waren[136]. Auf ihrer konstituierenden Sitzung bezeichnete sich der KRN als gesetzgebende Körperschaft, die bis zum Zeitpunkt der Möglichkeit zur Durchführung freier Wahlen fungieren sollte. Im fünfköpfigen Präsidium unter dem Vorsitz von Bierut waren drei Kommunisten vertreten. In einer Deklaration forderte der KRN die Enteignung der Großgrundbesitzer, die Nationalisierung der Industrie, die Regelung des Verlaufs der polnischen Ostgrenze durch eine „freundliche Verständigung" mit der Sowjetunion und richtete scharfe Angriffe gegen die Exilregierung.

Als die Rote Armee Ende Juli 1944 polnisches Gebiet erreichte, bereitete sie damit die Machtübernahme der „Arbeiterpartei" und des von ihr abhängigen Nationalrates vor. Am 21. Juli übertrug der KRN einem „Polnischen Komitee der Nationalen Befreiung" (PKWN) „die vorläufige gesetzmäßige vollziehende Gewalt", und das PKWN erkannte seinerseits den KRN als vorläufige Volksvertretung an; im Januar 1945 wurde das PKWN zur „Provisorischen Regierung" (PRT) umbenannt. Auf Druck der westlichen Allierten wurde die „Provisorische Regierung" im Juni 1945 zur alle Parteien umfassenden „Provisorischen Regierung der Nationalen Einheit" erweitert. Diese wird von Hoensch folgendermaßen charakterisiert: „Der Moskau-Emigrant B. Bierut hatte in seiner Funktion als Präsident des Landesnationalrats und damit de-facto-Staatsoberhaupt den politisch unprofilierten, den kommunisti-

---

134 Im November 1942 wurde Nowotko Opfer eines Anschlags; nach Hodos wurde er von seinen eigenen Genossen ausgeschaltet: Finder wurde 1943 von der Gestapo verhaftet. vgl. Hodos 1988, S.215ff

135 nach der Entdeckung des Mordes an über 4000 polnischen Offizieren durch den sowjetischen Geheimdienst in Katyn. vgl. Altrichter 1993, S.109

136 der linke Flügel der „Arbeiterpartei Polnischer Sozialisten" (RPPS), die ihrerseits eine linke Abspaltung der „Sozialistischen Partei" (PPS) war; geführt wurde diese Gruppe von Edward Osobka-Morawski. Die zweite Gruppe nannte sich „Volkswille" und setzte sich aus Mitgliedern der „Volkspartei" (SL) unter der Führung von Wladislaw Kowalski zusammen. Beide Gruppen handelten mit ihrer Teilnahme an der Gründung des KRN gegen die Mehrheit ihrer Parteien.

schen Pressionen willfährigen PPS-Politiker E. Osobka-Morawski als Premier berufen, in dessen Kabinett der PPR-Sekretär W. Gomulka als Erster Stellvertretender Ministerpräsident zur ausschlaggebenden Kraft aufstieg. Mit Ausnahme des Zweiten Stellvertreters und Landwirtschaftsministers Mikolajczyk zeigten die aus dem Exil zurückgekehrten oder von den nichtkommunistischen Parteien in die Regierung delegierten Minister wenig Stehvermögen, zumal ihnen der PPR angehörende Staatssekretäre zur Seite gegeben waren, die für die Durchsetzung der Parteilinie in ihren jeweiligen Ressorts sorgten."[137]

Die Provisorische Regierung war von den Alliierten verpflichtet worden, baldmöglichst freie Wahlen zum verfassungsgebenden Sejm durchzuführen; als die Wahlen nach mehrmaliger Verschiebung am 19.1.1947 stattfanden, hatte die „Arbeiterpartei" (PPR) bereits Maßnahmen eingeleitet, um ihre Vormachtstellung im Staat zum Herrschaftsmonopol auszuweiten; sie hatte sich zu einer Massenpartei entwickelt und ihren Mitgliederbestand von 20 000 bis 30 000 Ende 1944 auf 300 000 im Frühjahr 1945 erhöhen können.

Erster Schritt zur Machtmonopolisierung war die Ausschaltung der Selbstständigkeit der nichtkommunistischen Parteien und ihre Einbindung in die PPR-geführte „Nationale Front" (oder „Demokratischer Block"): im Dezember 1945 vereinigten sich die links- und rechtssozialistischen Gruppen zur Sozialistischen Partei (PPS), nachdem die vom antibolschewistischen sozialistischen Flügel im Oktober 1945 begonnene Neugründung einer sozialdemokratischen Partei durch Verhaftungen und durch den Beschluß des Nationalrates vom 4. November, keine neuen Parteigründungen mehr zuzulassen, verhindert worden war. Durch die Vereinigung erreichte die PPS Anfang 1946 eine Mitgliederzahl von 200 000; nachdem die antikommunistischen Kräfte in mehreren Parteisäuberungen ausgeschaltet worden waren, war die PPS zum „Werkzeug der PPR" geworden.[138]

Die christlich-demokratische Partei der Arbeit (SP) wurde durch staatlichen Druck in eine fügsame „Blockpartei" verwandelt: nachdem ein für den 19. Juli anberaumter Parteitag vom Ministerpräsidenten verboten worden war, wurden im September 1946 die Häuser der Partei von der Polizei besetzt und die Parteizeitungen beschlagnahmt. Mit der Wahl von Feliks Widy-Wirski zum Parteivorsitzenden und dem gleichzeitigen Ausschluß der sieben übrigen Abgeordneten der Partei aus der Volksvertretung war der Widerstandswille der SP gegen die sich anbahnende Diktatur der PPR gebrochen; am 1. Dezember erklärte die Partei ihre Bereitschaft zur Mitarbeit im „Demokratischen Block".

Unter der Führung der PPR trat der „Demokratische Block" mit einer Einheitsliste und der im voraus abgesprochenen Verteilung der Mandate auf die Blockparteien zur Wahl von 1947 an. Als einzige Nicht-Block-Partei und Sammelbecken der

137 Hoensch 1983, S.302
138 vgl. Markert 1959, S.232

oppositionellen Kräfte beteiligte sich die „Polnische Volkspartei" (PSL) an der Wahl. Unter der Führung von Mikolajczyk hatte es die PSL im Januar 1946 auf 600 000 Mitglieder gebracht.

Von einer „gleichen, freien, geheimen und direkten Wahl", wie sie das Wahlgesetz von 1946 vorsah, konnte allerdings keine Rede sein: bei der Einteilung der Wahlkreise wurden die noch dünn besiedelten ehemaligen deutschen Ostgebiete mit ihrer überwiegend regierungsfreundlichen Bevölkerung massiv bevorzugt.[139] Zahlreiche Mitglieder und Funktionäre der PSL wurden verhaftet. Etwa einer Million Bürgern wurde aufgrund von „Kollaboration mit der deutschen Besatzung" das Wahlrecht aberkannt. Die Wahlkomitees wurden durchweg mit Mitgliedern der Blockparteien besetzt, die einzelne PSL-Kandidaten von den Wahllisten strichen.[140] Als offizielles Wahlergebnis wurde bekanntgegeben: 80,1% der Stimmen für den Demokratischen Block gegenüber 10,3% für die PSL. Das tatsächliche Wahlergebnis dürfte bei 60-68% der Stimmen für die PSL gelegen haben.[141] Obgleich die neue Regierung in ihrer Mehrzahl nicht aus PPR-Mitgliedern bestand, wurde sie von dieser stärker als die bisherige Regierung beherrscht, da die oppositionelle Polnische Volkspartei nicht mehr in ihr vertreten war.

In den folgenden Monaten wurden die Reste der legalen Opposition von Polizei und Sicherheitsdienst „liquidiert". Tatsächliche oder angebliche Kontakte zwischen PSL und dem bewaffneten Widerstand im Untergrund dienten als Vorwand zur Verhaftung zahlreicher Mitglieder und der Aufhebung von Ortsgruppen und Kreisverbänden der Partei. Ihr Vorsitzender Mikolajczyk floh am 24. Oktober 1947 nach England, gefolgt von anderen Führungsmitgliedern der Partei. Diese wurde anschließend von den Anhängern Mikolajczyks gesäubert und vereinigte sich 1948 mit der „Volkspartei" (SL) zur „Vereinigten Volkspartei" (ZSL), die sich in den Block integrierte. Nachdem die parteipolitische Opposition ausgeschaltet und das politische Machtmonopol gesichert war, vereinigten sich PPR und PPS im Dezember 1948 zur „Polnischen Vereinigten Arbeiterpartei" PZPR.

Ein weiterer Schritt zur Errichtung des kommunistischen Herrschaftsmonopols war die Organisierung der Bevölkerung in den Massenorganisationen, deren Mitgliederzahlen diejenigen der Partei weit übertrafen. Unter der Leitung führender PZPR-Mitglieder wurden die Gewerkschaften, der „Verband der Bäuerlichen Selbsthilfe", der „Verband der Polnischen Jugend", die „Frauenliga"und andere Organisationen gegründet, die die unterschiedlichen Bevölkerungsgruppen organisieren und so der Kontrolle der Partei unterstellen sollten.

139 ebenda, S. 234

140 ebenda

141 Jedenfalls in denjenigen Wahlkreisen, in denen PSL-Wahlbeobachter tätig waren, vgl. Hoensch 1983, Anmerkung 137

Mit der Aufhebung der Gewaltenteilung wurde schließlich die „Omnipotenz der Partei, die über die Nationalräte die gesamte Verwaltung des Staates beherrscht, aufgerichtet."[142]

Die zunehmende Verstaatlichung des ökonomischen Subsystems

Nachdem bereits unter der nationalsozialistischen Herrschaft in Polen weitgehende Enteignungen stattgefunden hatten, wurde ab 1945 die Zerstörung des tradierten Wirtschaftssystems mit einer zunächst nur teilweisen Verstaatlichung weitergeführt. Die Masse der kleinen Gewerbe- und Handwerksbetriebe blieb in Privatbesitz und das Eigentum der mittleren und kleineren Bauern, das durch eine Agrarreform noch vermehrt wurde, blieb unangetastet. Enteignet wurde der land- und forstwirtschaftliche Großgrundbesitz und die großen und mittleren Industriebetriebe wurden verstaatlicht.[143]

Die Parteifraktion um Gomulka verfolgte seit 1944 mit ihrem „Polnischen Wirtschaftsmodell" eine Doppelstrategie: einerseits wurden die wirtschaftlichen Schlüsselbetriebe unmittelbarer Staatsverwaltung unterworfen, während der private Sektor sowie entstehende Genossenschaften ihre Eigenständigkeit bewahrten. Um die Bauern nicht in Opposition zu bringen, wurde auf eine Zwangskollektivierung der Landwirtschaft verzichtet.

Die 1947 neugebildete Regierung Cyrankiewicz verfolgte dagegen einen wesentlich radikaleren wirtschaftspolitischen Kurs. Zur Einschränkung des privaten Sektors beschnitt sie zunächst den Privathandel. Alle Großhandelsunternehmen und ein Teil des Einzelhandels wurden verstaatlicht bzw. in Genossenschaften organisiert und die restlichen Handelsunternehmungen unter strenge staatliche Kontrolle gestellt. Bis 1949 erreichte der Umsatzanteil des „sozialistischen Sektors" 98% im Großhandel und 56% im Detailhandel. Mit dem Dekret vom 3. April 1948 wurde die staatliche Kontrolle über das Handwerk errichtet; die selbstständigen Gewerbetreibenden

142 Markert 1959, S.242f

143 „Die Verstaatlichung aller größeren Betriebe der Grundindustrien, des Handels und Verkehrs, die bereits gleich nach der Machtübernahme durch die Provisorische Regierung der Beschlagnahme verfallen waren, wurde durch das Gesetz vom 3.Januar 1946 über die Übernahme der wichtigsten Zweige der Volkswirtschaft in das Staatseigentum legalisiert. Dieses Gesetz enteignete entschädigungslos alle Unternehmungen des Bergbaus, der Industrie, des Handels, des Verkehrs-, Bank- und Versicherungswesens, welche dem Deutschen Reich, der Freien Stadt Danzig sowie deren Staatsangehörigen gehörten oder das Eigentum von Gesellschaften waren, die von deutschen bzw. Danziger Staatsangehörigen verwaltet oder kontrolliert waren. Gleichfalls verfielen alle Betriebe der Flüchtlinge und 'Kollaborateure' dem Staat. Gegen Entschädigungen, deren Höhe durch eine staatliche Kommission festgesetzt wurde, gingen alle Unternehmungen des Bergbaus, der Schlüsselindustrien, des Verkehrs- und Nachrichtenwesens ohne Rücksicht auf Größe und Produktionskapazität in die Hand des Staates über, ferner alle anderen Industrie- und Handelsbetriebe, soweit sie mehr als 50 Arbeiter in einer Produktionsschicht beschäftigten. Nur für bestimmte Musterbetriebe, Saisonindustrien und Betriebe mit schwacher technischer Ausrüstung wurde die Höchstgrenze für die zulässige Belegschaft mit Dekret vom 19. Dezember 1946 heraufgesetzt." Markert 1959, S.381f

mußten sich in Handwerkskammern organisieren, die in die Planwirtschaft integriert wurden.

Im Juli 1948 startete die „Moskowiter" Fraktion in der Parteiführung einen Angriff auf das „Polnische Wirtschaftsmodell" Gomulkas. Einer ihrer führenden Vertreter, H. Minc, bezeichnete die Liquidierung des kapitalistischen Wirtschaftssektors als nächste Aufgabe der Politik. Nach der politischen Kaltstellung Gomulkas beschloß des Zentralkomitee der PZPR am 3. September 1948, im nächsten Jahr mit der Kollektivierung der Landwirtschaft zu beginnen.

Im Jahr 1949 wurde die Wirtschaftsplanung zentralisiert und die neugegründete „Staatliche Kommission für Wirtschaftsplanung" unter H. Minc avancierte zum „allumfassenden entscheidenden Organ der Staatsführung in Wirtschaftsfragen."[144] Dem Dreijahresplan von 1947 bis 1949 folgte 1950 ein Sechsjahresplan, der bis 1955 den „Umbau zur sozialistischen Wirtschaft" abschließen sollte.[145]

Die zunehmende Verstaatlichung des kulturellen gesellschaftlichen Subsystems

Bereits 1945 waren Presse, Rundfunk und Verlagswesen unter staatliche Aufsicht gestellt worden. Ab 1948 wurde das polnische Erziehungswesen dem sowjetischen angeglichen; der „Sozialistische Realismus" wurde immer stärker zur künstlerischen Norm erhoben und der „Zuckerbäckerstil" dominierte in der Architektur.

Der Kampf der PPR bzw. PZPR um die Herrschaft über Ideologie und Kultur richtete sich in erster Linie gegen die in der Bevölkerung stark verankerte katholische Kirche; durch die Ermordung von rund drei Millionen polnischer Juden während der deutschen Besatzung, die territoriale Neugliederung und die Umsiedlungen war Polen zu einem Land mit 97,8% römisch-katholischer Bevölkerung geworden. Nach Kriegsende trat das religiöse Leben wieder spontan in Erscheinung und der Neuaufbau der Kirche vollzog sich zunächst ohne staatliche Behinderungen.

Die Kirchenpolitik von Partei und Regierung in den Jahren 1945 bis 1948 läßt sich als „Zurückdrängung der kirchlichen Aktivität aus dem öffentlichen Leben in den rein sakralen Raum"[146] beschreiben. Zunächst blieb der Religionsunterricht an den Schulen bestehen; dagegen wurden die katholischen Druckereien verstaatlicht und alle kirchlichen Publikationen der Zensur unterworfen. Im März 1946 wurden katholische Bücher, Zeitschriften und Zeitungen in öffentlichen Bibliotheken verboten und das katholische Schulwesen eingeschränkt.

Der Einfluß der Kirche auf die Jugend sollte mit dem Verbot und der Auflösung der kirchlichen Jugendverbände sowie der „Katholischen Aktion" unterbunden werden. In die Jahre 1945 bis 1948 fällt der Beginn des Versuchs der Spaltung der Kirche und der Schaffung einer Nationalkirche durch die staatliche Förderung

144 ebenda, S.385
145 vgl. Hoensch 1983, S.310
146 Markert 1959, S.357

„patriotischer“ und „fortschrittlicher“, mit der Regierung sympathisierender Priester; diesen Versuchen war unter den Gläubigen allerdings wenig Erfolg beschieden.

Die Einleitung des offenen Kampfes gegen die Kirche begann als Reaktion auf einen Erlaß des Papstes vom Juli 1949, der die Exkommunikation von Kommunisten bestimmte. Als Antwort hierauf erließ die polnische Regierung einen Erlaß „Zum Schutz der Gewissensfreiheit“, welcher die Todesstrafe für den zu Unruhen gegen die staatliche Ordnung führenden Mißbrauch der Religions- und Gewissensfreiheit vorsah. Für die Anwendung des päpstlichen Exkommunikationsdekrets war Gefängnisstrafe vorgesehen.

Im September 1949 wurden alle katholischen Krankenhäuser verstaatlicht und bis zum Jahr 1950 verlor die Kirche ungefähr 1500 Kindergärten, 200 Kinderheime und Hunderte von Schulen, welche der konfessionslosen „Gesellschaft der Kinderfreunde“ übereignet wurden. Schließlich wurden alle katholischen Vereine, Einrichtungen und Körperschaften mit Ausnahme der Caritas aufgelöst; im Januar 1950 wurde das Vermögen der Caritas beschlagnahmt. Bis März 1950 wurden ungefähr 375 000 ha kirchlichen Grundbesitzes zugunsten des Staates enteignet. In den ehemaligen deutschen Ostgebieten wurden die Apostolischen Administratoren vom Staat abgesetzt und durch staatstreue Kapitularvikare ersetzt.

Ab Mitte des Jahres 1950 ging der Staat zu einer Politik der offenen Verfolgung der Geistlichen über. Vom 21. bis zum 27. Januar 1953 wurde der erste große Schauprozeß gegen fünf Geistliche und drei Angestellte der Erzdiözese Krakau durchgeführt. Am 9. Februar 1953 wurde mit dem Erlaß „Über die Besetzung von Kirchenämtern“ deren personelle Besetzung von der Zustimmung staatlicher Behörden abhängig gemacht. Die Geistlichkeit wurde zur Ablegung eines Treueeides auf den Staat verpflichtet.

Vom 14. bis zum 22. September wurde ein weiterer Schauprozeß gegen den seit 1951 inhaftierten Bischof Kaczmarek und drei andere Geistliche inszeniert und diese zu hohen Haftstrafen verurteilt. Schließlich wurde am 26. September der Primas Wyszynski verhaftet.

Die Ausschaltung einer kritischen katholischen Presse garantierte das seit 1953 bestehende Pressemonopol für katholische Schriften, das die regierungsfreundliche „Pax-Verlagsgesellschaft“ innehatte.

In den Jahren 1954 bis 1955 wurde die Ausschaltung der Kirche aus dem öffentlichen Leben vollendet. Der Religionsunterricht wurde abgeschafft und die theologische Ausbildung gleichgeschaltet; kleinere Priesterseminare, Ordensseminare und theologische Fakultäten wurden aufgelöst und die geistliche Akademie in Bielany eröffnet, die unter dem Einfluß regierungsfreundlicher Priester stand.

Das Ausmaß der Verfolgung der Kirche machen folgende Zahlen deutlich: „Ende 1953 waren umgekommen, inhaftiert, deportiert oder ins Exil gegangen: 9 Bischöfe von 33 im Jahre 1945, 2247 Weltgeistliche von 8624, 724 Mitglieder kirchlicher

Orden von 3106. Die Zahl der Kirchen und Kapellen war auf 6 130 oder um etwa 30%, die der Männerklöster auf 220 oder um etwa 40% und die der Frauenklöster auf 960 oder um rund 45% zurückgegangen... Für Ordensmitglieder und Geistliche waren besondere Arbeits- und Umerziehungslager eingerichtet; außerdem waren etwa 400 katholische Studenten und rund 2000 katholische Laien in Konzentrationslagern inhaftiert."[147] Ende 1953 befand sich etwa ein Viertel des gesamten Klerus in Haft.[148]

Der Konkurrenzkampf der Parteifraktionen um die Herrschaft und die Ausdehnung des staatlichen Regelungsbereiches

Nach der Vernichtung der legalen und illegalen Opposition im Jahr 1947 und der Sicherung des Machtmonopols der PPR kam es zum offenen Ausbruch des innerparteilichen Fraktionskampfes zwischen den „Heimatkommunisten" um Gomulka und den „Moskowitern" um Bierut. Die Gomulka-Gruppe verfolgte eine Strategie des „polnischen Weges" zum Sozialismus; neben der verstaatlichten Industrie sollte das Privateigentum weiter bestehen bleiben. Vor allem sollten die Privatbauern durch einen Verzicht auf die Zwangskollektivierung der Landwirtschaft für die Unterstützung des neuen Regimes gewonnen werden. Ferner sollte Rücksicht auf den stark ausgeprägten polnischen Nationalismus genommen und gegenüber der Sowjetunion eine gewisse Eigenständigkeit bewahrt werden. Diese Linie wurde von der Fraktion um Bierut, Minc und Berman als „Rechtsabweichung" vom korrekten, von Stalin in der UdSSR vorgegebenen Kurs abgelehnt. Der offene Streit zwischen den Fraktionen enzündete sich an der Haltung zur Kominformgründung im September 1947[149] und der Verurteilung von Titos eigenständigem Kurs in Jugoslawien. Gomulka sprach sich gegen eine Kominform-Resolution aus, welche die rasche Kollektivierung der Landwirtschaft in den sozialistischen Staaten forderte. Er war sich darüber im klaren, daß die Durchsetzung dieser Forderung nur mit massivem Einsatz des staatlichen Terrorapparates möglich war. Auf der ZK-Sitzung am 3. September wurden Gomulka und die wichtigsten Mitglieder seiner Fraktion[150] von der „Moskowiter" Fraktion entmachtet[151], die eine Politik des verschärften Klassenkampfes einleitete: „Mit dem Ziel, den Klassenkampf zu verschärfen, die Gegner des neuen Regimes zu enttarnen und die Beziehungen zur Sowjetmacht zu intensivieren, trieben die 'Moskowiter' die Umgestaltung von Staat, Gesellschaft und Wirtschaft

147 ebenda, S.362
148 Roos 1960, S.240
149 Die Nachfolgeorganisation der im Mai 1943 aufgelösten Kommunistischen Internationale, vgl. zur Komintern: Kolakowski 1978, Band 3, S.128; zur Kominform: Altrichter 1993, S.124
150 Zenon Klisko, Ignacy Loga-Sawinski, Wladyslaw Bienkowski
151 nach von Thadden 1986, S.40 geschah Gomulkas Sturz wahrscheinlich nicht auf direkten Befehl Stalins; anders: Hodos 1988, S.209-219

rasch voran und kontrollierten alle Schlüsselstellungen in den Exekutivorganen des Staates, in der Justiz, auf dem Produktionssektor und in den Massenorganisationen... Die PZPR wurde zum allgegenwärtigen und allmächtigen Kontrollapparat ausgebaut, dessen Aufsicht alle Bereiche des öffentlichen Lebens und der Privatsphäre unterworfen waren. Der in der UdSSR seit 1937 praktizierte Stalinismus mit seiner institutionellen und ideologischen Einförmigkeit wurde konsequent auf Polen übertragen."[152]

Die radikale Ausdehnung des staatlichen Regelungsbereiches seit 1948 betraf alle gesellschaftlichen Gruppen: seit 1950 waren die Zentralplanwirtschaft eingeführt und staatliche Regelungen im Produktionsbereich zuungunsten der Arbeiterschaft durchgesetzt worden; die Investitionsgüterproduktion wurde zu Lasten der Konsumgüterproduktion forciert, die Reallöhne gesenkt und die Normen angehoben, die Gewerkschaften von der Partei kontrolliert und in „Transmissionsriemen" zur Umsetzung der Parteibeschlüsse umgewandelt. Die Bauern wurden seit 1948 der Zwangskollektivierung unterworfen. Die intellektuelle Freiheit wurde durch die Verstaatlichung der Verlage und Druckereien, durch die zunehmende Verschärfung der Zensur und die Bestimmung des „Sozialistischen Realismus" als künstlerischer Norm eingeengt.

Der „verschärfte Klassenkampf" und die damit verbundene Umwandlung von Staat und Gesellschaft stützten sich auf den Terror der Sicherheitsdienste. Berüchtigt war die „10. Abteilung", „die sich zum Zentrum für die Bekämpfung aller vermeintlichen oder wahrhaften Opposition entwickelte. In ihren Kellern fanden zahlreiche Folterungen zur Erpressung von Geständnissen statt. Die Sicherheitsorgane und die Bürgermiliz (Milicja Obywatelska, MO) spielten auch eine große Rolle beim Versuch, die Bauern gegen ihren Willen in die landwirtschaftlichen Produktionsgenossenschaften zu zwingen..."[153]

Rückgang der staatlichen Repression und Posener Aufstand

Die nach dem Tod Stalins im März 1953 einsetzenden Veränderungen im Ostblock äußerten sich in Polen zunächst in einer veränderten Wirtschaftspolitik; ab 1954 wurden durch Abänderungen der Sechsjahresplanziele die Bedürfnisse der Bevölkerung stärker berücksichtigt. Sowohl auf dem Neunten Plenum des ZK im Oktober 1953 als auch auf dem Zweiten Kongreß der PZPR im März 1954 versprach die Parteiführung eine Drosselung des Industrialisierungstempos, die Steigerung der Konsumgüterproduktion und eine verstärkte Förderung der Landwirtschaft.

Von größter Bedeutung für die weitere Entwicklung erwies sich die Auflösung des Ministeriums für Staatssicherheit im Dezember 1954, das zu diesem Zeitpunkt

152 Hoensch 1983, S.308f

153 von Thadden 1986, S.80

etwa 100 000 politische und kriminelle Häftlinge in Gewahrsam halten ließ. Der Minister für Staatssicherheit Radkiewicz wurde zum Minister für Staatsgüter degradiert und einige seiner engsten Mitarbeiter verhaftet.

Nachdem der 1951 inhaftierte Gomulka sowie Bischof Kaczmarek 1955 aus der Haft entlassen worden waren, wurden bis Mitte Mai 1956 aufgrund einer Amnestie 30 000 Häftlinge freigelassen und für 70 000 weitere ein Straferlaß ausgesprochen. Als Bierut am 12. März 1956 überraschend starb, wurden bekannte „Stalinisten" von ihren Posten entfernt.[154] Besonders der Rücktritt des Stellvertretenden Ministerpräsidenten und Mitglieds des Politbüros Jakob Berman wurde als starke Schwächung der stalinistischen Fraktion verstanden.

Von 1948 bis 1955/56 war es der Parteiführung gelungen, ihren gegen die Interessen aller Bevölkerungsgruppen mit Ausnahme des Parteiapparates gerichteten Kurs der radikalen Ausdehnung der staatlichen Regelungen ohne nennenswerten Widerstand durchzusetzen. Die Verstaatlichung der Gesellschaft und der Terror der allmächtigen Sicherheitsdienste lähmten die Widerstandsneigung breiter Bevölkerungskreise. Mit der von außen, durch die Entwicklung in der Sowjetunion, inspirierten Entmachtung des Staatssicherheitsdienstes und dem Nachlassen der Rechtsunsicherheit konnte sich der Widerstand gegen die Politik der Partei stärker artikulieren. Zunächst war es die kommunistisch eingestellte jüngere Intelligenz, die sich gegen den Stalinismus der Parteiführung aussprach. Das „Bemühen um die Bewahrung staatsfreier Bezirke" verband sich mit dem Protest gegen die russische Vorherrschaft. „Der Ruf nach Wiederherstellung der Rechtsstaatlichkeit und die elementare Empörung über die Verletzung der seit Jahrhunderten heilig gehaltenen Rechtssicherheit waren es, die das meiste zur endlichen Beseitigung des Staatssicherheitsministeriums beitrugen. Gänzlich abgelehnt wurde die zweckbedingte Dienstbarmachung des literarischen Wortes, zumal dieses seit den Zeiten der Teilungen, in denen ein geistiges Polen die vorenthaltene politische Wirklichkeit ersetzt hatte, unbegrenzte, ja absolute Geltung genoß."[155] Während Schriftsteller, Historiker und Philosophen größere geistige Freiheit forderten, drängten die Wirtschaftsfachleute auf ökonomische Reformen.

Versorgungsmängel, massive Normerhöhungen und der Protest gegen die russische Vorherrschaft stärkten den Widerstand der Arbeiterschaft, der sich im Posener Aufstand am 28. Juni 1956 entlud:

„Ein Protest der Arbeiter der Posener Maschinenwerke ZISPO... gegen die ungenügenden Prämien und hohen Abzüge führte am Morgen des 28. Juni zu Demonstrationen vor dem Sitz des städtischen Nationalrats... und einem allgemeinen Streik. Die Demonstrationen gingen, nachdem einzelne Demonstranten durch eingreifende Polizei getötet worden waren, in einen bewaffneten Aufstand über, bei dem das

---

154 Markert 1959, S.250f

155 Roos 1960, S.245f

Gefängnis besetzt und Gefangene befreit, das Gebäude des Sicherheitsdienstes beschossen, einzelne Polizeibeamte angegriffen und erschlagen wurden. Polnisches und sowjetisches Militär wurde noch am Abend Herr der Lage, konnte aber den Widerstand einzelner Gruppen erst in den folgenden Tagen ersticken. Die Verluste betrugen nach amtlichen Angaben 48 Tote und 270 Verletze, wurden aber weit höher geschätzt... im ganzen handelte es sich um eine spontane Aktion der Bevölkerung... Die am 27. September beginnenden öffentlichen Prozesse gegen die meist sehr jugendlichen Teilnehmer am Posener Aufstand gestalteten sich nicht zu vorbereiteten Schauprozessen, sondern gaben den Verteidigern Gelegenheit zu lebhaften Anklagen gegen das Regierungs- und Wirtschaftssystem und führten zu verhältnismäßig geringen Gefängnisstrafen, die übrigens am 23. Oktober wieder aufgehoben wurden."[156]

Den Übergang von spontanen Widerstandshandlungen zur institutionalisierten Formulierung ihrer Ansprüche vollzogen die Arbeiter durch die Gründung autonomer staatsunabhängiger Organisationen, der „Arbeiterräte", die weitgehende Mitbestimmungsrechte einforderten.[157]

Am 25./26. August kam es schließlich in Tschenstochau zu einer Demonstration für den Katholizismus, an der über eine Million Menschen teilnahmen.

Die Reaktion der Partei auf den Widerstand der Bevölkerung: Zugeständnisse und Deregulierung

Auf den Widerstand gegen ihre Politik der Verstaatlichung der Gesellschaft, der wirtschaftlichen Ausbeutung der Bevölkerung und der Abhängigkeit von der Sowjetunion reagierte die Partei zunächst durch personelle Veränderungen. Im Oktober 1956 kehrte Gomulka an die Parteispitze zurück; der von ihm vertretene Kurs eines „polnischen Weges" zum Sozialismus wurde von der Bevölkerung enthusiastisch begrüßt. Gomulka galt als nationale Führerfigur, die Polen aus der sowjetischen Abhängigkeit befreien und einen nicht-stalinistischen, freiheitlichen Weg in eine wahrhaft sozialistische Zukunft sichern würde.

Die neue Parteiführung begann sogleich mit der Deregulierung bislang staatlich kontrollierter Gesellschaftsbereiche:

- Die spontan gebildeten Arbeiterräte wurden offiziell zugelassen; dies bedeutete einen Verlust des Einflußbereiches der staatlich kontrollierten Gewerkschaft, die in Lohn-, Prämien- und Normfragen das Mitbestimmungsrecht der Räte akzeptieren mußte.

- Die Lage der Bauern verbesserte sich durch die Beendigung der Zwangskollektivierung und die nunmehr beachtete Freiwilligkeit der Mitgliedschaft in den Genossenschaften. Während am 30.9. 1956 die Anzahl der LPGs 10 510 betrug und diese

156 Markert 1959, S.251f
157 Anweiler 1958, S.225f

9,6% der Agrarfläche bewirtschafteten, sanken diese Werte 1957 auf 1803 bzw. 1,2%.[158]

- In der Industrie und im Handel wurde die Privatinitiative zum Teil wieder zugelassen. So stieg etwa die Zahl der kleinindustriellen Betriebe von 4500 im Jahr 1956 auf 8000 im Jahr 1957.[159]

- Im Vergleich zu den anderen osteuropäischen Diktaturen wurde die Meinungs- und Pressefreiheit erheblich erweitert.

- Nach der Freilassung von Kardinal Wyzsynski erkannte die katholische Kirche die Herrschaft der Partei offiziell an.[160] Dafür erhielt sie das Recht, in den Schulen Religionsunterricht abzuhalten und die Insassen von Krankenhäusern und Gefängnissen geistlich zu betreuen; vertriebene Bischöfe und Priester konnten ihre ehemaligen Stellungen wieder einnehmen.

- Es wurde eine Wirtschaftsreformdiskussion mit dem Ziel der Entbürokratisierung begonnen; die Anzahl der Ministerien und der Beamten der staatlichen Verwaltung wurde reduziert.

Machtstabilisierung der Partei und erneuter Anstieg der staatlichen Regulierungen

Durch die genannten Zugeständnisse stabilisierte sich die Diktatur bis Mitte des Jahres 1957; danach dehnte die Partei ihren Regulierungsbereich erneut aus:

- Die Streikführer des Posener Aufstandes wurden nach und nach aus ihren Arbeitsstellen entlassen und die Kompetenzen der Arbeiterräte eingeschränkt. Im Dezember 1958 wurde ein Gesetz über die Arbeiterräte erlassen, das diese unter die Kontrolle von Gewerkschaft und Partei stellte.[161] Ferner wurden die Reallöhne für Arbeiter gesenkt.

- die Entkollektivierung hatte zu einer starken Zunahme von nicht lebensfähigen Kleinst- und Nebenerwerbsbetrieben in der Landwirtschaft geführt; die Bauern wurden nun zur Mitgliedschaft in staatlich kontrollierten „Bauernzirkeln" genötigt ; diese wurden vorzugsweise mit Maschinen ausgestattet, so daß sie im Jahr 1959 über 2,4%, im Jahr 1968 aber bereits über 42,1% aller verwendeten Traktoren verfügten.

Die bäuerlichen Zwangsablieferungen waren auch nach 1956 nicht abgeschafft worden und die Bauern waren beim Kauf von Düngemittel, Futter und Maschinen vom Staat abhängig. „Weiterhin wurde von der Partei mit dem Mittel der Zwangsablieferung Kapital aus dem Agrarsektor in den Industriesektor zur Finanzierung von dessen Expansion transferiert. In den sechziger Jahren wurden ca. 75% der

158 von Thadden 1986, S.95
159 näheres und weitere Zahlen: von Thadden 1986, S.95
160 von Thadden 1986, S.142, Anmerkung 380
161 von Thadden 1986, S.133

Agrarproduktion durch Vermittlung des Staates zu Preisen abgesetzt, die im Schnitt 40% unter den Marktpreisen lagen."[162]

- Die Meinungs- und Pressefreiheit wurde wieder beschnitten. So wurde im Herbst 1957 die Studentenzeitung „po prostu" verboten. Im Jahr 1964 erhielten 14 Schriftsteller, die die Wiederherstellung der freien Meinungsäußerung gefordert hatten, Publikationsverbot. Jacek Kuron und Karol Modzelewski wurden im Jahr 1965 zu drei bzw. dreieinhalb Jahren Haft verurteilt; sie hatten eine soziologische Studie über die Herausbildung einer neuen „herrschenden Klasse" in Polen verfaßt und unter den Parteimitgliedern der Warschauer Universität verbreitet. Ebenfalls 1965 wurde der kritische Philosophieprofessor Leszek Kolakowski aus der Partei ausgeschlossen.

Die stetige Einengung intellektueller Freiheiten führte im Jahr 1968 zum Ausbruch von Studentenprotesten: „Am 31. Januar 1968 wurde das Stück des berühmtesten polnischen Dichters Adam Mickiewicz (1798-1855) 'Die Ahnen' wegen angeblich antirussischen Inhalts in Warschau vom Spielplan abgesetzt. Die Warschauer Studenten demonstrierten dagegen und wurden von der Polizei mit äußerster Brutalität auseinandergetrieben. Die Auffassung, bei den Ereignissen hätten innerparteiliche Konflikte eine große Rolle gespielt, erhält Nahrung durch die schnelle Reaktion der Partei und die sich im Anschluß daran entfesselnde antijüdische Kampagne, die als Kampf gegen Zionismus und Stalinismus getarnt wurde. Schon am Tage nach der Demonstration wurden acht Studenten - alle mit jüdischen oder zumindest auswärtigen Namen - verurteilt, unter ihnen Adam Michnik. Die Studenten starteten eine Unterschriftenaktion, die bald mehr als 3000 Namen trug. Es kam zu weiteren Demonstrationen, die von als Arbeiter verkleideten Geheimpolizisten gesprengt wurden." Der Protest blieb auf die Gruppe der Intellektuellen beschränkt, da es der Partei gelang, „unter Anstachelung nationalistischer und insbesondere anti-jüdischer Gefühle unter den Arbeitern, diese davon abzuhalten, sich mit den Intellektuellen zu solidarisieren."[163] Die Folge der Studentenproteste war eine Säuberung in den Universitäten und in der Partei selbst von „Revisionisten" und anderen kritisch Eingestellten.

- Stärkere Spannungen zwischen Kirche und Staat gab es ab 1958. Kirchenneubauten wurden verhindert und 1959 die Steuern für kirchliche Institutionen erhöht. Der Religionsunterricht an den Schulen wurde wieder abgeschafft. Die Freigabe der Abtreibung führte 1960 zu weiteren Konflikten zwischen Kirche und Staat, deren Höhepunkt mit dem Brief der polnischen Bischöfe an ihre westdeutschen Amtsbrüder vom November 1965 erreicht wurde. Die polnischen Bischöfe machten in diesem Brief ein Angebot zur Versöhnung zwischen Polen und Deutschen, was die Partei zu Angriffen auf die „antinationale" Haltung der Kirche nutzte. Proteste löste

---

162 ebenda, S.136

163 ebenda, S.140

das Einreiseverbot für Papst Paul VI. zu den Tausendjahrfeiern der Christianisierung Polens aus.[164]

Die Unruhen von 1970 und die Zugeständnisse der Partei zur Stabilisierung ihrer Macht

Die Partei konnte den staatlichen Regelungsbereich seit 1957 bis zum Jahr 1968 erneut ausdehnen, ohne daß es zu größerem Widerstand dagegen kam. Die Studentenproteste von 1968 brachten die Herrschaft der Partei nicht in Gefahr, da die anderen Bevölkerungsschichten passiv blieben.

Zu größeren Demonstrationen und Streiks von Arbeitern kam es im Dezember 1970. Der Anlaß für den Ausbruch der Unruhen von 1970 waren Preiserhöhungen für die wichtigsten Grundnahrungsmittel.[165] Am 13. Dezember waren die Preiserhöhungen bekanntgegeben worden, und „schon am Montag, den 14. Dezember, kam es frühmorgens zu Arbeitsniederlegungen in der Danziger Leninwerft. Die Arbeiter marschierten zum Gebäude der Partei... In Danzig kam es zu Auseinandersetzungen zwischen Demonstranten, Miliz und Polizei und zu ersten Todesopfern. Die Straßenkämpfe hielten auch am nächsten Tag an."[166] Nachdem Soldaten das Feuer auf Arbeiter der Lenin-Werft eröffnet hatten, griffen die Arbeiterunruhen auf andere Teile Polens über und am 19. Dezember streikten bereits 100 Betriebe. In Stettin organisierten sich die Arbeiter in einem Städtischen Streikomitee, das ihre Aktionen koordinierte. Während dieser Unruhen blieben die polnischen Intellektuellen passiv.

Die staatliche Reaktion auf die Unruhen bestand wie schon 1956 in personellen Veränderungen, neuer Parteichef wurde Edward Gierek. Nachdem dieser sich zunächst geweigert hatte, die Preiserhöhungen zurückzunehmen, kam es in Februar 1972 in Lodz zu erneuten Streiks, worauf die politische Führung nachgab.

Zunächst reagierte die Partei auf die Bedrohung ihrer Macht mit weiteren Konzessionen. Sie versprach, die Stellung des Sejm und der Gewerkschaften zu stärken. Der bisherige Gewerkschaftschef Loga-Sowinski wurde gegen Wladyslaw Kruczek ausgetauscht, der aber ebenso wie jener Mitglied des Politbüros der PZPR war. In den gewerkschaftlichen Basisorganisationen allerdings konnten viele der Streikführer von 1970/71 Positionen übernehmen.

Weiterhin machte die Partei den Arbeitern materielle Zugeständnisse; bis 1975 stiegen die Löhne um 20% über den im Plan vorgesehenen Wert.[167]

Um eine Verbesserung der Versorgung zu erreichen, wurden den Bauern Zugeständisse gemacht; sie konnten zu Beginn der siebziger Jahre hohe Einkommensstei-

---

164 ebenda. S.142f

165 z.B. wurden Fleisch um 17.6%. Fisch um 11.7% und Mehl um 16% teurer. siehe ebenda. S.154

166 ebenda. S.155

167 ebenda. S.206

gerungen erreichen, da die Zwangsablieferungen aufgehoben und die staatlichen Ankaufspreise erhöht wurden.[168]

Erneute Ausdehnung der staatlichen Regulierung und die Formierung von breitem Widerstand durch das Bündnis von Arbeitern, Intellektuellen und katholischer Kirche

Nachdem die Partei ihre Machtposition durch Zugeständnisse an die Arbeiter und Bauern gesichert hatte, begann sie von neuem, den staatlichen Regulierungsbereich auszudehnen. Ab 1972 wurden Streikführer von 1970/71 von ihren Posten in den Basisorganisationen der Gewerkschaft abgesetzt und oft aus ihren Betrieben entlassen. Die Kompetenzen der noch bestehenden Arbeiterräte wurden eingeschränkt und diese selbst bedeutungslos.[169]

Ab 1976 wurden die Rechte der Bauern beschnitten. Die Landwirtschaft wurde gegenüber der Industrie in der Belieferung mit Produktionsmitteln benachteiligt. Die Benachteiligung der privaten Bauern gegenüber den Mitgliedern der Genossenschaften erreichte 1978 ihren Höhepunkt mit der Verabschiedung eines Rentengesetzes, daß die Privatbauern zur Aufgabe ihrer Höfe zwingen sollte.[170]

Zum Ausbruch offenen Widerstandes gegen die Politik der Partei kam es im Sommer 1976; Auslöser waren wiederum Preiserhöhungen für Lebensmittel, so z.B. für Zucker um 100%, für Fleisch um 60% und für Butter um 50%. Es kam zu „gewalttätigen Ausschreitungen in mehreren Städten Polens, wobei die Demonstrationen der Arbeiter der Ursus-Traktorenwerke bei Warschau und der Metallarbeiter des Rüstungsbetriebes 'Walter' in Radom herausragten. In Radom wurde das Parteigebäude geplündert und in Brand gesteckt..."[171]

Um eine Zuspitzung der Krise wie im Jahr 1970 zu vermeiden, wurden die Preiserhöhungen sofort zurückgenommen, die Streikenden aber bestraft: über 2000 Arbeiter wurden entlassen und 78 Arbeiter in Schnellverfahren verurteilt.[172]

Die Unruhen von 1976 hatten weitreichende Folgen. Während im Jahr 1968 der Widerstand auf die Gruppe der Intelligenz beschränkt blieb, waren an den Aktionen von 1970 nur Arbeiter beteiligt. Nach 1976 dagegen bildete sich ein dauerhaftes Bündnis der Mehrheit der Arbeiterschaft mit großen Teilen der Intelligenz heraus.

Die Verbindung von Intelligenz und anderen Gesellschaftsgruppen war das Ergebnis der Diskussion um eine geplante Verfassungsreform in den Jahren 1975/76. Gegen den von der Partei vorgelegten Verfassungsentwurf richteten sich Proteste, welche die Festschreibung der Freundschaft mit der UdSSR sowie der führenden Rolle der Partei ablehnten. Als nach den Arbeiterunruhen von 1976 Verhaftungen

168 ebenda. S.164. S.211
169 ebenda. S.166
170 ebenda. S.212
171 ebenda. S.208
172 ebenda. S.209

und Folterungen stattfanden, bildete sich am 23. September das „Komitee zur Verteidigung der Arbeiter“ (KOR). Obwohl es nur eine kleine Gruppe von Intellektuellen umfaßte, fand das Komitee breite Unterstützung in der Gesellschaft. Es organisierte den Rechtsbeistand für verfolgte Arbeiter, die finanzielle Unterstützung ihrer Familien sowie die Aufklärung der Arbeiter über ihre Rechte.

Weitere Schritte der Bildung staatsunabhäniger autonomer Organisationen waren die Bildung des „Gründungskomitees freier Gewerkschaften für das Küstengebiet“ am 23. Februar 1978, das Erscheinen der illegalen Zeitung „Der Arbeiter“, die Bildung „fliegender Universitäten“, an denen führende polnische Wissenschaftler lehrten sowie die Gründung des Untergrundverlages „NOWA“.[173]

Auch die Kirche stand weiterhin in Opposition zur Parteiherrschaft; zwar hatte sie 1970 beide Konfliktparteien zur Mäßigung aufgerufen und sie weigerte sich, politische Opposition zu sein, kämpfte aber weiterhin gegen die antireligiöse Propaganda der Partei und sprach sich für mehr „öffentliche Freiheit“ aus.[174]

Die Wahl eines polnischen Papstes im Jahr 1978 verstärkte die Verbundenheit der Kirche mit der Bevölkerung, die sich in ihrer Opposition gegen die Parteiherrschaft bestätigt sah.

Ende der siebziger Jahre war in Polen folgende Situation gegeben: „nicht nur eine immer engere Verbindung zwischen Arbeitern und Intellektuellen“ war entstanden, „sondern... auch eine Annäherung zwischen den von ihrer ideologischen Herkunft in der Mehrheit demokratisch-sozialistisch und laizistisch orientierten KOR-Mitgliedern und -Mitarbeitern und der katholischen Kirche, die mit den humanitären Zielen von KOR übereinstimmte und dessen Mitglieder immer vor Übergriffen der Partei zu schützen suchte. So entstand eine Interessengemeinschaft aus Großteilen der Intellektuellen, den Arbeitern und der Kirche, die es zuvor in Polen noch nie gegeben hatte.“[175]

Die „Unabhängige Gewerkschaft Solidarität“ und die tiefe Krise der Parteiherrschaft 1980/81

Vom Juli 1980 bis zum Dezember 1981 dauerte die bis dahin schwerste Krise der Diktatur: Auslöser waren wiederum Preiserhöhungen; nach der Erhöhung der Benzinpreise wurden am 1.Juli 1980 die Fleischpreise kräftig erhöht, was eine Streikwelle zur Folge hatte. Die unpolitischen Forderungen der Streikenden nach Lohnerhöhungen konnten durch innerbetriebliche Vereinbarungen bald beigelegt werden. Eine neuerliche Streikwelle begann im August: als am 14. August 1980 die Entlassung einer Arbeiterin, die dem seit zwei Jahren bestehenden „Gründungskomitee Unabhängige Gewerkschaften“ angehörte, ausgesprochen wur-

173 ebenda. S.215
174 ebenda. S.216f
175 ebenda. S.215

de, kam es auf der Danziger Leninwerft zu einem Besetzungsstreik und der Bildung eines überbetrieblichen Streikkomitees für ganz Danzig unter der Führung von Lech Walesa. Der in Danzig begonnene Streik weitete sich über die Küstenregion, das oberschlesische Industrierevier und die großen Kombinate aus. Das Danziger Komitee erhob 21 Forderungen sowohl ökonomischer als auch politischer Art. Gefordert wurden unter anderem die Zulassung der Gründung einer unabhängigen Gewerkschaft, das Streikrecht, die Respektierung der Meinungsfreiheit, die Aufhebung der Zensur, Senderechte im Rundfunk für die Kirche, die Aufhebung der Privilegien für Parteifunktionäre, Mitglieder des Sicherheitsdienstes und der Miliz sowie Lohnerhöhungen für die Arbeiter.[176]

Bei der Aufsetzung der Forderungen und bei den Verhandlungen zwischen Streikkomitee und Regierung wurden die streikenden Arbeiter von Mitgliedern von KOR und von katholischen Intellektuellen unterstützt. Das Bündnis zwischen Arbeitern, Intellektuellen und Kirche kam in den 21 Forderungen, die die Interessen aller drei gesellschaftlichen Gruppen aufnahmen, deutlich zum Ausdruck.[177]

Am 31.8.1980 wurde eine Vereinbarung zwischen dem Danziger Streikkomitee und einem Regierungsausschuß abgeschlossen, der ähnliche Vereinbarungen in Stettin und Schlesien folgten. Wichtigstes Ergebnis war die staatliche Anerkennung unabhängiger Gewerkschaften; das Streikrecht wurde garantiert, sowie der Zugang zu den Medien, eine Verbesserung der Lebensmittelversorgung sowie des Gesundheitswesens, der Abbau der Funktionärsprivilegien und die Berücksichtigung von Leistungskriterien bei der Vergabe von Stellen zugesagt.[178] Als die „Unabhängige Gewerkschaft Solidarität“ am 24.10.1980 registriert wurde, kam es im ganzen Land zur Gründung von Gewerkschafts-Komitees; Im Herbst 1981 hatte die „Solidarität“ etwa 10 Millionen Mitglieder, zwei Drittel aller Arbeiter waren in ihr organisiert. Schließlich wurden auch eine Bauerngewerkschaft und der Unabhängige Studentenverband zugelassen.

Die Erfolge der „Solidarität“ und die Kompromoßbereitschaft der Parteiführung führten zu einer Radikalisierung eines Teils der Gewerkschaftsmitglieder, welche die Übernahme politischer Funktionen durch die Gewerkschaft forderten.[179] Die Partei, deren Herrschaft durch das Auftreten unabhängiger Massenbewegungen in bisher unbekanntem Ausmaß herausgefordert worden war, reagierte zunächst mit dem Verfall ihrer inneren Einheit und der Ausbildung sich bekämpfender Fraktionen.[180]

---

176 Hoensch 1983, S.334

177 die Arbeiter forderten im allgemeinen: Lohnerhöhungen, bessere Versorgung. Die Intellektuellen: Meinungsfreiheit, Abschaffung der Zensur. Die Kirche: Sendezeit im Rundfunk, Abschaffung der Zensur.

178 Hoensch, 1983 S.335

179 ebenda, S.337

180 vgl.Hoensch 1983, S.336; von Thadden 1986, S.230

Am 6.September 1980 mußte Gierek als Parteichef zurücktreten und wurde von Stanislaw Kania abgelöst. Eine Konsolidierung der Diktatur bedeutete die Übernahme des Premierministeramtes durch Politbüromitglied und Verteidigungsminister General Wojciech Jaruselski am 9.2.1981; am 18.10. übernahm er auch den Parteivorsitz. Unter Jaruselski wurden mehr und mehr wichtige Regierungsämter mit Militärs besetzt sowie die Armee verstärkt in der Wirtschaft und Verwaltung eingesetzt.[181]

Am 13.12.1981 rief Jaruselski in Polen das Kriegsrecht aus: „Nach Verkündung des Ausnahmezustands wurde ein Demonstrationsverbot erlassen, die Bewegungsfreiheit der Bevölkerung eingeschränkt, das Streikrecht aufgehoben und die wichtigsten Unternehmen der Oberaufsicht und der Gerichtsbarkeit des Militärs unterstellt, wodurch Arbeitsverweigerung sogar mit der Todesstrafe geahndet werden konnte. Mit der Suspendierung der Solidarität und des Unabhängigen Studentenverbandes ging die gezielte Festnahme und meist langfristige Internierung ihrer Führer und Funktionäre einher. Nach offiziellen Angaben kamen bis zum Jahresende 1982 über 3600 Personen in Haft, von denen viele wegen Fortsetzung der Gewerkschaftstätigkeit, wegen Organisation von Protestaktionen oder Verbreitung falscher Informationen in Schnellverfahren zu langfristigen Gefängnisstrafen verurteilt wurden. Aber auch der abgesetzte und zur Unperson gewordene Parteichef Gierek und eine Reihe ehemaliger Partei- und Staatsfunktionäre wurden zeitweilig festgenommen. Bei der Niederschlagung erster Streiks in Danzig und Schlesien durch Armeeeinheiten gab es am 17.XII.1981 im Bergwerk 'Wujek' sieben Tote und zahlreiche Verletzte."[182]

Noch einmal hatte die Partei ihre Herrschaft durch den massiven Einsatz ihres Gewaltapparates gerettet.

1981 - 1989: Gescheiterte Strategien der Machterhaltung und das Ende der Parteiherrschaft im evolutionären Systemwechsel

Neben der Zerschlagung der unabhängigen Organisationen versuchte die Jaruselski-Gruppe die Parteiherrschaft durch Dialogbereitschaft gegenüber der Kirche, durch die Schaffung neuer Vertretungs- und Konsultativorganisationen sowie durch eine Wirtschaftsreform zu sichern. In einer Ansprache vom 13. Dezember 1981 würdigte Jaruselski die „patriotische Haltung" der Kirche.[183] Zwar forderte die Kirche die Aufhebung des Kriegsrechts, die Freilassung der Internierten und die Wiederzulassung der verbotenen Organisationen; andererseits aber ermahnte sie die Bürger zu Verantwortungsbewußtsein und Vermeidung von Blutvergießen.

---

181 von Thadden 1986, S.233
182 Hoensch 1990, S.338
183 von Thadden 1986, S.237

Im Oktober 1982 wurde ein neues Gewerkschaftsgesetz verabschiedet und die „Solidarität“ für aufgelöst erklärt. Obgleich der Eintritt in die neuen parteiabhängigen[184] Gewerkschaften mit erheblichen sozialen Vergünstigungen verbunden war, hatten sie Ende 1983 erst 3,6 Millionen Mitglieder, was einem Drittel der Mitglieder der „Solidarität“ entsprach; etwa ein Drittel davon waren Parteimitglieder.

Mit der Absicht, breitere Bevölkerungsschichten in das politische System zu integrieren wurde im Juli 1982 die „Patriotische Bewegung der nationalen Wiedergeburt“ (PRON) gegründet, die die Aufgaben der „Nationalen Einheitsfront“ übernehmen sollte und alle Polen zur nationalen Aussöhnung aufrief. Dieses Ziel konnte nicht erreicht werden: „Der Generalsekretär der PRON wurde seit 1982 jeweils aus dem Politbüro der PZPR 'delegiert'. Der Direktor des Meinungsforschungsinstituts der Regierung (CBOS), Oberst Stanislaw Kwiatkowski, beschrieb die öffentliche Wahrnehmung von PRON folgendermaßen: 'Ja, das ist eine von den vielen zentralen Institutionen, irgendwo in Warschau; die machen das eine oder andere. Alles in allem ist ihre Aktivität in den Augen der Öffentlichkeit weder besonders nützlich, noch besonders schädlich. In einem Wort, sie (PRON) interessiert niemanden.“[185]

Einen weiteren Versuch der Integration startete die Partei mit dem „Gesellschaftlichen Konsultativrat beim Staatsratsvorsitzenden“, der erstmals im Dezember 1986 einberufen wurde und den Dialog zwischen Führung und Gesellschaft institutionalisieren sollte. Die Parteiführung bemühte sich um die Teilnahme unabhängiger Intellektueller und gemäßigter katholischer Oppositioneller. „Nach den ersten Sitzungen des Konsultativrates, in denen recht ungeschminkt über die aktuelle Situation in Polen und die Notwendigkeit eines grundlegenden Wandels diskutiert wurde, gab es unter den Mitgliedern keinen Zweifel mehr, daß Nähe zur Macht nicht unbedingt in Einfluß, geschweige Mitentscheidung, umzumünzen war. Der Nestor des polnischen Laienkatholizismus, der Rechtsprofessor Stanislaw Stomma, beschrieb die strukturelle Schwäche des Konsultativrates: 'Seine Mitglieder wurden von einer Seite ernannt. Das bedeutet: Mitgliedschaft im Rat gibt es nur auf Einladung; niemand wurde von der Gesellschaft delegiert. So ist seine Zusammensetzung nicht das Ergebnis von Wahlen. Ferner ist der Rat eine Körperschaft mit ausschließlichem Beratungsstatus.'„[186]

Als weiteres Mittel der Machtstabilisierung sollte die 1982 eingeleitete Wirtschaftsreform dienen, mit welcher die direktive Wirtschaftslenkung durch eine indirekte ersetzt wurde. Die „Reform der drei 'S'„ sollte die Selbstständigkeit, Selbstverwaltung und Selbstfinanzierung der Betriebe sichern. 1985 wurde der Wirtschaftswissenschaftler Zbigniew Messner zum Regierungschef ernannt; er legte 1987 ein neues wirtschaftliches und politisches Reformprogramm vor, das die Ver-

184 Vorsitzender wurde mit Miodowicz ein Politbüromitglied der PZPR
185 Bingen 1990, S.15
186 ebenda, S.16

kleinerung des Verwaltungsapparates, mehr Eigenverantwortung der Betriebe, die Förderung der Privatinitiative, aber auch Preissteigerungen vorsah. Im November 1987 wurden im ersten Referendum seit 41 Jahren die Reformvorschläge zur Abstimmung gestellt und von der Bevölkerungsmehrheit abgelehnt.[187] Zwar wurden daraufhin die geplanten Preiserhöhungen teilweise zurückgezogen, doch „als am 1.2.1988 die abgemilderten Preiserhöhungen in Kraft traten, wodurch Konsumgüter und Dienstleistungen durchschnittlich um 36%, Grundnahrungsmittel um 40%, Mieten um 50% sowie Gas und Strom um 100% teurer wurden, machte sich der aufgestaute Unmut in der Bevölkerung Luft, der auch durch eine bescheidene Erhöhung der Renten und Familienbeihilfen nicht nachließ."[188]

Obgleich das Kriegsrecht am 20./21.7.1983 aufgehoben und Ende 1986 die letzten politischen Gefangenen entlassen worden waren und trotz der oben beschriebenen Versuche der Partei, die Bevölkerung erneut in das Herrschaftsystem zu integrieren, war nach 1980/81 ein unüberwindlicher Hiatus zwischen Staat und Gesellschaft entstanden. Die illegal weiterbestehende „Solidarität" organisierte eine „Gesellschaft im Untergrund", „die viele der konspirativen Formen und Aktionen der Zeit vor 1980 wiederbelebt. Für die polnischen Arbeiter spielt neben den in westlichen Medien Aufsehen erregenden Untergrundpublikationen und Aufrufen, die nach wie vor in großer Zahl erscheinen, die Arbeit im stillen, die 'Solidarität' leistet, eine ebenso große Rolle. So zahlt 'Solidarität' zum Beispiel in vielen Betrieben Kindergeld und gewährt kinderreichen Familien Zuschüsse und Kredite. Diese Arbeit ist nur möglich, weil die ganz überwiegende Mehrheit der Arbeiter nach wie vor zur 'Solidarität' steht und viele noch Beiträge leisten."[189]

Auch der offene Widerstand in Form von Demonstrationen und Streiks konnte zu keinem Zeitpunkt zwischen 1981 und 1989 völlig unterdrückt werden.[190] Im April/Mai 1988 kam es infolge von Preiserhöhungen zu einer Streikwelle, die durch massiven Polizeieinsatz beendet wurde. Während bei diesen Streiks primär wirtschaftliche Forderungen im Mittelpunkt standen, ging es in der folgenden Streikwelle des August um politische Forderungen, vor allem um die Wiederzulassung der „Solidarität". Die Streiks begannen im schlesischen Kohlerevier, griffen auf das Küstengebiet über und legten am 10.8.1988, dem achten Jahrestag der „Solidarität"-Gründung das Wirtschaftsleben im ganzen Land fast vollständig lahm. Am 19.9.1988 wurde Regierungschef Messner abgewählt und eine neue Regierung unter Miecyslaw Rakowski gebildet, die sich zunächst auf die Durchführung einer radikalen Wirtschaftsreform konzentrierte.

187 Hoensch 1990, S.346
188 ebenda, S.347
189 von Thadden 1986, S.238
190 vgl. Hoensch 1990, S.338 und Bingen 1990

Nachdem Walesa am 31.8. mit Innenminister Kiszczak zusammengetroffen war, um über die Möglichkeit einer Wiederzulassung der „Solidarität“ zu sprechen, wurden die Streiks Anfang September beendet. Nach einer Fernsehdiskussion am 30.11. 1988 zwischen dem Vorsitzenden der staatlichen Gewerkschaften Miodowicz und Walesa gründeten sich innerhalb weniger Tage zahlreiche neue Gewerkschaftszellen.

Bereits im November 1987 war das politische Organisationsmonopol der PZPR mit der Wiedergründung der Sozialistischen Partei (PPS) gebrochen worden; im Februar 1989 folgte die Gründung der Christlich-Demokratischen Arbeiterpartei, am 17.4.1989 wurde die „Solidarität“ wiederzugelassen.

Am 18.12. 1988 gründeten „Solidaritäts“-Mitglieder, Mitglieder des „Clubs der Katholischen Intelligenz“ und unabhängige Experten ein „Bürgerkomitee“ unter der Leitung Walesas, das den Forderungen der Opposition Nachdruck verleihen sollte.

Der wiederaufgelebte, breite Widerstand gegen die Parteiherrschaft setzte deren Macht ein Ende: „Das Sanierungsprogramm der Regierung Rakowski, die vor der Stillegung unrentabler Betriebe - so auch der Danziger Lenin-Werft, der Geburtsstätte der *Solidarnosc* - nicht zurückschreckte und mit der Absicherung von ausländischen Kapitalanlagen die Einführung eines freien Unternehmertums verband, stieß in der PZPR und vor allem im Gewerkschaftsdachverband OPZZ auf Widerspruch; Jaruselski sah sich genötigt, dem ZK am 21./22.XII. 1988 die Wahl von acht neuen Politbüromitgliedern und vier ZK-Sekretären zuzumuten.“[191] Die innerparteilichen Reformer konnten nun auf einem ZK-Plenum im Januar 1989 das Programm einer „sozialistischen Demokratie“ mit gewerkschaftlichem und politischem Pluralismus durchsetzen.

Von weiteren Streiks um Lohnerhöhungen begleitet trat am 5. Februar der „Runde Tisch“ zusammen; in Verhandlungen zwischen der Regierung und dem „Bürgerkomitee“ „wurde eine Institutionalisierung des evolutionären Systemwechsels vom realen Sozialismus zur pluralistischen Demokratie gefunden, der Vorbildcharakter für vergleichbare politische Prozesse in den benachbarten Ländern Ostmittel- und Südosteuropas haben sollte.“[192]

Für die im Juni vorgesehenen Sejmwahlen waren 35% der Sitze für die Opposition, 65% für die PZPR und die von ihr abhängigen Parteien vorgesehen. Als zweite Kammer sollte der Senat wiedereingerichtet werden, dessen 100 Sitze frei zu wählen waren. Eine starke Stellung wurde dem auf sechs Jahre zu wählenden Präsidenten eingeräumt.[193] Die ersten freien Parlamentswahlen endeten mit einer vernichtenden Niederlage der PZPR: „Da die Landesliste nicht die erforderliche Mehrheit erreichte, besaßen die darauf berücksichtigten Spitzenfunktionäre künftig kein Mandat mehr. Der Koalition mit 299 Sitzen standen 161 Mitglieder des Bürgerkomitees und Par-

191 Hoensch 1990. S.348
192 Bingen 1990, S.23
193 ebenda. S.25ff

teilose gegenüber; in den Senat waren 99 Bewerber des Bürgerkomitees und ein Parteiloser gekommen."[194] Nachdem der Versuch, eine Regierung unter dem bisherigen Innenminister Kiszczak zu bilden, gescheitert war, nominierte Jaruselski auf Vorschlag Walesas den Publizisten und „Solidarnosc"-Berater Tadeusz Mazowiecki als Ministerpräsidenten. Mazowiecki wurde der erste nichtkommunistische Ministerpräsident der Volksrepublik Polen. In seinem Kabinett waren Mitglieder des Bürgerkomitees, der neugegründeten unabhängigen Parteien und vier Minister der PZRP vertreten. Die PZPR-Mitglieder Kiszczak und Siwicki übernahmen das Innen- und das Verteidigungsministerium; die Regierung verpflichtete sich zur Einhaltung der sich aus dem Warschauer Vertrag ergebenden Verpflichtungen für Polen. In seiner Regierungserklärung hob Mazowiecki die Einführung der Marktwirtschaft, die Einhaltung der Rechtsstaatlichkeit und die Aufhebung des kommunistischen Informationsmonopols als vordringlich zu lösende Aufgaben hervor.

Das Ende der Parteiherrschaft war besiegelt, als der Sejm am 29.12.1989 die „Volksrepublik" abschaffte und sich die PZPR am 27./28.1.1990 selbst auflöste.

6.b.) Zusammenfassung der polnischen historischen Entwicklung von 1944 bis 1989 in einem vorläufigen „Modell Ia"

Zur Erstellung eines ersten abstrahierenden Modells der Entwicklung eines sowjetischen Satellitenstaates auf der empirischen Basis der polnischen historischen Entwicklung müssen die von Nowak in seinem „Modell I" der Entwicklung einer sozialistischen Gesellschaft getroffenen idealisierenden Bedingungen eingeschränkt werden[195]: die untersuchte Gesellschaft kann nicht als von anderen Gesellschaften isolierte betrachtet werden. Vielmehr ist der Einfluß der Sowjetunion auf die Entwicklung zu berücksichtigen.

Folgender Verlauf der gesellschaftlichen Entwicklung zeigt sich dann:

1944 - 1947: Revolutionäre Phase: die Zeit des Kampfes um die Macht zwischen der legalen und illegalen Opposition einerseits und der Partei andererseits. Mit der Ausschaltung der Opposition im Jahr 1947 errichtet die Partei ihr Herrschaftsmonopol.

1948 - 1953/54: Phase der tiefen Deklassierung. Mit der „Stalinisierung" der Gesellschaft dehnt die Partei den staatlichen Regelungsbereich radikal aus. 1954 vermindert sich die Deklassierung der Bürgerschaft durch die „von außen" inspirierte Entstalinisierung; der Staatssicherheitsdienst wird aufgelöst, viele politische Gefangene entlassen. Das Ende der tiefen Deklassierung und das damit ermöglichte

194 Hoensch 1990, S.350
195 siehe oben, S.42

Wiederaufleben autonomer gesellschaftlicher Interaktionen ist die Voraussetzung zum Übergang in die revolutionäre Phase.

1956: Revolutionäre Phase und staatliche Deregulierung. Die Niederschlagung des Posener Aufstands leitet eine weitgehende Deregulierung unter dem Schlagwort des „polnischen Weges zum Sozialismus" ein.

1957 - 1969: Phase der Deklassierung. Ab 1957 steigt der staatliche Regulierungsbereich stark an. 1964 kommt es zur ersten, auf ein kleine Bevölkerungsgruppe, die Intelligenz, beschränkten Widerstandsaktion: sie äußert sich in einem Protestbrief von 34 Intellektuellen gegen die Einschränkung der Meinungsfreiheit an die Parteiführung und in einer Protestkundgebung an der Warschauer Universität. 1968 sind es wiederum Intellektuelle, die gegen die Parteidiktatur demonstrieren.

1970: Revolutionäre Phase und staatliche Deregulierung. Obgleich der sich in den Streiks und Unruhen des Jahres 1970 äußernde Protest auf die Arbeiterschaft beschränkt bleibt, wird er zu einer ernsten Bedrohung der Parteiherrschaft. Die Partei reagiert mit Zugeständnissen und der Einschränkung des staatlichen Regulationsbereiches.

1972 - 1979: Phase der Deklassierung. Ab 1972 dehnt die Partei den staatlichen Regulationsbereich wieder aus. 1976 kommt es erneut zum Widerstand gegen die Politik der Partei. Die Arbeiterunruhen führen zum langfristigen Bündnis zwischen Arbeiterschaft, Intelligenz und Kirche.

1980 - 1981: Revolutionäre Phase und staatliche Deregulierung. Die Streiks von 1980 und die Bildung parteiunabhängiger Massenorganisationen führen zur bislang tiefsten Erschütterung der Parteiherrschaft. Der organisierte Widerstand umfaßt praktisch die ganze Gesellschaft.

Dezember 1981 - 1988: Phase der Deklassierung. Mit der Ausrufung des Kriegsrechts leitet die Partei eine neue Phase der Deklassierung ein. Diese Phase ist weniger „tief" als die bisherigen Deklassierungsphasen und verläuft nahe der Schnittstelle des Übergangs zur revolutionären Phase. Die Revolution von 1980/81 hat das Kräfteverhältnis zwischen Herrschern und Bürgern entscheidend verändert: den Herrschenden gelingt es während der ganzen Phase nicht, Widerstandaktionen zu verhindern. Unter Führung der Solidarität bildet sich eine autonome „Gegengesellschaft".

1988/89: Revolutionäre Phase und Phase des Klassenfriedens: Die Streikwelle von 1988 zwingt die Partei zur Anerkennung autonomer Organisationen und zur Aufgabe ihres Herrschaftsmonopols. Die gesellschaftliche Entwicklung geht in die Phase des Klassenfriedens über.

Die Entwicklung der polnischen Gesellschaft von 1944 bis 1989 läßt sich als ein Oszillieren zwischen revolutionären Phasen und Phasen der Deklassierung beschreiben. Nach dem Beginn der Deklassierungsphase im Jahr 1948 kommt es zu einer langfristigen Entwicklung von zyklischen Revolutionen und zyklischer Deklassierung; während der Widerstand 1956, 1964, 1968 und 1970 auf einzelne Bevölkerungsgruppen beschränkt ist, führt der Widerstand des Jahres 1976 zum dauerhaften Bündnis von Arbeiterschaft, Intelligenz und Kirche. Die Revolution von 1980 umfaßt die überwiegende Mehrheit der Bürger. Das Kräfteverhältnis zwische Bürgern und Herrschern ändert sich unumkehrbar. Die Streikwelle im Jahr 1988 leitet das Ende der Parteiherrschaft ein.

Die Grundthese von Nowaks Theorie der Entwicklungsdynamik sozialistischer Gesellschaften: der Untergang der monopolistischen Parteiherrschaft ist das Ergebnis zyklischer, gescheiterter Revolutionen auf zunehmend breiterer sozialer Basis, wird durch die polnische Entwicklung bestätigt. Entscheidender Wendepunkt der gesellschaftlichen Entwicklung ist die gescheiterte Revolution von 1980/81.

Gegenüber Nowaks Modell muß die Phasenabfolge für eine post-stalinistische, im Herrschaftsbereich der Sowjetunion existierende sozialistische Gesellschaft modifiziert werden:

- Die Entwicklung der osteuropäischen Staaten beginnt nicht, wie in Nowaks Modell, mit einer Phase des Klassenfriedens. Die kommunistischen Regime Ost- und Ostmitteleuropas kommen durch eine „importierte Revolution", die keine Massenunterstützung findet, an die Macht. In Polen beginnt die Entwicklung mit einer revolutionären Phase, gefolgt von dem Oszillieren zwischen Deklassierung und Revolution und sie endet in der Phase des Klassenfriedens.
- die in der Sowjetunion in den dreißiger und späten vierziger Jahren bestehende totalitäre Phase[196] wird in Polen nicht durchlaufen. Der herrschafts-interne Terror der frühen fünfziger Jahre in den sowjetischen Satellitenstaaten ist nicht die Folge von Überregulierungen, sondern dient der völligen Unterordnung der kommunistischen Regime unter die Sowjetunion.[197]
- Das Ende der „stalinistischen" Phase in diesen Staaten, einer Phase der tiefen Deklassierung der Bürgerschaft, ist auf ein externes Ereignis, die Entstalinisierung in der Sowjetunion zurückzuführen. Wo die Entstalinisierung, wie in Albanien, nicht eingeleitet wird, muß die Gesellschaft die „totalitäre" Phase durchlaufen.

Der Überblick über die politische Entwicklung des Gesellschaftssystems in Polen zeigte, daß dem Ausbruch der zyklischen Revolutionen jeweils ein Ansteigen des Niveaus der gesellschaftlichen Entfremdung[198] vorherging. Die Ausdehnung des staatlichen Regelungsbereichs führte zu Widerstandsaktionen von Teilen der Bür-

---

196 hier ist Nowaks Totalitarismus-Begriff gemeint, der sich von demjenigen Friedrichs unterscheidet. Siehe oben, S.45f

197 so Hodos 1988, passim

198 vgl. oben S.43

gerschaft. So führt etwa die Einschränkung der Meinungsfreiheit 1964 und 1968 zu Protesten der Intelligenz.[199]

Die Ausdehnung des staatlichen Regelungsbereiches allein, etwa durch die Einschränkung von Bürgerrechten oder den Angriff auf Eigentumsrechte der Bauern oder Handwerker, führte in keinem Fall zum Ausbruch einer Rebellion breiter Massen. Anlaß dieser Rebellionen war immer das Auftreten von Versorgungsmängeln und Preissteigerungen für Produkte des Grundbedarfs. Andererseits aber führte ein Angriff auf die Lebensverhältnisse der Bürgerschaft unter den Verhältnissen **tiefer** politischer Deklassierung, wie dies in den Jahren 1950 bis 1953 unter dem Motto des „Vorrangs der Produktionsgüterindustrie“ der Fall war, **nicht** zu revolutionären Unruhen. Diese sind vielmehr die Folge von Verschlechterungen der ökonomischen Lage der Bürgerschaft unter den Verhältnissen politischer Deklassierung „mittlerer Tiefe“. Aufgrund dieser Tatsache scheint es berechtigt, die Entwicklung im **ökonomischen** gesellschaftlichen Subsystem als den **sekundären Faktor ersten Grades**[200] zu bezeichnen, der die **reguläre** Entwicklung einer „rein-politischen Gesellschaft“ in entscheidender Weise beeinflußt.

Um die Art und Weise dieser Beeinflußung näher bestimmen zu können, wird im folgenden ein **Entwicklungsmodell des ökonomischen Sektors einer sozialistischen Gesellschaft** erstellt. Empirische Basis, auf deren Grundlage dieses Modell dann überprüft wird, ist zunächst die wirtschaftliche Entwicklung in Polen. Später wird diese empirische Basis erweitert und die wirtschaftliche Entwicklung in der DDR in die Überlegungen miteinbezogen und das Modell entsprechend erweitert.

Eine sozialistische Planwirtschaft ist ein bürokratisch organisiertes Wirtschaftssystem; die bürokratische Regulierung wirtschaftlicher Prozesse und die wirtschaftspolitischen Entscheidungen der Spitze der Bürokratie bestimmen die ökonomische Entwicklung unmittelbar.

---

199 siehe oben S.72
200 vgl. oben S.41

7.) Ein Modell der Entwicklung des ökonomischen Sektors in einer sozialistischen Gesellschaft

7.a.) Wirtschaftssysteme und ihre Regulationsmechanismen

Abstrahierend lassen sich drei Systeme der Regulation wirtschaftlicher Prozesse unterscheiden:[201]

- Die **Marktregulation** beruht auf der Selbststeuerung der wirtschaftlichen Prozesse, die sich unabhängig vom Willen eines wirtschaftlichen Zentrums abspielen. Preisbewegungen führen zum Gleichgewicht zwischen Angebot und Nachfrage; die Preise drücken den Arbeitsaufwand zur Herstellung und die relative Knappheit von Wirtschaftsgütern aus und dienen der Information von Produzenten und Konsumenten. Der sich selbst regulierende Markt steuert die Verteilung der Produkte, die Allokation der Arbeitskräfte und der Investitionen.

- Von der Marktregulation sind zwei **Systeme zentraler Lenkung** zu unterscheiden: das **direktive** oder unmittelbare sowie das **mittelbare** Lenkungssystem. In Systemen zentraler Lenkung übt ein Zentrum des Wirtschaftssystems einen gezielten Einfluß auf den Ablauf der Wirtschaftsprozesse aus. Ziel der Aktionen des Zentrums ist die Durchsetzung seiner sich in einem Wirtschaftsplan ausdrückenden Präferenzen. Die Verbindungen zwischen den einzelnen Wirtschaftssubjekten sind auf mehreren Stufen vertikal geordnet: von oben (Zentrum) nach unten gegebene Direktiven bestimmen das wirtschaftliche Verhalten der untergeordneten Subjekte.[202] Die beiden Subsysteme zentraler Lenkung unterscheiden sich folgendermaßen: „Das Wesen" des Systems der unmittelbaren Lenkung „besteht darin, daß die Informationen (der oberen an die unteren Wirtschaftsorgane, H.R.) an bestimmte Subjekte, d.h. bestimmte Betriebe oder bestimmte Haushalte gerichtet werden. Sie haben den Charakter verbindlicher Anweisungen und beziehen sich im Prinzip nur auf ein bestimmtes Subjekt, nicht etwa auf die hergestellte Gattung von Produkten. In diesem System der Regulation liegen vertikale, dienstliche Verbindungen vor, die einen direktiven Charakter haben."[203]

In Systemen der mittelbaren Lenkung werden die Direktiven des Zentrums in „chiffrierter" Weise weitergegeben. „Es ist eine Regulation, die sich nicht an bestimmte einzelne Subjekte, d.h. an einen bestimmten Adressaten richtet. Sie ist vielmehr auf ein bestimmtes Objekt, d.h. auf eine bestimmte Art der Produktion gerichtet (Produkt, Produktgruppe, bestimmte Dienstleistung u.s.w.). Die Herstellung der erwähnten Produkte oder die angebotenen Dienstleistungen werden durch entspre-

201 vgl. Jermakowicz 1985
202 allerdings nicht im Sinne des wirtschafts- politischen Zentrums!
203 Jermakowicz 1985, S.10

chende Information (Preisparameter) entweder unterstützt oder begrenzt."[204] Ein Instrument der unmittelbaren Regulation ist etwa die Subventionierung eines unrentablen Unternehmens durch das Zentrum; Instrumente der mittelbaren Regulierung sind Steuern, Kredite, Zinssätze; sie bilden den Rahmen, innerhalb dessen der Betrieb eigene Entscheidungen trifft.

Real existierende Wirtschaftssysteme enthalten Elemente aller drei dargestellten Regulationsmechanismen; sie unterscheiden sich durch das Mischungsverhältnis, in dem diese Regulationsmechanismen in ihnen vorkommen. Für die Untersuchung der Dynamik der Wirtschaftssysteme Polens und der DDR spielt die Marktregulation keine signifikante Rolle; lediglich der Schwarzmarkt ist ein sich selbstregulierendes Element ihrer Wirtschaftssysteme.[205] Die Wirtschaftssysteme des sowjetischen Typs sind wesentlich Kombinationen aus der mittelbaren und der unmittelbaren zentralen Regulation.

7.b.) Der Krisenzyklus der bürokratischen Planwirtschaft - ein Modell der Entwicklungsdynamik sozialistischer Wirtschaftssysteme

Der Planungsprozeß im direktiven Lenkungssystem

Ausgangspunkt einer Untersuchung der Dynamik sozialistischer Wirtschaftssysteme ist das für die erste Hälfte der fünfziger Jahre charakteristische direktive Lenkungssystem. Eine Darstellung des Planungsprozesses in diesem Systemtyp ist der erste Schritt zum Verständnis seiner weiteren Entwicklung:

Der **Planungsprozeß** beginnt mit der Zielvorgabe durch die politische Führung (das Politbüro), die auch das Zentrum der grundlegenden wirtschaftspolitischen Entscheidungen ist. Als „Hauptprinzip", das der Entscheidung der politischen Führung über die Planziele zugrunde liegt, bezeichnet Brus die Erzielung einer maximalen wirtschaftlichen Wachstumsrate. Gemäß diesem Prinzip erfolgt die Bestimmung der „wichtigsten Kettenglieder (d.h. der als vorrangig anerkannten Ziele)"[206] und die daraus sich ergebende Aufteilung des im Planzeitraum zu erwirtschaftenden Nationaleinkommens durch die Festlegung der Akkumulations- und der Konsumtionsrate.

Anhand dieser Vorgaben erarbeitet die Staatliche Plankommission als oberstes staatliches Wirtschaftsorgan einen ersten Entwurf des zentralen Volkswirtschaftsplans, das sogenannte Planprojekt. Das Planprojekt geht nun, erstmals in verschiedene Aufgabenbereiche „aufgeschlüsselt", an mittlere Planungsorgane; diese schlüsseln die ihrem Verantwortungsbereich übertragenen Aufgaben erneut auf und geben sie an ihnen unterstellte Planbehörden weiter. Der Prozeß der Aufschlüsselung der

---

204 ebenda. S.11

205 Diese Aussage bezieht sich auf binnenwirtschaftliche Prozesse: außenwirtschaftliche Beziehungen zu kapitalistischen Ländern unterliegen den Marktgesetzen.

206 Brus 1972, S.105

Planaufgaben setzt sich über die ganze, mehrfach gestufte Planungshierarchie bis zu den einzelnen Betrieben fort, die detaillierte Anweisungen über das von ihnen zu produzierende Warensortiment und die hierfür einzusetzenden Faktoreinsatzmengen erhalten: „Gesamtvolumen der Produktion, ihre Struktur, Zeitsequenz usw. Daher dürfen die 'unteren' Instanzen weder mit den ihnen zugeteilten Mitteln selbstständig disponieren - noch sie für andere Zwecke verwenden (was nicht heißt, daß die Plandisziplin immer eingehalten wird). Man kann also sagen, daß die ökonomische Wahl im wesentlichen auf zentraler Ebene getroffen wird - sowohl hinsichtlich der Produktionsziele als auch der Produktionsmethoden."[207]

Allerdings gelten die „Produktionsbefehle" des Planprojekts an die Betriebe zunächst nur als Orientierungsdaten. Anhand dieser Daten erarbeiten die Betriebe einen betrieblichen Planentwurf, der die vorgegebenen Orientierungsdaten mit den betrieblichen Leistungsmöglichkeiten abstimmt. Der betriebliche Planentwurf, der in der Regel von den vorgegebenen Orientierungsdaten „nach unten" abweicht, muß vom Betriebsdirektor bei der ihm übergeordneten Planbehörde „verteidigt" werden.

Die betrieblichen Planentwürfe werden von den den Betrieben übergeordneten Planbehörden gesammelt und zu Teilplänen des Volkswirtschaftsplanes koordiniert; die koordinierten Teilpläne werden wiederum von übergeordneten Instanzen gesammelt und koordiniert. Dieser Prozeß wiederholt sich auf allen Hierarchieebenen der Planungsbürokratie. Die Staatliche Plankommission als oberste Planungsinstanz korrigiert die ihr übergebenen Teilpläne und koordiniert sie zum „Volkswirtschaftsplan". Nachdem die Parteiführung zugestimmt hat, verabschiedet das Parlament den Volkswirtschaftsplan als Gesetz.

Nachdem die Planungsphase abgeschlossen ist, erhalten die Betriebe zu Beginn der **Planrealisationsphase** ihre „endgültigen" Planauflagen[208], zu deren Erfüllung sie gesetzlich verpflichtet sind. Die für die Produktion vorgesehenen Rohstoff- sowie Materialmengen und Investitionsmittel werden den Betrieben zugeteilt; ebenso ist die Anzahl der zu beschäftigenden Arbeitskräfte festgelegt. Die produzierten Güter werden von den Betrieben nicht selbstständig abgesetzt, sondern an übergeordnete Instanzen abgeliefert; ebensowenig können die Betriebe über eventuell erwirtschafteten Gewinn verfügen.

Die zentrale Planung und Leitung der Wirtschaftsprozesse in dem dargestellten Grundmodell der direktiven Wirtschaftslenkung ist primär eine Planung in naturalen Einheiten mittels der „Bilanzierung". Diese soll die innere Konsistenz des Volkswirtschaftsplans sichern; aufgrund der Interdependenz aller Teilpläne ist es nötig, „alle Güter nach Art und Menge in den Planbilanzen zu erfassen, wenn ein gesamt-

207 Brus, S.107

208 daß diese nur „vorläufigen" Charakter besitzen, zeigen die weiteren Ausführungen über die Funktionsweise der zentralen Planwirtschaft

wirtschaftlicher Rechnungszusammenhang herbeigeführt werden soll."[209] Sind die einzelnen Teilpläne nicht aufeinander abgestimmt, hat dies schwerwiegende Auswirkungen auf die Realisierung des Gesamtplanes; Gleichgewichtsstörungen in Form von Materialmangel, Lieferschwierigkeiten, Produktionsrückständen u.s.w. sind die Folge.

In der „Bilanzierung" wird der geplante Bedarf eines Gutes seinem Aufkommen gegenübergestellt und die Differenz zwischen beiden Größen ergibt das Produktionssoll. Soll die innere Stimmigkeit des Volkswirtschaftsplanes gewährleistet sein, dann müßte aufgrund der Interdependenz aller Teilplanbilanzen für jede Güterart eine eigene Planbilanz erstellt werden und alle Bilanzen aufeinander abgestimmt sein. Dies ist jedoch bei einer Gesamtmenge von mehreren Millionen Einzelgütern nicht möglich. Tatsächlich wurden z.B. in der DDR nur einige tausend naturale Bilanzen erstellt und die Bilanzierung in naturalen Einheiten durch monetäre Planung und Bilanzierung unterstützt, wobei alle monetären Größen (Kosten, Preise, Löhne, Kredite, Zinsen, Devisenkurse u.s.w.) staatlich festgesetzt wurden.[210]

Eine differenzierte Industriegesellschaft mit Millionen von Produzenten und Güterarten benötigt ein universales Tauschmittel in Form von Geld; der diesem Prinzip widersprechende Vorrang der naturalen Planung und Bilanzierung in der zentralen Planwirtschaft hat seinen Grund darin, daß die Rechnung in naturalen Größen eine weit stärkere Kontrolle der Gesamtwirtschaft durch ein Zentrum ermöglicht als die Rechnung in monetären Größen. Die zentrale Zuteilung von quantitativen Größen an die Betriebe und die Verpflichtung zur Herstellung einer quantitativ festgelegten Menge von genau definierten Gütern mithilfe einer quantitativ festgelegten Anzahl von Produktionsfaktoren engt den Entscheidungsspielraum der Betriebe stark ein.

Das Kontroll- und Motivationssystem in der zentralen Planwirtschaft

Die einem marktwirtschaftlichen System dezentraler Planung eigene Kontrollfunktion von Angebot-Nachfrage, Konkurrenz, Preis und Profit wird in der zentralen Planwirtschaft durch ein **System administrativer Kontrolle** ersetzt. Als **Kontrollorgan** fungiert der bürokratisch organisierte **Wirtschaftsapparat**.. Das **Kontrollkriterium**, anhand dessen die Leistungen der Wirtschaftsbürokratien und der Betriebe gemessen werden, ist die „**Planerfüllung**". Die Planerfüllung wird anhand eines Meßinstrumentariums, den zentral vorgegebenen „Planauflagen" oder „**Plankennziffern**" überprüft. Unterschieden werden eine „Hauptkennziffer" und mehrere „Nebenkennziffern". In dem beschriebenen direktiven System ist die Hauptkennziffer die „Bruttoproduktion": die Planerfüllung wird mittels dieser Kennziffer etwa in Stückzahl, Tonnen, m^2 u.s.w. gemessen. Nebenkennziffern sind z.B. Arbeitsproduktivität, Faktoreinsatz, Gewinn.

209 Hensel 1973, S.123
210 vgl. Leipold 1988, S.212f

Die **Motivierung** wirtschaftlicher Leistung und Leistungssteigerung soll durch die **Kombination von Planerfüllung und Prämiensystem** gesichert werden. Prämien sind zusätzliche Leistungen, die über den festgelegten Lohn hinaus gewährt werden. Es handelt sich dabei um öffentliche Auszeichnungen („Held der sozialistischen Arbeit"), soziale Vorteile (bevorzugte Zuweisung eines Studienplatzes für die Kinder oder eines Urlaubsplatzes bzw. zusätzlichen Urlaub) und als wichtigste Art finanzielle Prämien. Der dem „Prämienfonds" eines Betriebes „von oben" zugeteilte Betrag richtet sich nach dem Grad der Planerfüllung bzw. Planübererfüllung, wobei die Höhe der Prämienzahlung entscheidend von der Höhe der Erfüllung bzw. Übererfüllung der Hauptkennziffer „Bruttoproduktion" abhängig ist.

Die ökonomische Eigenlogik der zentralen Planwirtschaft und die ihr innewohnenden Interessenwidersprüche

Als grundlegende Strukturmerkmale des Systems der zentralen Planung lassen sich bezeichnen: das staatliche Eigentum an den Produktionsmitteln, die bürokratisch organisierte Planung und Leitung der Wirtschaft sowie die Kombination von zentralen Planauflagen, dem Planerfüllungsprinzip und dem Prämienprinzip.

Im folgenden wird nun nach der aus dieser Struktur sich entwickelnden Dynamik der wirtschaftlichen Prozesse gefragt. Welche wirtschaftliche „Eigenlogik" ist dieser Struktur immanent und welche „Verhaltensanweisungen" ergeben sich daraus für die wirtschaftenden Subjekte, zu welchen wirtschaftlichen Ergebnissen führen diese „Verhaltensanweisungen"?

Die zu erläuternde These lautet: die der Kombination von zentralen Planauflagen, dem Prinzp der Planerfüllung und dem Prämienprinzip innewohnende ökonomische Logik führt zu Interessenwidersprüchen innerhalb der Planungsbürokratie sowie zwischen dieser Bürokratie und den Betrieben; diese Interessenwidersprüche führen zu gesamtwirtschaftlich negativen Folgen.

Zur Verdeutlichung dieser These seien nochmals die den Planauflagen und den Prämien zugedachten Funktionen innerhalb des beschriebenen Wirtschaftssystems genannt: zunächst ist es die Funktion der Planauflagen, die Betriebe zu Leistungssteigerungen zu veranlassen und so die Güterknappheit durch ein hohes Wachstum der Volkswirtschaft zu vermindern. Die Funktion der Prämien ist es, den Betrieben (materielle) Leistungsanreize zu bieten; sodann sollen die Prämienregelungen als Orientierungsbasis für betriebliche Entscheidungen dienen; schließlich sollen sie die Vermittlung zwischen betrieblichen Entscheidungen und den Erfordernissen der Gesamtwirtschaft herstellen.

Die Erfolgsstrategie der politischen Führung und der zentralen Planungsbürokratie zur Realisierung ihres Interesses an wirtschaftlichem Wachstum ist die Durchsetzung „harter" Planauflagen: die zentralen Planauflagen fordern eine Erhöhung der betrieblichen Gesamtleistung in Planperiode II gegenüber der vorhergehenden Planperiode I. Die „Wachstumspolitik“ der politischen Führung, so scheint es zumindest, vertritt das gesamtgesellschaftliche Interesse an der Knappheitsminderung wirtschaftlicher Güter.

Die Erfolgsstrategie der Betriebe zur Durchsetzung ihres Interesses an der Maximierung der ihnen zukommenden Prämien ist die Planerfüllung bzw. Übererfüllung.

Es scheint also zunächst eine Interessenidentität zwischen den zentralen Planungsorganen und den Betrieben an einer maximalen Planerfüllung zu bestehen. Der tatsächliche Interessenwiderspruch ergibt sich aus folgendem Sachverhalt: die Höhe des betrieblichen Prämienfonds ist abhängig vom Grad der Erfüllung der vorgegebenen Kennziffern. Der betriebliche Erfolg mißt sich primär nicht am Absatz der produzierten Güter oder der Höhe des erzielten Gewinnes, sondern an der Differenz zwischen tatsächlicher Produktionsleistung und vorgegebenem Produktionssoll.

Der Interessenwiderspruch zwischen zentraler Planungsbürokratie und Betrieben betrifft den „Charakter“ der Pläne; gegenüber den von der zentralen Bürokratie favorisierten „harten“ Planauflagen streben die Betriebe nach „weichen“ Auflagen, d.h. nach einem niedrigen Plansoll bei hoher Zuteilung von Produktionsfaktoren und Investitionsmitteln.

Für die Betriebe ergibt sich aufgrund des Informationsvorsprungs über ihre eigenen Leistungsmöglichkeiten die Chance, gegenüber dem Planzentrum die eigenen Präferenzen zumindest teilweise durchzusetzen. Hierzu bemerkt Brus:“... nicht alle Kennziffern, die den Betrieb in Gestalt von Direktiven erreichen, können aufgrund von Daten zustande kommen, die der Zentralbehörde bekannt sind: dafür ist die Zahl der Kennziffern zu groß, ebenso die Zahl der Planobjekte... Einige der imperativ übermittelten Kennziffern stützen sich daher auf Vorschläge der Unternehmen und sind mehr oder weniger aufgrund ihrer eigenen Präferenzskala... erarbeitet worden.“[211]

Zur Durchsetzung von „weichen“ Planauflagen greifen die Betriebe zu folgenden Verhaltensweisen:

a.) Verbergen von betrieblichen Leistungsreserven.

b.) Überbewertung der Produktionskosten zwecks Zuteilung erhöhter Faktoreinsatzmengen.

c.) Eine nur „mäßige“ Planübererfüllung selbst dann, wenn die tatsächliche Leistungskapazität des Betriebes eine höhere Übererfüllung möglich macht. Der Grund für dieses Verhalten liegt darin, daß der erreichte „Ist-Wert“ der Produktion in Planperiode I die Basis für die Festlegung der „von oben“ geforderten Leistungssteigerung in Planperiode II ist; durch das betriebliche Verhalten soll also ein zu starker Anstieg der Planauflagen vermieden werden.

---

211 Brus 1972, S.128f

d.) Konzentrierung der betrieblichen Anstrengungen auf die Erfüllung und Übererfüllung der Hauptkennziffer (Bruttoproduktion) bei gleichzeitiger Vernachlässigung der Anstrengungen zur Erfüllung der Nebenkennziffern (z.B. „Rentabilität"), die für die Höhe der Prämienzahlungen nicht entscheidend sind. Brus bemerkt hierzu: „ Zwar ist der Rentabilitätskalkül nicht ohne Belang... aber er hat eine nachgeordnete Funktion und kommt eigentlich nur dann zum Vorschein, wenn eine getroffene Entscheidung unter dem Gesichtspunkt der Rentabilität nicht mit dem wesentlichen - quantitativen - Kriterium der Realisierung der Planaufgaben kollidiert."[212]

Hensel schildert anschaulich „einige Beispiele der betrieblichen Erfolgs- und Planerfüllungsstrategie, wie sie unter dem Vorzeichen der Hauptkennziffer Bruttoproduktion betrieben wurde: lautet die Auflage in Tonnen Drehbänke, Töpfen oder dergleichen, dann tendieren die Betriebe dazu, möglichst schwere und entsprechend wenige Drehbänke, Töpfe u.s.w. herzustellen. In solchen Fällen wird also die Planerfüllung bewerkstelligt durch technisch unnötigen und wirtschaftlich unsinnig großen Materialaufwand - ein Verhalten, daß in den sozialistischen Ländern als Tonnenideologie gebrandmarkt wurde. - Lautet die Auflage in Mark, wird man vorzugsweise Produkte mit niedrigeren Preisen den Angaben zugrunde legen, während bei der Plandurchführung Güter mit hohen Preisen produziert werden."[213]

Es ist wichtig, darauf hinzuweisen, daß die geschilderten Verhaltensweisen der Betriebe vom betrieblichen Interessenstandpunkt aus gesehen - dem Interesse an hohen Prämienzahlungen - durchaus rational sind; das System von Plananweisung - Planerfüllung - Prämienzahlung enthält für die Betriebe „Verhaltensanweisungen" zu Materialverschwendung, Qualitätsminderung, zur Herstellung von Produkten, die unter Umständen keinen Gebrauchswert besitzen. Die Folge der Produktion gemäß dem „Plansoll" unter Ausschaltung des Erfolgskriteriums „Absatz der produzierten Waren" führt zu Versorgungsmängeln an nachgefragten Gütern bei gleichzeitiger Lagerbildung nicht benötigter Güter.

Neben den Auswirkungen des Systems der Kombination von Planauflagen - Planerfüllung - Prämien auf das Verhalten der Betriebe ist noch auf die daraus entstehenden „Verhaltensanweisungen" für die zwischen Planzentrale und Betrieb stehende mittlere Planungsbürokratie einzugehen.[214] Das Verhalten dieser Gruppe ist durch einen „Interessenzwiespalt" geprägt: einerseits ist die mittlere Planungsbürokratie für die Durchsetzung der zentralen Planauflagen innerhalb ihres Verantwortungsbereiches zuständig. Andererseits sind die Erhaltung und Sicherung der Position des einzelnen Planungsbürokraten sowie seine Aufstiegschancen davon abhängig, daß derjenige Teilplan, der unter seinen Zuständigkeitsbereich fällt, tatsächlich er-

212 Brus 1972, S.128
213 Hensel 1973, S.56
214 dazu: Hensel 1973, S.57f

füllt wird. Eine Plannichterfüllung haftet dem verantwortlichen „Planungschef" das Stigma eines „Versagers" an und birgt die Gefahr des „Abschiebens" auf einen unbedeutenden Posten in sich. Deshalb muß der Planungsbürokrat das Risiko einer Plannichterfüllung minimieren, d.h. er muß in seinem Bereich einen Plan durchsetzen, der leicht erfüllbar ist. Um den Anforderungen der Planzentrale sowie seinen eigenen Interessen gerecht zu werden, muß er in seinem eigenen Verantwortungsbereich „dosierten Leistungszwang"[215] ausüben, er muß ein solches Maß an Leistungssteigerung sichern, das die vorhandenen Leistungsreserven seines Bereiches - die bei auftretenden Störungen während der Planerfüllung zur Verfügung stehen müssen - nicht voll ausschöpft. Außerdem muß er mit den „Planungschefs" anderer Verantwortungsbereiche in einen Konkurrenzkampf um die knappen „von oben" verteilten Produktionsfaktoren treten; je mehr Produktionsfaktoren er seinem Bereich sichern kann, desto sicherer kann „sein" Plan erfüllt werden. Die Konkurrenz und Rangelei innerhalb der Planungsbürokratien sowie zwischen ihnen und den Betrieben um die Zuweisung von Arbeitskräften, Rohstoffen, Halbfabrikaten und Maschinen wird allgemein als „Bargaining" bezeichnet.

Der Krisenzyklus der bürokratischen Planwirtschaft

Der Vorrang des Produktionsgütersektors als 'natürliche Tendenz' eines Wirtschaftssystems zentraler Planung und Leitung

Als das Entscheidungsprinzip einer bürokratischen Planwirtschaft[216] läßt sich die Zentralisierung aller ökonomischen Entscheidungen bezeichnen. Dementsprechend wird die bürokratische Planwirtschaft auch „Kommandowirtschaft" genannt. Bedeutet dies nun, daß die politische Führung autonom handeln kann, daß sie aus freiem Willen die wirtschaftliche Entwicklung gemäß den von ihr definierten „gesellschaftlichen Bedürfnissen" festlegen kann?

Trotz der scheinbaren Allmächtigkeit des Politbüros war in sozialistischen Staaten eine ungewollt auftretende zyklische Wirtschaftsentwicklung zu beobachten. Die Entwicklung war geprägt von Investitionszyklen[217], die György Markus folgendermaßen beschreibt: die erste Entwicklungsperiode beginnt mit hohen Investitionen im primären Wirtschaftssektor (Produktionsmittelindustrie), besonders in der Schwerindustrie. Damit einhergehend sind eine allgemeine Überbeanspruchung aller Ressourcen und schwere wirtschaftliche Gleichgewichtsstörungen verbunden, die im allgemeinen Niedergang der Produktion und Versorgungsmängeln bei Konsumgütern enden.

---

215 ebenda. S.58

216 Die Begriffe „zentrale Planwirtschaft" und „bürokratische Planwirtschaft" werden synonym gebraucht. Hier soll der bürokratische Charakter dieses Wirtschaftssystems besonders hervorgehoben werden

217 für die DDR gilt dies nur bis 1971; zur Wirtschaftsentwicklung in der DDR siehe unten S.151ff

Die zweite Periode beginnt mit einer „Korrektur" der bisherigen Wirtschaftspolitik: die Investitionsrate wird gekürzt und Investitionen zulasten der Schwerindustrie in den sekundären Sektor (Konsumgüterindustrie) und in die Landwirtschaft umgeleitet. Die wirtschaftlichen Gleichgewichtsstörungen vermindern sich und die Versorgungssituation bessert sich. Aber innerhalb kurzer Zeit setzt erneut eine Konzentrierung der Investitionen auf die Schwerindustrie ein und der Zyklus wiederholt sich.[218]

Andreas Hoesli hat im Anschluß an Forschungen osteuropäischer Wirtschaftswissenschaftler[219] in einer Untersuchung über Polen den Zusammenhang zwischen der bürokratischen Organisation der Wirtschaft und der zyklischen Wirtschaftsentwicklung dargestellt.[220] Die Gültigkeit seiner grundlegenden Aussagen beschränkt Hoesli nicht auf die polnische Entwicklung, sondern versteht sie als eine „allgemeine Wirtschafts-Theorie" oder ein „Entwicklungsmodell" der bürokratischen Planwirtschaft, das im folgenden vorgestellt wird:

Die bürokratische Planung und Leitung der Wirtschaftsprozesse führt zu den oben beschriebenen innerbürokratischen Interessenwidersprüchen und Konkurrenzkämpfen um wirtschaftliche Mittel („Bargaining");von diesen Widersprüchen wird der gesamte Wirtschaftsprozeß beherrscht.

Die zentrale Planung und Leitung der Wirtschaft kann in eine „Planungs-" und in eine „Planrealisationsphase" unterteilt werden. In der **Planungsphase** beeinflußt das „Bargaining" die Planinhalte folgendermaßen: das zu Beginn der Planungsphase von der Planzentrale erstellte Planprojekt enthält die grundlegenden Planungsentscheide, vor allem die Festlegung der Wachstumsrate des Sozialprodukts, dessen Aufteilung in Akkumulation und Konsumtion und die Entwicklung der einzelnen Wirtschaftssektoren. Nachdem das Planprojekt aufgeschlüsselt wurde, beginnt das „Bargaining" mit der Erstellung der Gegenpläne durch die Betriebe und die mittlere Planungsbürokratie. Der schließlich verabschiedete Volkswirtschaftsplan ist das Resultat des innerbürokratischen Interessenkonflikts: die in die „endgültige" Planung eingegangenen - sich widersprechenden - Forderungen der Interessengruppen haben die innere Konsistenz des Planes zerstört, die einzelnen Teilpläne werden aufgrund des Termindrucks zur Fertigstellung des Volkswirtschaftsplans nicht aufeinander abgestimmt. Hoesli beschreibt den „Charakter der Planung" folgendermaßen: der „Planungsprozeß ist beherrscht durch die Interessengegensätze innerhalb der Bürokratie. Es gibt keinen Mechanismus, der zur Integration dieser Interessen auf zentraler Ebene und dadurch zu einer Integration der Wirtschaftsplanung führt. Als Folge

218 Markus. S.240-257
219 siehe dazu Olsienkiewicz 1969
220 Hoesli 1989

davon werden die grundlegenden Planentscheide laufend in Frage gestellt und damit der notwendige innere Zusammenhang der ökonomischen Planung zerstört."[221]

Der innerbürokratische Interessenwiderspruch führt also zur Desintegration der Planung. Dieser Entwicklung muß das bürokratische Zentrum entgegentreten; es muß den „gesamtgesellschaftlichen Standpunkt" gegenüber den Gruppeninteressen zum Ausdruck bringen. Hoesli betont, daß das Planzentrum keine Möglichkeit zur Integration der sich widersprechenden Gruppeninteressen hat; deshalb setzt sich „der 'gesamtgesellschaftliche Standpunkt' an der Spitze nur wieder als Fortsetzung besonderer bürokratischer Interessen" durch.[222]

Das „besondere bürokratische Interesse" des Planzentrums ist die Bindung der auseinanderstrebenden Interessen der einzelnen Bürokratiegruppen an das Zentrum. Dessen Planungsentscheide nun „zeigen eine charakteristische Ausrichtung in der Aufteilung des Sozialprodukts: eine Ausrichtung auf die Akkumulation". Das „Akkumulationsinteresse" des Zentrums hat seinen Grund darin, daß dieses seine besonderen Interessen nur durch Allianzen mit bestimmten bürokratischen Interessengruppen durchsetzen kann; die wichtigste Allianz ist dabei diejenige des Zentrums mit dem Produktionsgütersektor.

Hoesli betont die „Notwendigkeit" dieser Allianz in einer bürokratischen Planwirtschaft; denn der Produktionsgütersektor ist der „Schlüsselsektor für die Kontrolle der gesamtwirtschaftlichen Entwicklung und für die Bindung" der „auseinanderstrebenden Interessengruppen an das Zentrum." Denn die Produktion von Produktionsmitteln vergrößert den Wert des Nationalvermögens, über den das bürokratische Zentrum direkt verfügen kann. Die Verfügungsgewalt über die Produktionsmittel kann vom Planzentrum als Machtinstrument gebraucht werden; es kann ausgewählte Branchen durch eine privilegierte Zuteilung von Produktionsmitteln bevorzugen und sich auf diese Weise Unterstützung erkaufen.

Nachdem die Auswirkungen des „Bargaining" auf die Wirtschaftsplanung dargestellt wurden, ist jetzt auf die **Planrealisationsphase** einzugehen: die innerbürokratischen Interessenkonflikte haben dazu geführt, daß der Volkswirtschaftsplan nicht bilanziert ist, d.h. keine genügende Abstimmung der Teilpläne aufeinander besteht. Die Konflikte und die 'Rangelei' um wirtschaftliche Mittel, besonders um Investitionsmittel, zwischen den Interessengruppen setzen sich auch nach der Verabschiedung des Volkswirtschaftsplanes fort.[223] Die Betriebe versuchen gegenüber der ihnen übergeordneten Planungsinstanz glaubhaft zu machen, daß sie die ihnen gestellten Planaufgaben nur erfüllen können, wenn sie zusätzliche, außerplanmäßige Fak-

---

221 ebenda, S.64

222 ebenda, S.65

223 Der Volkswirtschaftsplan ist nicht mit den „Gegenplänen" der mittleren Planungsbürokratie und der Betriebe identisch; die Planzentrale hat die „Gegenpläne" „nach oben" korrigiert. Die Planrealisation verläuft nicht störungsfrei und die Störungen bilden die Legitimationsgrundlage für neue Forderungen der Planungsbürokratien nach zusätzlichen Mitteln.

toreinsatzmengen, besonders zusätzliche Investitionsmittel, erhalten. Die übergeordnete Instanz kann die Angemessenheit der betrieblichen Forderungen nicht objektiv prüfen; sie ist auf die Informationen des Betriebes angewiesen. Als Folge davon verschiebt sich die Aufteilung des Sozialprodukts „nachträglich" immer mehr zu Gunsten der Akkumulation; es entsteht eine „permanente Tendenz zur Überakkumulation". Denn der „'Vorrang der Produkionsgüterindustrie ist notwendige Voraussetzung, um den zusätzlichen Bedarf nach Investitionsgütern befriedigen zu können."[224]

- *Die Wirtschaftslenkung mittels ständiger zentraler Intervention*

Die eigentliche Funktion der Planung - die Organisierung der gesellschaftlichen Arbeitsteilung im voraus zur Realisierung wirtschaftspolitischer Entscheidungen - wird durch die den Planungsprozeß beherrschenden bürokratischen Interessenwidersprüche zerstört. Die Interessenwidersprüche verhindern eine innere Bilanzierung des Plans auf zentraler Ebene und führen zur andauernden Veränderung der Plangrößen unter dem Druck des „Bargaining". Die Entscheide des Zentrums sind von Voluntarismus und Subjektivismus geprägt, da auf zentraler Ebene kein „objektiver Mechanismus des bürokratischen Interessenausgleichs" gefunden werden kann. Die fehlende innere Übereinstimmung des zentralen Plans führt zu einer Kettenreaktion. Produktionsstörungen in Form von Ersatzteilmangel, Energiemangel, fehlender Infrastruktur sind die Folgen. Dadurch wird das Wirtschaftszentrum zur ständigen zentralen Intervention in die Wirtschaftsprozesse gezwungen. Jede Intervention desintegriert die Planung noch stärker und muß zu erneuten zentralen Interventionen führen.

Die Desintegration der Planung wird durch die „mobilisierende" Planung des Zentrums in Form „harter" Planauflagen verstärkt. Die Ersetzung des ökonomischen Antriebs durch harte Planauflagen verhindert eine „vorausschauende" Planung und zerstört das wirtschaftliche Gleichgewicht. Hoesli zitiert hierzu einen Fall aus Polen in den siebziger Jahren: „Beispielsweise bestimmte man im Planprojekt der gegenwärtigen Fünfjahresperiode eine Kennziffer der jährlichen Senkung der Produktionskosten im Bereich von drei bis vier Prozent. In der Praxis erreichte man - wie aus einem Interview mit Finanzminister Kisiel hervorgeht - eine Senkung in der Größenordnung von 0,2 bis 0,3 Prozent. Diese prozentmäßigen Unterschiede bedeuten u.a. Rohstoffe für Milliarden von Zloty, welche für die Aufrechterhaltung des materiellen Gleichgewichts fehlten."[225]

Die mobilisierende Planung steuert das Verhalten der Betriebe in folgender Weise: die Betriebe konzentrieren sich auf die Erfüllung einiger weniger Plankennziffern, und zwar derjenigen, die für die Höhe der Prämienzahlungen maßgebend sind.

224 Hoesli 1989, S.90
225 ebenda.S.79

Die Nichterfüllung der anderen Planziffern führt zur erneuten Störung des wirtschaftlichen Gleichgewichts und folgenden zentralen Interventionen. Die Strategie der Betriebe führt also zur Ausarbeitung eigener „informeller" Pläne, die dem zentralen Plan widersprechen.

Die fortlaufende zentrale Intervention „führt im Endeffekt zu einem widersprüchlichen Resultat: einerseits zur *Dezentralisierung* wirtschaftlicher Entscheidungsprozesse, indem die Wirtschaftseinheiten gegenüber den zentralen Plananweisungen informelle Anpassungsstrategien entwickeln, welche die zentralen Planentscheidungen in Frage stellen, andererseits zu einer fortlaufenden Neu-Zentralisierung durch Intervention des bürokratischen Zentrums mit Hilfe des direktiven Plansystems (neue Anweisungen in Form direktiver Kennziffern)."[226]

- *Der Krisenmechanismus*

Hoesli definiert eine Krise in der bürokratischen Planwirtschaft als „Produktionskrise" im Gegensatz zur „Verwertungskrise" einer kapitalistischen Marktwirtschaft.[227] Die Produktionskrise ist die Folge der aufgrund des Vorrangs des Produktionsgütersektors auftretenden gesamtwirtschaftlichen Gleichgewichtsstörungen. Die Konzentration der ökonomischen Mittel auf die Entwicklung des Produktionsgütersektors führt zu Engpässen in der Versorgung der Industrie mit Ersatzteilen und Zwischenprodukten, zum Zurückbleiben der ökonomischen Infrastruktur, ungenügender Energie- und Rohstoffversorgung sowie Mangel an Konsumgütern. Die Folge der ungleichmäßigen Entwicklung sind Produktionsstockungen und -stillstände sowie das Entstehen von „Investruinen".

Verstärkt wird die krisenhafte Entwicklung durch den technologischen Konservatismus der Bürokratie. Für die Wirtschaftsfunktionäre ist die Planerfüllung durch die Ausdehnung der Produktion auf dem gegebenen technologischen Niveau einer mit unwägbaren Risiken verbundenen Einführung neuer Technologien vorzuziehen. Der technologische Konservatismus der Bürokratie ist der Grund für das extensive Wachstum der sozialistischen Volkswirtschaften. Das Versiegen der extensiven Wachstumsquellen wird unter diesen Voraussetzungen zu einem der Hauptfaktoren der Krise der bürokratischen Planwirtschaft.

Um die auftretenden Schwierigkeiten in den Griff zu bekommen, greift das bürokratische Zentrum zum Mittel der zentralen Intervention als Krisenlösungsstrategie. Um das wirtschaftliche Ungleichgewicht zu mildern, wird zuerst die Akkumulationsrate gesenkt um freiwerdende wirtschaftliche Mittel an die „neuralgischen" Punkte, an denen die Produktion stockt, zu verschieben. Ein weiterer Bereich, aus dem das Zentrum Mittel zur Krisenüberwindung abschöpft, ist der Konsumgütersektor, denn „dort ist der Zugriff des Zentrums vom Gesichtspunkt der Allianzen mit den büro-

---

226 ebenda. S.81
227 ebenda. S.96

kratischen Interessengruppen am leichtesten möglich, weil diese Interessengruppen nicht direkt betroffen sind: über Preiserhöhungen und andere Formen der Geldabschöpfung (zum Beispiel Zwangsanleihen, versteckte Preiserhöhungen, durch Substitution bestimmter Güter durch teurere usw.) werden die Kosten der Krise durch eine Herabsetzung des Lebensniveaus auf die Gesellschaft abgewälzt."[228] Gleichzeitig wird die den Konsumenten verfügbare Geldmenge an das mangelhafte Konsumgüterangebot angepaßt.

Inwieweit es dem bürokratischen Zentrum möglich ist, die Krise auf Kosten des Konsumniveaus der Bevölkerung zu lösen, hängt vom „gesellschaftlichen Kräfteverhältnis" ab; da die politische Führung als Organisator der Wirtschaft direkt von der Bevölkerung für die wirtschaftlichen Schwierigkeiten verantwortlich gemacht wird, kann die Wirtschaftskrise schnell in eine politische Krise, die das politische Herrschaftsmonopol der Führung gefährdet, umschlagen.

Um eine politische Krise zu verhindern oder zu beenden, muß die Führung „wirtschaftliche Reformen" durchführen und zu einer Politik der Förderung des Konsumgütersektors übergehen. Die Wirtschaftsreformen beinhalten eine stärkere Berücksichtigung „verhaltensinduzierender" Instrumente der Wirtschafslenkung. Durch eine Stärkung der den gesamtwirtschaftlichen Standpunkt vertretenden „funk-tionalen" Ministerien (etwa des Finanzministeriums) gegenüber den partikularistische Interessen vertretenden Branchenministerien sollen die negativen Auswirkungen des „Bargaining" verhindert werden. Um eine Übereinstimmung zwischen betrieblichen und gesamtgesellschaftlichen Interessen zu erzielen, wird die Anzahl der direktiven (naturalen) Kennziffern gesenkt; „synthetische" Kennziffern wie „Gewinn" oder „Arbeitsproduktivität" erhalten gegenüber der Kennziffer „Bruttoproduktion" die entscheidende Rolle für die Höhe der Prämienzahlungen; die Verantwortung für den Absatz seiner Güter wird an den einzelnen Betrieb übertragen. Der bürokratische Wirtschaftsapparat wird verkleinert.

Der „Vorrang der Konsumgüterproduktion" gegenüber der Produktionsmittelindustrie wird beendet, sobald die schlimmsten Gleichgewichtsstörungen überwunden sind und sich die politische Situation „beruhigt" hat. Das politische Zentrum beendet die „Reformphase" und kehrt wieder zu einer Wirtschaftspolitik des „Vorrangs der Schwerindustrie" zurück; denn nur diese Politik ermöglicht es dem Zentrum, die auseinanderstrebenden bürokratischen Interessen durch die Gewährung von Investitionsforderungen an sich zu binden. Die Bevorzugung der Schwerindustrie führt zu erneuten wirtschaftlichen Gleichgewichtsstörungen, die das Zentrum zur Intervention in den Wirtschaftsprozess zwingen. Die direktiven Kennziffern erhalten gegenüber den synthetischen wiederum die Oberhand, da nur sie den direkten Eingriff des Zentrums in den Wirtschaftsprozeß gewährleisten können. Die vermehrte zentrale Intervention führt zu einer neuerlichen Ausdehnung des wirtschaftlichen Apparates.

---

228 ebenda. S.103

Die Logik der bürokratischen Planwirtschaft führt somit zur Kurzlebigkeit aller Reformversuche und zum direktiven Lenkungssystem als Norm.

Im folgenden wird das dargestellte **Modell des Krisenmechanismus der zentralen Planwirtschaft** anhand der polnischen Wirtschaftsentwicklung auf seine Aussagefähigkeit hin überprüft.

8.) Vorläufiges „Modell IIa" der Entwicklung eines sowjetischen Satellitenstaates als politisch-ökonomischer Gesellschaft. Empirische Basis: die politisch-wirtschaftliche Entwicklung der Volksrepublik Polen

8.a.) Wirtschaftliche Krisen als Auslöser politischer Krisen - die Rückwirkung der Entwicklungsdynamik eines Wirtschaftssystems zentraler Planung auf das politische System in Polen

Die wirtschaftliche Entwicklung von 1950 bis 1970[229]

Innerhalb des Krisenzyklus der zentralen Planwirtschaft lassen sich zwei Phasen unterscheiden: die erste Phase ist durch die maximale Steigerung der Akkumulationsrate gekennzeichnet; der Produktionsgütersektor entwickelt sich auf Kosten der übrigen Wirtschaftsbereiche und des gesellschaftlichen und individuellen Konsums. In der zweiten Phase zeigen sich die Auswirkungen der Überakkumulation in Produktionsstörungen und -zusammenbrüchen; das Konsumgüterangebot sinkt drastisch.

In der Entwicklung der polnischen Wirtschaft von 1950 (Beginn des Sechsjahresplans) bis 1980 gibt es fünf Übergänge von der ersten in die zweite Phase des Krisenzyklus: 1953/54; 1962/63; 1968; 1974/75 und 1978.

Der Ausbruch der ersten Krise fällt in die Zeit des Sechsjahresplans(1950-55). Im Dreijahresplan von 1947-49 war eine gleichmäßige Steigerung der Produktion in allen Wirtschaftszweigen und die allgemeine Hebung des Lebensstandards vorgesehen; bereits 1948 wurde diese Zielsetzung geändert: die neue Strategie der forcierten Industrialisierung sah die ungleichmäßige Entwicklung der Wirtschaftssektoren vor. Die massive Steigerung der Investitionen in der Produktionsgüterindustrie sollte auf Kosten des Konsumgütersektors und der Landwirtschaft, mithin durch ein Stagnieren bzw. Fallen des Lebensstandards, finanziert werden. Der Sechsjahresplan sah eine beschleunigte Fortführung des schwerindustriellen Ausbaus vor. Die Mittel zur Realisierung dieser Zielsetzung wurden bereitgestellt durch 1.) niedrige Löhne, 2.) Zwangsablieferungen der Landwirtschaft und staatliche Aufkaufpreise, die weit unter den Marktpreisen lagen, 3.) die Steigerung der Sparquote durch ein Konsum-

229 zum folgenden: Hoesli 1989, von Thadden 1986, Markert 1959, Dobias 1986

güterangebot unter der Nachfrage, 4.) durch Zwangsanleihen, 5.) durch Preiserhöhungen für Konsumgüter.

Der Sechsjahresplan sah eine Steigerung des Jahresproduktionswertes gegenüber 1949 in der sozialistischen Industrie um 158,3% und in der Landwirtschaft um 50% vor. Die ursprünglichen Planziele wurden durch die „mobilisierende" Planungsstrategie des wirtschafts-politischen Zentrums erhöht; in vielen Industriezweigen sollten die Produktionsziele für 1953 bereits 1952 erfüllt werden. Die zusätzlichen Mittel für die höheren Planziele wurden auf Kosten des Konsumniveaus der Beschäftigten bereitgestellt: Im Januar 1953 verabschiedete die Regierung eine gesetzliche Neuregelung der Preise und Löhne; während die Preise für Lebensmittel um das Doppelte bis Dreifache erhöht wurden, stiegen die Löhne nur um 12-40%.

Die eingeschlagene Wirtschaftspolitik führte zu schwerwiegenden gesamtwirtschaftlichen Disproportionen und zum Übergang in die zweite Phase des planwirtschaftlichen Krisenzyklus in den Jahren 1953/54: „Die Entwicklung neuer Kapazitäten in der Produktionsmittelindustrie erforderte eine erhebliche Vergrößerung des Investitionsfonds; 1950 wurde dieser allein um 42% gegenüber 1949 erhöht und 1953 hatten die gesamten Investitionen einen Jahresbetrag erreicht, der um 112% über dem von 1949 lag. In den ersten vier Jahren (des Sechsjahresplans, H.R.) wurde demnach das 2,8-fache der während des Dreijahresplanes eingesetzten Mittel investiert. Solch große Investitionsanstrengungen waren jedoch nur durch starke Beschneidung des Konsumtionsfonds möglich; 1953 erreichte der Anteil der Kapitalakkumulationen am 'Netto-Nationaleinkommen' eine Spitze von 27,3%. Die solchermaßen auf Kosten der Lebenshaltung der Bevölkerung aufgebrachten Mittel wurden in erster Linie der Industrie und dem Industriebau zugeteilt, die von 1950 bis 1953 insgesamt die Hälfte aller zentralisierten Investitionen erhielten."[230] Der Konkurrenzkampf zwischen einzelnen Betrieben und Branchen um zusätzliche außerplanmäßige Investitionsmittel sowie deren unterschiedliche Machtpositionen zeigen sich in folgenden Zahlen: „Soweit Planziffern für diese Jahre bekannt wurden, lagen die tatsächlich der industriellen Wirtschaft gewährten Mittel durchweg über den Ansätzen der Pläne. Umgekehrt erreichten die den anderen Wirtschaftszweigen zugeteilten Investitionsmittel die von Jahr zu Jahr niedriger eingesetzen Plansummen nicht. Der Anteil der zentralisierten Investitionen, den die Land- und Forstwirtschaft erhielt, sank von (1950) 10,0% auf (1953) 8,3%."[231] Die Produktionsmittelindustrie sollte nach den Ansätzen des Sechsjahresplanes ca. 75% aller für die Industrie zentral vergebenen Investitionen erhalten, konnte ihren Anteil bis 1953 aber auf 87,3% erhöhen. Die vernachlässigte Landwirtschaft konnte bis 1953 lediglich eine Steigerung ihres Jahresproduktionswertes um 9,6% gegenüber 1949 erreichen; Polen

230 Markert 1959, S.397
231 ebenda

wurde von einem Agrarexport- zu einem -importland und mußte 1954 über eine Million Tonnen Getreide einführen.

Ein krasses Mißverhältnis bestand zwischen der Produktionssteigerung in den Fertigindustrien und dem damit verbundenen angewachsenen Energie- und Rohstoffbedarf und den Steigerungsraten in den Grundstoffindustrien. Rückstände in der Kohleproduktion, bei Eisenerzen und in der Elektroenergieerzeugung führten zu Produktionsstörungen, dem Entstehen von Investruinen und dem Verrotten von neuen Maschinen auf stillgelegten Baustellen.

Zum Abbau der entstandenen Krisensymptome leitete die Parteiführung 1954 den „Neuen Kurs" ein: Durch Planrevisionen sollten die gesamtwirtschaftlichen Disproportionen abgebaut und der Lebensstandard erhöht werden. Vorgesehen war eine Verringerung des Industrialisierungstempos und eine stärkere Berücksichtigung der Konsumgüterindustrie und der Landwirtschaft bei der Aufteilung der Investitionsmittel. Allerdings wurde der Kurswechsel nicht konsequent durchgeführt: Die Arbeiten an den begonnenen industriellen Großprojekten „Lenin-Hütte" in Nowa Huta und „Bierut-Hütte" in Tschenstochau, die ungeheure Mengen an Investitionsmitteln verschlangen, wurden weitergeführt. Eine Einstellung der Arbeiten hätte den Verlust der bisherigen bedeutenden Investitionen in diese Projekte gebracht.

Geringfügigen Planerhöhungen in einzelnen Sparten der Verbrauchsgüterindustrie stand die Herabsetzung der Mengenplanziele bei verschiedenen Konsumgütern gegenüber. Ebensowenig konnten, da die Kollektivierungspolitik weitergeführt wurde, in der Landwirtschaft größere Erfolge verbucht werden. Insgesamt konnten die schweren Disproportionen nur unbedeutend abgeschwächt werden. Eine entscheidende Erhöhung des Lebensstandards konnte nicht erreicht werden: Zwar waren die Reallöhne nach ihrem Fall in den Jahren 1951 bis 1953 im Jahr 1955 leicht angestiegen. Dieser Anstieg kam aber vor allem den Beziehern höherer Einkommen zugute, während die einkommensschwachen Bevölkerungskreise auch nach 1954 von Einkommensverlusten betroffen waren. Die Lebensmittel verteuerten sich zwischen 1949 und 1955 von über 300% für Fleisch bis zu 784% für Kaffee.

Der Fünfjahresplan für 1956 bis 1960 sah eine Fortsetzung der forcierten Industrialisierungspolitik vor: Geplant waren eine Steigerung der industriellen Produktion um 57%, wobei die Produktionsmittelindustrie allgemein eine Steigerung von 57% und der Maschinenbau von 100% erreichen sollten; die Produktion der Konsumgüterindustrie sollte um 49% und die der Landwirtschaft um 25% steigen.

Den zur Erreichung dieser Ziele notwendigen Konsumverzicht glaubte die Parteiführung durch eine 25%ige Normerhöhung ohne Lohnausgleich für die Industriearbeiterschaft realisieren zu können. Die Normerhöhungen sowie Lohnmanipulationen wurden zum Anlaß der Revolte des Jahres 1956. Der unmittelbare Anlaß für den Posener Aufstand war die Unzufriedenheit mit der ökonomischen Situation; sehr schnell jedoch gingen die ökonomischen in politische Forderungen nach einer Demokratisierung des Systems über.

Die nach der Niederschlagung des Aufstands neu eingesetzte Parteiführung unter Gomulka reagierte auf den Ausbruch der Unzufriedenheit mit Lohnerhöhungen und einer Erhöhung des Konsumanteils bei der Verteilung des Nationaleinkommens; die Versorgungslage wurde durch die Verschiebung von Investitionen in die Landwirtschaft und die einsetzende Ent-Kollektivierung verbessert.

Nachdem der Anteil der Akkumulation am aufgeteilten Sozialprodukt 1956 gegenüber den Jahren 1950 bis 1955 gefallen war, begann 1957 ein neuer Investitionszyklus[232]: Bis 1959 stiegen die Investitionen konstant, und zwar erheblich über die jeweils geplanten Jahreswerte. Eine Ursache dafür war in einem Zugeständnis des bürokratischen Zentrums an die Wirtschaftsbürokratie zu finden: Nach 1956 kam es im Rahmen der Wirtschaftsreform zur teilweisen Dezentralisierung von Investitionsentscheidungen. Die Betriebe nützten dies zur Erhöhung ihrer Investitionen aus. Zur Einschränkung der Überakkumulation im gesamtgesellschaftlichen Interesse rezentralisierte das bürokratische Zentrum in der Jahresmitte 1959 die Investitionsentscheidungen; die Steigerungsrate der Investitionen sank in der Folge steil von 16,9% (1959) auf 6,3% (1960) ab. In der Folgezeit gelang es dem bürokratischen Zentrum nicht, sich gegenüber den Investitionsanforderungen der Betriebe durchzusetzen und es kam wieder zum unkontrollierten Anstieg der Investitionen und damit der gesamtwirtschaftlichen Disproportionen bis in den Jahren 1962/63 wiederum die zweite Phase des Krisenzyklus erreicht wurde.[233]

In den Jahren 1962/63 gelang es der Parteiführung, die Folgen der Krisensymptome ohne Widerstand „von unten" auf Kosten der Gesellschaft zu mildern: Nachdem die Arbeiterschaft 1956/57 ein Lohnsteigerung durchsetzen konnte, wurden bereits 1959 zum Abbau des aufgrund der mangelhaften Entwicklung im Konsumsektor entstandenen Geldüberhangs die Fleischpreise erhöht. 1962 kam es zu einer Senkung des Realeinkommens, von der besonders die einfachen Arbeiter betroffen waren.

Im Jahr 1964 begann ein neuer Investitionszyklus, der 1968 in einer Wirtschaftskrise endete: In einigen Regionen brach die Produktion zusammen. Deutlich zeigten sich nun die Grenzen des bisherigen extensiven Wirtschaftswachstums. Dieses war durch vermehrten Faktoreinsatz, besonders den die Planwerte stark übersteigenden

---

232 Hoesli 1986, S. 102

233 Während als Folge der Unruhen von 1956 in den Jahren 1956 und 1957 die höchste Steigerungsrate der Investitionen im Konsumgütersektor erreicht wurde, stieg in den folgenden Jahren der Anteil der Schwerindustrie an. Der Anteil der Investitionen in die Landwirtschaft an den Gesamtinvestitionen sank von 13,4% (1956) auf 11,9% (1960). vgl.Hoesli 1986, S.102

Anstieg der Arbeitskräfte, erreicht worden. Die Wachstumsmöglichkeiten für eine Steigerung der Arbeitskräftezahl waren erschöpft und der nun eintretende Arbeitskräftemangel, der aufgrund des technologischen Konservatismus der Bürokratie nicht überwunden werden konnte, verschärfte die Krise. Außerdem waren die extensiven Entwicklungstendenzen zum Hauptgrund für das Stagnieren der Reallöhne geworden. In den fünfziger Jahren hatte sich das Realeinkommen der Bevölkerung vor allem durch das Beschäftigungswachstum und die daraus folgende Erhöhung des *Familieneinkommens* vergrößert; diese Möglichkeit war nun verbaut.

In dieser Situation legte die Regierung im Jahr 1970 ein Reformprogramm zur Überwindung der andauernden Wirtschaftskrise vor; das Lohnwachstum sollte von nun an an die Entwicklung der Produktivität und Effektivität des Wirtschaftens gebunden werden und die Grundlöhne von 1971- 75 auf dem Stand von 1970 eingefroren werden. Lohnwachstum sollte nur noch über Prämienzahlungen erreicht werden. Eine Realisierung dieses Vorhabens bedeutete selbst bei maximaler Prämienauszahlung ein Wachstum der Reallöhne von höchstens 2% im Jahr. Das Ziel der Reform war es, durch eine Herabsetzung des Lebensstandards der Bevölkerung die Krise zu beenden und zu einer neuen Akkumulationsetappe überzugehen. Das neue Anreizsystem (Einfrieren der Grundlöhne, verstärkte Bedeutung der Prämienzahlungen) sollte ein intensives Wirtschaftswachstum ermöglichen.

Im Juli 1970 wurde die Reform versuchsweise in 10 Betrieben, darunter die Danziger Lenin-Weft, eingeführt. Als die Regierung als weitere Maßnahme der Krisenbekämpfung im Dezember 1970 die Preise für grundlegende Konsumartikel kräftig erhöhte, kam es, ausgehend von der Lenin-Werft, zu den Unruhen von 1970 und dem Rücktritt der Regierung.

Die neue politische Führung unter Gierek mußte die Reform abbrechen und die Preiserhöhungen zurücknehmen.In den folgenden zehn Jahren entstand in der „Ära Gierek“ die bis dahin schwerste Krise der bürokratischen Planwirtschaft in einem sozialistischen Land; ihre Auswirkungen erschütterten die Herrschaft der Partei bis in ihre Fundamente.

1970-1980: Der Weg in die Existenzkrise der Planwirtschaft und des politischen Systems[234]

Die neue politische Führung mußte sich zur Stabilisierung ihrer Machtposition die Unterstützung des staatlichen Wirtschaftsapparates durch die Gewährung von dessen Investitionsforderungen sichern; es wurde die Wirtschaftspolitik der „zweiten Industrialisierung“ eingeleitet, eine neue „Akkumulationsetappe“. Die Mittel für diese Industrialisierungspolitik konnten aufgrund des durch die Dezemberstreiks von 1970 entstandenen neuen machtpolitischen Kräfteverhältnisses zwischen politischer Führung und Arbeiterschaft nicht durch eine Einschränkung des Lebensstandards

---

234 zum folgenden: Hoesli 1986, S.105ff

gewonnen werden. Einen Ausweg bildete die neue „Entspannungspolitik“ zwischen West und Ost sowie die günstige Entwicklung der „terms of trade“: es kam zur Öffnung des polnischen Marktes für westliche Unternehmen und zur Finanzierung der forcierten Akkumulation durch westliche Kredite. Die Führung konnte dank dieser Kredite **gleichzeitig** die Akkumulationsrate erhöhen **und** Zugeständnisse an die Bevölkerung in Form einer Förderung der Konsumgüterindustrie und einer liberalen Agrarpolitik machen. Die rechtliche Lage der Privatbauern wurde verbessert, Zwangsablieferungen abgeschafft und die Abnahmepreise erhöht.

Nach dem Fünfjahresplan für 1971 bis 1975 sollten die Investitionsquote und die staatliche Verschuldung nur in Maßen wachsen. Gleichzeitig wurde die Wirtschaftslenkung dezentralisiert. Wirtschaftliche Grundeinheit wurden die ehemaligen Industrievereinigungen, die als „Große Wirtschaftsorganisationen“ (WOG) weitgehende Entscheidungskompetenzen erhielten: selbstständige Rechnungsführung, selbstständige Entscheidungen über Investitionen und Beschäftigungswachstum. Die „synthetischen“ Kennziffern „Gewinn“ und „Mehrprodukt“ lösten die quantitative Planerfüllung als wichtigstes Erfolgskriterium betrieblichen Wirtschaftens ab.

Die „WOG-Reform“ war ein Zeichen der Schwäche des politisch-wirtschaftlichen Zentrums und ein Zugeständnis an die bürokratischen Interessengruppen des Wirtschaftsapparates. Als Folge der Reform verschärften sich die Interessengegensätze zwischen beiden. Streitpunkt war die Verbindung der Kennziffern „Gewinn“ und „Mehrprodukt“ mit den Akkumulations- und Beschäftigungsentscheidungen der WOG. Die WOG bemühten sich um die Durchsetzung möglichst hoher Akkumulations- und Beschäftigungswerte zur leichtestmöglichen Ausführung der Erfolgsziffern und versuchten, eine zentrale Kontrolle ihrer Rechnungsführung zu verhindern. Das Zentrum bemühte sich, mittels zentraler Intervention eine Stärkung der bürokratischen Interessengruppen zu verhindern: 164 „Schlüsselbetriebe“ der Volkswirtschaft wurden der direkten Kontrolle des Zentrums unterstellt. Die staatliche Verwaltungsstruktur wurde reorganisert, die 17 bestehenden Wojewodschaften in 49 kleinere umgewandelt, um die entstandenen Verbindungslinien zwischen den bürokratischen Gruppen zu zerstören.

Gleichzeitig unternahm das Zentrum Maßnahmen zur Verhinderung von Unruhe unter der Arbeiterschaft: Die großbetriebliche Arbeiterschaft, der Träger der Dezemberunruhen von 1970, wurde gegenüber den anderen Bevölkerungsgruppen materiell privilegiert. Zum Ende der siebziger Jahre umfaßte die Gruppe der Privilegierten mit bevorzugtem Zugang zu Mangelwaren 15% der Bevölkerung. Gleichzeitig aber wurden die betrieblichen Mitbestimmungsrechte der Arbeiterschaft eingeschränkt und die Arbeiterräte faktisch aufgelöst.[235]

Die starke Stellung der bürokratischen Interessengruppen gegenüber dem Zentrum führte zum überplanmäßigen Wachstum der Investitionen. Der Anteil der von

235 ebenda, S.125

den WOG selbstständig durchgeführten Investitionen stieg von 16,8% (1971) auf 51% (1975) und gefährdete das gesamtwirtschaftliche Gleichgewicht zusehends. Ein Bericht des Finanzministeriums aus dem Jahr 1974 spricht von der Notwendigkeit vermehrter zentraler Interventionen zur Aufrechterhaltung des Gleichgewichts.[236] 1973 war der Begriff der „offenen Planung“ als Umschreibung für die nachträgliche Legalisierung des überplanmäßigen Investitions- und Beschäftigungswachstums eingeführt worden. Die Akkumulationsrate erreichte höhere Werte als in den fünfziger Jahren; sie stieg von 27,5% (1971) auf 35,2% (1975) Anteil am aufgeteilten Sozialprodukt. Die Schwäche des bürokratischen Zentrums zeigte sich in der nachträglichen Änderung des Fünfjahresplans: 1973 wurde das Investitionsvolumen von 1.454 auf 1.900 Milliarden Zloty erhöht, das Reallohnwachstum von 18% auf 38%.

In der Periode von 1971-75 konnten sich die bürokratischen Interessen in Form eines neuen Akkumulationszyklus durchsetzen, dessen Folgen sich aufgrund der Kreditfinanzierung der Investitionen zunächst nicht in Form von Versorgungsmängeln oder Preissteigerungen bei Konsumgütern äußerten. Ab 1975 zeigten sich dann die Auswirkungen der Widersprüche in einer bürokratischen Planwirtschaft aufs heftigste: von 1971-75 überstieg die Akkumulationsrate die Planrichtlinien um ein Drittel, auf dem Höhepunkt der Investitionswelle um die Hälfte. 1975 überstieg das verteilte Sozialprodukt das erzeugte um 8%, was eine massive Verschuldung bedeutete. Das Wirtschaftswachstum war weiterhin durch eine extensive Entwicklung geprägt; neue Industrieanlagen wurden gebaut, die Modernisierung bestehender Anlagen vernachlässigt.[237] In der Folge kam es zu massiven Rückständen auf dem Rohstoff- und Energiesektor. Trotz der Überakkumulation wurden die laufenden Investitionen fortgesetzt.

Das politisch-wirtschaftliche Zentrum versuchte die heraufziehende Krise auf „klassische“ Art zu lösen: die sich verstärkenden Widersprüche wirkten sich zuerst auf dem Sektor des individuellen und gesellschaftlichen Konsums aus. Die Schere zwischen den gestiegenen Reallöhnen und dem Rückstand der Konsumgüterproduktion öffnete sich zusehends; es kam zu großen Versorgungsengpässen. Nachdem die Agrarproduktion von 1971-74 stark angestiegen war, ging die Fleischproduktion 1974 zurück. Die Parteiführung leitete eine Politik der Krisenregulierung durch Geldabschöpfung in Form von Preiserhöhungen ein.

Im Fünfjahresplan für 1976-80 war eine starke Herabsetzung des Wachstums der Reallöhne und die massive Verringerung der Importe zu Konsumzwecken vorgesehen. Die Politik der Parteiführung scheiterte jedoch an dem geänderten sozialen Kräfteverhältnis: Die Streiks und Unruhen von 1976 verhinderten eine Lösung der

236 ebenda

237 Der größte Anteil der Investitionsmittel floß in die Schwerindustrie, den Maschinenbau, Bau- und Baumaterialienindustrie und in die Chemieindustrie, siehe Hoesli, S.105ff

wirtschaftlichen Schwierigkeiten auf Kosten des Lebensstandards der Bevölkerung und führten zu einer weiteren Verschärfung der wirtschaftlichen Situation.

Als sich die Krisensymptome häuften, war die Parteiführung gezwungen, durch eine Senkung der Akkumulationsrate die wirtschaftlichen Disproportionen zu vermindern und sich so gegen die bürokratischen Interessengruppen zu stellen.[238] Die zentralen Interventionen wurden gegenüber den dezentralen verstärkt, die Zahl der direktiven Plankennziffern stieg seit 1973 kontinuierlich. Der Wirtschaftsapparat reagierte auf diese Entwicklung mit „offener Opposition".[239] Schließlich scheiterten die Bemühungen des Zentrums, mithilfe der zentralen Intervention die Investitionen einzuschränken: Die Investitionsabstriche waren ungenügend, gleichzeitig wurden neue große Investitionen realisiert, die wirtschaftlichen Disproportionen stiegen weiter an.

Das Zentrum konnte seit Mitte der siebziger Jahre ein wirtschaftliches Gleichgewicht gegen die Einzelinteressen des Wirtschaftsapparats immer weniger durchsetzen. Die sich daraus ergebenden wachsenden wirtschaftlichen Disproportionen führten zu einer Kettenreaktion: 1979 standen ein Drittel aller installierten Produktionsanlagen still. Es kam zu einer drastischen Energiekrise: Rohstoff- und Ersatzteilmangel bewirkten, daß der Plan zur Inbetriebnahme von Elektrizitätswerken von 1976-80 um ein Drittel in Rückstand geriet. Im Winter 1978/79 war die Produktion im ganzen Land tagelang lahmgelegt.

Eine Versorgungskrise in bisher ungekanntem Ausmaß entstand: von 1970 bis 1974 hatte sich die Versorgung mit Lebensmitteln durch die Stärkung der privaten Landwirtschaft verbessert. 1974 wurde eine Wende in der Agrarpolitik, eine „schleichende Kollektivierung", eingeleitet. Durch die Kollektivierung, durch Unterinvestition und Mangel an landwirtschaftlichen Produktionsmitteln brach die Agrarproduktion zusammen; die Versorgung der Bevölkerung mit Grundnahrungsmitteln war nicht mehr sichergestellt; 1978/79 erließen die Wojewodschaften Ausfuhrverbote für Lebensmittel in andere Wojewodschaften.

Im Jahr 1980 wandelte sich die Wirtschaftskrise in die bisher größte politische Krise der Diktatur: Aufgrund der Verschlechterung der „terms of trade" sowie der hohen Staatsverschuldung konnten keine weiteren Kredite im bisherigen Ausmaß von den westlichen Wirtschaftspartnern erhalten werden. In dieser Situation leitete die Führung eine Wirtschaftspolitik ein, welche die massive Einschränkung des ge-

---

238 Die Krisensymptome äußerten sich fogendermaßen: Bei der Inbetriebnahme von Investitionen verschlechterte sich die Planerfüllung von Jahr zu Jahr. 1973 wurde der Plan zu 90.6% erfüllt, 1975 zu 78%. Ab 1975 standen immer mehr Produktionsanlagen still. Der Exportplan konnte nicht erfüllt werden und die Verschuldung stieg: Importe zur Versorgung der Industrie und zur Beendigung der Investitionsvorhaben konnten nicht mehr durch Kredite finanziert werden. Mehr und mehr wurde der Weiterbau an schon weit fortgeschrittenen Investitionsanlagen unterbrochen: der Investitionsaufwand wurde herabgesetzt und die Investitionsstruktur zugunsten von Konsum- und Exportinvestitionen verändert. Hoesli 105ff

239 ebenda, S.140

sellschaftlichen Konsumniveaus vorsah. Die Konsumgüterproduktion sollte eingeschränkt werden; starke Preiserhöhungen für Lebensmittel führten schließlich zu den Streiks, in deren Verlauf es zur Gründung der Gewerkschaft „Solidarität" kam.

Bevor die wirtschaftliche Entwicklung der Jahre 1980-1988 dargestellt wird, folgt nun zuerst ein Blick auf die Entwicklung des wirtschaftlichen Lenkungssystems in Polen von 1944 bis 1981. Denn trotz der oben angeführten Tatsache der Kurzlebigkeit aller wirtschaftlicher Reformversuche ist im ganzen betrachteten Zeitraum eine Ent-Bürokratisierung der Wirtschaftslenkung zu verzeichnen.

Politische Krisen und die Evolution des Wirtschaftslenkungssystems

Das Wirtschaftslenkungssystem Polens von 1944 bis 1980/81: Der Rückgang der staatlichen Regelungsmacht über das ökonomische System als Ergebnis gescheiterter Revolutionen

Der polnische Wirtschaftswissenschaftler W. Jermakowicz hat in einer Untersuchung den Zusammenhang zwischen Veränderungen im wirtschaftlichen Lenkungssystem Polens im Zeitraum von 1944 bis 1984 und dem Auftreten politischer Krisen erforscht.[240] Die Ergebnisse seiner Untersuchung lauten zusammengefaßt folgendermaßen:

Zum Zweck der näheren **Klassifikation zentraler Lenkungssysteme** benennt Jermakowicz neben den „reinen" Formen unmittelbarer bzw. mittelbarer Lenkung drei „Mischformen".[241]

Das „reine" System unmittelbarer Lenkung bezeichnet er als **„autokratisches System"**. Seine Struktur ist die „Einlinienstruktur": Die Wirtschaft wird auf militärische Weise gesteuert. Output und Input der Produktion sind dem Betrieb von seiner übergeordneten Instanz genau vorgegeben. Die Produktionsdirektiven werden in Naturaleinheiten ausgedrückt. Für Betriebe und Konsumenten besteht keine Produktauswahl und keine Arbeitsplatzwahl. Dem „idealtypischen" autokratischen Lenkungssystem am nächsten kommt die Wirtschaft des Kriegskommunismus Anfang der zwanziger Jahre in der Sowjetunion.

Als Mischform zwischen dem reinen unmittelbaren und dem reinen mittelbaren Lenkungssystem kommt des **direktive System** dem autokratischen am nächsten. Die vertikalen Verbindungen zwischen den Wirtschaftseinheiten dominieren. Die Regulierungsinstrumente der Branchenministerien haben unmittelbaren Charakter; die Ministerien geben exakte Anweisungen über Input und Output der Produktion in Form von Planaufgaben nach unten weiter. Als Element der mittelbaren Lenkung gibt es ein Finanzministerium; dieses vertritt gegenüber den Branchenministerien den gesamtwirtschaftlichen Standpunkt, den es durch „verhaltensinduzierende" Finanzpolitik durchzusetzen sucht.

---

240 Jermakowicz. 1985

241 Jermakowicz 1985. S.14ff

Das direktive System besitzt eine Stab-Linien-Organisation: Als „Stab" hat das Finanzministerium gegenüber dem Wirtschaftszentrum Beratungsrecht; es kann aber keine direkten Anweisungen an die Ministerien bzw. Unternehmenszusammenschlüsse erteilen:

Jeder Betrieb läßt alle seine Einnahmen (Gewinne) dem Staatsetat zufließen und bestreitet alle seine Ausgaben aus diesem. Das Hauptziel der Produktion ist die materielle Planerfüllung. Preise werden durch die staatliche Preiskommission festgelegt.

Dem direktiven Lenkungssystem kommt das Wirtschaftssystem „sowjetischen Typs" nahe, wie es in den Ländern des Ostblocks in der ersten Hälfte der fünfziger Jahre vorherrschend war.

Das **kombinierte Lenkungssystem** ist dadurch gekennzeichnet, daß die zentralen Lenkungsorgane ein Gleichgewicht zwischen unmittelbaren und mittelbaren Lenkungsinstrumenten, zwischen der Anzahl der Industrieministerien und der Funktionsministerien (Finanzministerium, Preisbehörde, Ministerium für Arbeit und Lohnfestsetzung) anstreben.

Die Branchenministerien lenken die Wirtschaftsprozesse mittels direktiver Methoden, die funktionalen Ministerien mittels indirekter Methoden, durch Steuern, Preise, Kredite, die Höhe des Lohnfonds etc. Infolge dessen kommt es zu Auseinandersetzungen zwischen beiden Instrumentarientyen: „Häufig geschieht es z.B., daß der vom Ministerium den Vereinigungen vorgegebene Plan solche Sortimente aufweist, deren Produktion sich unter dem Gesichtspunkt der durch die Plankommission festgelegten Preise oder wegen der angewandten Steuerpolitik für die Betriebe nicht lohnt."[242] Ziel der Produktion ist einerseits die ökonomische Effektivität bzw. Rentabilität, andererseits die materielle Planerfüllung.

Das kombinierte System ist den Reformen der sechziger Jahre in der DDR bzw. der siebziger Jahre in Polen ähnlich.

Im **quasiparametrischen Lenkungssystem** dominieren die mittelbaren Lenkungsinstrumente. In der Organisationsstruktur überwiegen die funktionalen Ministerien, deren Tätigkeit durch ein Ministerium für Industrie ergänzt wird. Ziel der Produktion ist die Maximierung des Gewinns. Diesem System entspricht das ungarische nach 1981.

Im **parametrischen Lenkungssystem** werden ausschließlich mittelbare Instrumente eingesetzt.

- Im wirtschaftlichen Lenkungssystem Polens lassen sich von 1944 bis 1980/81 drei Zyklen unterscheiden. Der erste Zyklus dauert von 1944- 55 , der zweite Zyklus von 1956- 70 und der dritte Zyklus von 1971- 80.
- Von 1947 bis 1980 ist ein Oszillieren zwischen direktivem und kombiniertem Lenkungssystem zu beobachten.

242 ebenda. S.16f

-Der Beginn eines neuen Zyklus ist jeweils die Folge einer **politischen** Krise; die politische Krise endet mit einem Wechsel der politischen Führung und der Initiierung von Wirtschaftsreformen mit einer Dezentralisierung des Lenkungssystems.

Die **politischen** Ereignisse, die jeweils einen neuen Lenkungs-Zyklus mit einer Dezentralisierung einleiten, sind folgende:

1. Zyklus: 1944 übernimmt die kommunistische Partei die politische Macht.
2. Zyklus: die Unruhen des Jahres 1956 und die Rückkehr Gomulkas an die Macht.
3. Zyklus: Die Dezember-Unruhen von 1970 bringen den politischen Führungswechsel von Gomulka zu Gierek. Der 3. Zyklus endet 1980, dem Jahr der Gründung der „Solidarität“.[243]

Innerhalb der einzelnen Zyklen läßt sich eine Abfolge von „Grundetappen“ der Evolution des Lenkungssystems feststellen:

a.) Die „Improvisationsetappe“ folgt politischen Unruhen und dem Austausch der politischen Führungsgruppe. Das neue politische Zentrum hat keine Kontrolle über die Wirtschaftsprozesse, es herrscht wirtschaftliche Anarchie. In den Betrieben bilden sich Arbeiterräte mit weitgehenden Mitbestimmungsrechten; die Betriebe sind in ihren Produktionsentscheidungen weitgehend selbstständig.

b.) In mehreren Etappen wird die Wirtschaftslenkung zusehends bürokratisiert und zentralisiert. Die Rechte der Arbeiterräte werden abgebaut. Die Selbstständigkeit der Betriebe wird eingeschränkt und direktive Lenkungsmethoden nehmen zu. Dieser Prozeß geht mit einer Verschlechterung der Wirtschaftslage einher.

c.) Die Verschlechterung der Wirtschaftslage und die damit verbundene erhöhte Gefahr einer politischen Krise führen zur Etappe „der tatsächlichen Versuche zur Durchführung komplexer Veränderungen im Lenkungssystem“. Die Wirtschaftslenkung wird dezentralisiert, die Selbstständigkeit der Betriebe wächst. Hierdurch soll die Effektivität des Wirtschaftssystems erhöht werden.

Trotz dieser „Anti-Krisen-Politik“ kann der Ausbruch politischer Unruhen nicht verhindert werden.

Vom Beginn des ersten bis zum Ende des dritten Zyklus lassen sich folgende Regelmäßigkeiten feststellen:

1.) Von 1944 bis etwa 1947 wird die Wirtschaft durch ein quasiparamentrisches System gelenkt. Die Evolution des Lenkungssystems von etwa 1947 bis 1980 verläuft dann im Rahmen des direktiven und des kombinierten Lenkungssystems.

2.) Über den gesamten hier betrachteten Zeitraum entwickelt sich das System in die Richtung der mittelbaren, parametrischen Lenkung.

---

243 ebenda. S.22ff

Am Ende des ersten Zyklus besteht ein („stalinistisches“) direktives Lenkungssystem; in den folgenden Zyklen entwickelt sich das System nach dem Motto „drei Schritt vor und zwei zurück“ in Richtung parametrischer Lenkung. Die Zentralisierung im dritten Zyklus erreicht einen geringeren Zentralisierungsgrad, als die Zentralisierung des zweiten Zyklus. Die Zentralisierung im zweiten Zyklus ist geringer als die Zentralisierung im ersten Zyklus.

3.) Zu Beginn der jeweiligen Zyklen verfügen die Vertretungskörperschaften der Arbeiter (Arbeiterräte) über ein hohes Maß an betrieblichen Mitbestimmungsrechten. Im Zuge der innerzyklischen Zentralisierung werden die Mitbestimmungsrechte abgebaut.

4.) Die wirtschaftlichen Ergebnisse in den dezentralisierten Phasen sind besser als in den zentralisierten Phasen der einzelnen Zyklen; dies zeigen folgende Werte:

a.) Die Dynamik des Nationaleinkommens wuchs in den dezentralisierten Phasen jedes Zyklus und sank in den zentralisierten Phasen.Die Wachstumsraten in den einzelnen Zyklen weisen folgende Werte auf: 1. Zyklus: dezentralisierte Phase 15% - zentraliserte Phase 6%. 2. Zyklus: 10% - 2%. 3.Zyklus: 10% - 2%.

b.) Die Dynamik der Arbeitsproduktivität[244] in der dezentralisierten bzw. zentralisierten Phase weist folgende Werte auf: 1. Zyklus: 25% - 4%. 2. Zyklus: 7% - 2%. 3. Zyklus: 7% - 0%.[245]

Die wirtschaftliche Entwicklung von 1980-88[246]

Die 1980 ausgebrochene sozio-ökonomische Krise war radikaler als die ihr vorhergehenden:

1.) von 1980 bis 1982 gingen Nationaleinkommen, Investitionen und Konsum drastisch zurück. 2.) eine unabhängige Gewerkschaft mit einer Massenbasis hat das Herrschaftsmonopol der Partei faktisch zerstört. 3.) Von bisher nicht gekannter Radikalität war auch die geplante Wirtschaftsreform: angestrebt wird die Selbstverwaltung, Selbstfinanzierung und Selbstständigkeit der Betriebe.

Die Konzeption der Reformpolitik von 1981 läßt sich folgendermaßen zusammenfassen: Ziel ist ein quasiparametrisches Lenkungssystem mit indirekter, marktkonformer Steuerung hauptsächlich über Preise. Entsprechend dieser Zielsetzung soll die Organisationsstruktur der Wirtschaft verändert werden; die Dezentralisierung der Wirtschaftslenkung soll durch die Verminderung der Anzahl der Branchenministerien und die Abschaffung der Vereinigungen der Betriebe erreicht werden.

---

244 = erzeugtes Nationaleinkommen bezogen auf die Anzahl der Beschäftigten in der materiellen Produktion

245 ebenda. S.28ff

246 zum folgenden: Pysz. 1988

Das Einführungskonzept für die Reform sieht als ersten Schritt die Herstellung eines Marktgleichgewichts durch die Reduzierung der Nachfrage nach Konsumgütern vor - also die „klassische" Krisenlösungsstrategie durch Preiserhöhungen und die Begrenzung des Lohnanstiegs.

Der politische Konflikt zwischen der Regierung und der Gewerkschaft um die Wirtschaftsreform führt zu einem stillschweigenden Abkommen zwischen beiden Parteien: Der „Preis", den die Regierung für die Durchführung ihrer Sparpolitik zahlen muß, sind Zugeständnisse in Form von politischer Demokratisierung: die „Solidarität" wird registriert, es entstehen die Bauern- und Studentengewerkschaft.

Mit der Ausrufung des Kriegsrechts und der damit verbundenen Ent-Demokratisierung zerstört die Parteiführung den gesellschaftlichen Konsens; die Akzeptanz ihrer Sparpolitik durch die Bevölkerung ist zerstört.

Bis Mitte 1982 gelingt es der Regierung, ihre Wirtschaftspolitik durchzusetzen: Grundnahrungsmittel und Konsumgüter werden drastisch verteuert, die Arbeitszeit verlängert, die Importe zugunsten industrieller Vorleistungsgüter umstrukturiert.

Aber trotz des Kriegsrechts gelingt es der Parteiführung nicht, den aktiven und passiven Widerstand der Bevölkerung zu brechen, die politische Stabilität bleibt labil. Zur Sicherung ihrer politischen Macht sieht sich die Führung gezwungen, Zugeständnisse in der Lohnpolitik zu machen: 1982 steigen die Löhne um 12,1% über den vorgesehenen Wert. Da die Konsumgüterproduktion bei steigenden Löhnen stagniert, steigen die gesamtwirtschaftlichen Disproportionen. Die Folge ist die zentrale Intervention in die Wirtschaft; die Branchenministerien erhalten ein Übergewicht gegenüber den funktionellen Ministerien; die Widersprüche der bürokratischen Planwirtschaft bleiben bestehen.

Da sich die Parteiführung mit der Ausrufung des Kriegsrechts der Möglichkeit beraubt hat, eine gesellschaftliche Akzeptanz ihrer Reformpolitik zu erreichen, bleibt diese in ihrer Einführungsphase stecken. 1987 herrscht ein „Mischsystem" in der Wirtschaft vor, es existiert weder eine konsistente zentrale Planung noch ein wirklicher Marktmechanismus. In der Schwerindustrie ist die „Schwerpunktplanung" mittels kurzfristiger, direktiver Anweisungen des Zentrums dominierend; in den konsumnahen Wirtschaftsbereichen herrschen marktähnliche Bedingungen; die Teilmärkte sind weitgehend voneinander isoliert.

Die „klassischen" Probleme der bürokratischen Planwirtschaft können bis 1987 nicht gelöst werden: Das geringe Wirtschaftswachstum hat extensiven Charakter. Das produzierte Nationaleinkommen liegt 1986 um 7,2% unter dem Wert von 1978; das Nationaleinkommen pro Kopf gar um 13,3% darunter. Die Verhaltensweisen der Betriebe haben sich nicht geändert: sie bemühen sich um eine möglichst hohe Zuteilung von Produktionsmitteln. Es bestehen gravierende Versorgungsprobleme; es fehlt an einfachsten Waren, der Fleischkonsum sinkt von 69 kg (1980) pro Kopf und Jahr auf 61 kg (1986). Die tiefe Krise hat zu Investitionsproblemen geführt: Der

Tiefstand ist 1982 erreicht, als der Investitionswert 55% des Wertes von 1978 beträgt. Bis 1986 sind 78,4% dieses Wertes erreicht; die Investitionsstruktur ändert sich nicht, die meisten Mittel fließen in die Schlüsselsektoren. Die Wirtschaftlichkeit der Investitionen ist gering, die Dauer ihrer Fertigstellung verlängert sich jährlich.

In dieser Situation beschließt die Parteiführung, eine zweite Reformetappe einzuleiten. Das funktionelle Prinzip soll gegenüber dem Branchenprinzip bei der Lenkung der Wirtschaft gestärkt werden. Zur Erzielung des wirtschaftlichen Gleichgewichts sind wiederum drastische Preiserhöhungen vorgesehen, während sich die „Demokratisierung“ auf Mitbestimmungsrechte auf betrieblicher Ebene beschränken soll; überregionale autonome Vertretungsorgane und die Beteiligung der Arbeiterschaft an der gesamtwirtschaftlichen Planung und Leitung sind nicht vorgesehen.

Im November 1987 finden die Vorschläge der Regierung in einem Referendum keine Mehrheit. Die Regierung erhöht daraufhin am 1.Februar 1988 die Preise für Verbrauchsgüter statt der geplanten 110% nur um 40%. Als im April neue Preissteigerungen folgen, beginnt die Streikwelle, in deren Folge die Herrschaft der Partei endet.

8.b.) Der Zusammenhang zwischen der Entwicklung des politischen und des wirtschaftlichen Systems in Polen

Nach dieser Zusammenfassung der wirtschaftlichen Entwicklung sowie der Entwicklung des Wirtschaftslenkungssystems in der Volksrepublik Polen kann nun der Zusammenhang zwischen der Entwicklung des politischen und wirtschaftlichen Systems genauer beschrieben werden.

1.) In den Jahren **1944-47** befindet sich das politische System in einer **revolutionären Phase.** Die Partei kämpft um die Sicherung ihrer politischen Macht; in dieser Phase kann sie das ökonomische gesellschaftliche Subsystem noch nicht unterwerfen. Es existiert ein dezentralisierte, parametrische Wirtschaftslenkung.

2.) In den Jahren **1948-56** befindet sich das politische System in einer Phase der **Deklassierung.** Diese Phase läßt sich wiederum unterteilen: von **1948-54** herrscht eine **tiefe Deklassierung** mit einer starken Ausdehnung des staatlichen Regelungsbereichs, von **1954-56** eine Phase der **Ent-Deklassierung** mit einem Rückgang des staatlichen Regelungsbereichs („Ent-Stalinisierung“).

In der Phase der tiefen Deklassierung (1948-54) kommt es zu einem starken Anstieg der Investitionsquote zu Lasten des Konsums. Die tiefe politische Deklassierung ermöglicht der Bürokratie die widerstandslose Durchsetzung ihres Akkumulationsinteresses unter der Losung des „Vorrangs der Schwerindustrie“.

In dieser Phase wird gleichzeitig die Wirtschaftslenkung zentralisiert und bürokratisiert. Dies bedeutet die Ausdehnung des staatlichen Regelungsbereichs im ökonomischen System durch die direktive Wirtschaftslenkung.

1953/54 beginnt die Phase der politischen Ent-Deklassierung.

Gleichzeitig beginnt eine Wirtschaftskrise mit dem Übergang in die zweite Phase des (wirtschaftlichen) Krisenzyklus.

Das zeitliche Zusammentreffen von politischer Ent-Deklassierung und Wirtschaftskrise erhöht die Wahrscheinlichkeit des Ausbruchs politischer Unruhen. Darauf reagiert die Parteiführung im Jahr 1954 mit dem „Neuen Kurs“: Die Konsumgüterproduktion wird gefördert und das wirtschaftliche Lenkungssystem dezentralisiert („Etappe der tatsächlichen Versuche zur Durchführung komplexer Veränderungen im Lenkungssystem“), um die Effizienz der Wirtschaft zu erhöhen.

1956 versucht die Parteiführung, eine neue Akkumulationsetappe auf Kosten des Konsumniveaus der Gesellschaft einzuleiten; es kommt zum Ausbruch politischer Unruhen und einem Wechsel der politischen Führung.

3.)**1956: Die revolutionäre Phase** des politischen Systems.

Die neue politische Führung sucht Unterstützung in der Bevölkerung durch eine Stärkung des Konsumsektors zu erhalten. Das Wirtschaftslenkungssystem befindet sich in der „Improvisationsphase“; durch das weitgehende Mitbestimmungsrecht der Arbeiterräte und die Selbstständigkeit der Betriebe hat sich der staatliche Regulierungsbereich im ökonomischen System signifikant verringert.

4.) **1957-69: Eine Deklassierungsphase** des politischen Systems.

Von **1957-64** herrscht **tiefe Deklassierung**.

1957 beginnt eine neue Akkumulationsphase zu Lasten des Konsums.

1962/63 kommt es zum Auftreten wirtschaftlicher Krisensymptome. Die tiefe politische Deklassierung ermöglicht es der Parteiführung, die wirtschaftlichen Gleichgewichtsstörungen durch eine Senkung des Lebensstandards zu vermindern. Die Wirtschaftslenkung wird nicht dezentralisiert; auf eine mögliche Effizienzsteigerung der Wirtschaft durch eine dezentralisierte Lenkung wird zugunsten der Ausdehnung der bürokratischen Kontrolle ökonomischer Prozesse verzichtet. 1964 beginnt eine neue Akkumulationsetappe.

1964 beginnt die Phase der politischen **Ent-Deklassierung** mit Protesten der Intellektuellen.

1968 tritt eine Wirtschaftskrise ein; gleichzeitig wird eine Dezentralisierung der Wirtschaftslenkung eingeleitet, um durch die Steigerung der wirtschaftlichen Effizienz die Gefahr des Ausbruchs politischer Unruhen in der Phase politischer Ent-Deklassierung zu vermindern.

1970 versucht die politische Führung, durch die Senkung des Konsums mittels Preiserhöhungen eine neue Akkumulationsetappe einzuleiten. Es kommt zum Ausbruch politischer Unruhen, die politische Führung wird ausgetauscht.

5.) **1970/71: Eine revolutionäre Phase** des politische Systems.

Um Unterstützung in der Bevölkerung zu erhalten, stärkt die neue politische Führung den Konsumsektor. Das Wirtschaftslenkungssystem befindet sich in der „Improvisationsphase".

6.) **1972-79: Eine Deklassierungsphase** des politischen Systems.

Durch den Wandel des politischen Kräfteverhältnisses infolge der Unruhen von 1970 gelingt es der politischen Führung nicht mehr, die Bevölkerung in dem Zustand tiefer Deklassierung zu halten.

1971 beginnt ein neuer Investitionszyklus, der wegen der Verschuldungspolitik der Regierung nicht zu Lasten des Konsums geht.

1974/75 kommt es zu einer Wirtschaftskrise; die Abwälzung der Krise auf die Bevölkerung mittels geplanter Lohnsenkungen mißlingt und führt zu Streiks im Jahr 1976. Die Krise führt zur Dezentralisierung des Lenkungssystems und zur vorübergehenden Senkung der Akkumulationsrate. 1978 bricht erneut eine Wirtschaftskrise aus; 1980 versucht die politische Führung, die Krise durch die Senkung des Konsums zu lösen. Es kommt zum Ausbruch politischer Unruhen und der Gründung der Gewerkschaft „Solidarität".

7.) **1980/81: Eine revolutionäre Phase** des politischen Systems

Die Gewerkschaft „Solidarität" als Vertretungsorgan der Gesellschaft „tauscht" Konsumverzicht gegen die Gewährung politischer, demokratischer Rechte. Die Wirtschaftslenkung befindet sich in der „Improvisationsetappe".

8.) **1981-88: Phase der politischen Deklassierung**

Den Partei-Militärs gelingt es nicht, die Gesellschaft in eine Phase tiefer politischer Deklassierung zu drücken. Die Deklassierung verläuft nahe an der Schnittstelle zur revolutionären Phase.

Die Partei ist zur Sicherung ihrer politischen Macht bereit zu

a.) wirtschaftlichen Zugeständnissen in Form von Lohnerhöhungen

b.) zum weitgehenden Rückzug aus dem ökonomischen Sektor.

Die Gesellschaft läßt sich aber nicht mehr durch wirtschaftliche Zugeständnisse vom Kampf für politische Rechte abhalten.

Ein Versuch der Regierung, die Preise zu erhöhen, führt 1988 erneut in eine revolutionäre Phase über.

9.) **1988-90: Transformation des Systems der Tripelherrschaft - Phase des Klassenfriedens**

Nach der Streikwelle des Jahres 1988 gibt die Partei am „Runden Tisch" ihr politisches Herrschaftsmonopol auf. Die Tripelherrschaft endet in einer tiefgreifenden politischen und wirtschaftlichen Demokratisierung.

8.c.) Vorläufiges „Modell IIa“ der Entwicklung eines sowjetischen Satellitenstaates als politisch-ökonomischem System.

Nach den bisherigen Überlegungen kann auf der „empirischen Basis“ der politisch-ökonomischen Entwicklung Polens ein vorläufiges „Modell IIa“ formuliert werden:

1.) Ausgangspunkt ist eine „importierte Revolution“. Diese führt zum Anstieg des gesellschaftlichen Entfremdungsniveaus und einer **Revolution ersten Typs** (in Polen bis 1947); die Niederschlagung der Revolution führt zur **Deklassierung** der Bürgerschaft.

2.) Die politische **Deklassierung** führt zur radikalen Ausdehnung des staatlichen Regelungsbereichs im wirtschaftlichen Sektor. Die Wirtschaftslenkung ist stark bürokratisiert, es herrscht die direktive Lenkungsmethode vor. Die Produktionsmittelproduktion wird zulasten der Konsumgüterproduktion und der Landwirtschaft forciert.

Die (notwendigerweise) folgende Wirtschaftskrise (Produktionskrise infolge der Überakkumulation) beeinflußt die in **Modell I** dargestellte **reguläre** Entwicklung einer „rein-politischen“ Gesellschaft folgendermaßen:

a.) fällt die Wirtschaftskrise in eine Phase tiefer politischer Deklassierung, dann beeinflußt sie die **reguläre** Entwicklung der Gesellschaft nicht.

Die Krise wird auf Kosten des Lebensstandards der Bürgerschaft gelöst und ein neuer Akkumulationszyklus beginnt. Diese Art der Krisenlösung führt nicht zu massenhaftem Widerstand, da autonome Sozialbeziehungen weitgehend zerstört sind.

b.) fällt die Wirtschaftskrise in eine Phase politischer Ent-Deklassierung, dann beeinflußt sie die reguläre Entwicklung der Gesellschaft. Sie verkürzt die Phase der Deklassierung und beschleunigt das Eintreten der revolutionären Phase.

Die durch die Überakkumulation hervorgerufene Versorgungskrise führt zum Ausbruch von Massenwiderstand; die sozialen Forderungen schlagen in politische Forderungen um.

3.) Zyklische (niedergeschlagene) **Revolutionen zweiten Typs**[247] auf jeweils breiterer sozialer Basis verringern das Niveau der politischen Deklassierung langfristig. Ebenso sinkt das staatliche Regelungsniveau im Wirtschaftssektor langfristig: das Zunehmen indirekter Lenkungsmethoden vergrößert den Verhaltensspielraum der Produzenten.

4.) Ändert sich das gesellschaftlich-politische Kräfteverhältnis in der Folge einer niedergeschlagenen „Revolution zweiten Typs“ signifikant zugunsten der Bürgerschaft[248], dann ist die Klasse der „Herrscher-Besitzer“ bereit, zur Aufrechterhaltung ihrer **politischen** Herrschaft die Herrschaft über das Wirtschaftssystem aufzugeben.

---

247 siehe oben S.46. in Polen: 1956, 1970, 1976, 1980

248 wie dies in Polen 1981 der Fall war

Die **bürokratische** Planung und Leitung der Wirtschaft ist **notwendigerweise** mit Effizienzverlusten und zyklischen Versorgungskrisen verbunden. Diese wirken destabilisierend auf das politische System zurück. Folgende gesellschaftliche Entwicklungen sind denkbar:

4a.) Gelingt die politische Herrschaftsstabilisierung durch wirtschaftliche Ent-Bürokratisierung, dann wandelt sich die „Tripelherrschaft" in eine „Supra-Klassengesellschaft". Die Doppelklasse der „Herrscher-Priester" trennt sich von der Klasse der „Besitzenden".

Eine Tendenz in diese Richtung zeigt die gegenwärtige chinesische Entwicklung. Der Niederschlagung der politischen Demokratiebewegung von 1989 folgte eine wirtschafts-politische „Liberalisierung".

4b.) Hat sich das gesellschafts-politische Kräfteverhältnis stark zugunsten der Bürgerschaft verändert, so lehnt diese den Kompromiß „wirtschaftliche Liberalisierung gegen Verzicht auf politische Rechte" ab. Der bürgerliche Widerstand dauert an, bis die Herrscherklasse ihr politisches Herrschaftsmonopol aufgibt.

4c.) Die durch mehrere niedergeschlagene Revolutionen gestärkte Bürgerschaft kann die Klasse der „Herrscher-Besitzer" zu einem Kompromiß „Akzeptanz einer Senkung des Lebensstandards im Tausch für die Gewährung politischer Rechte der Bürgerschaft" bewegen.[249]

Die Senkung des Lebensstandards ist dann mit einer radikalen Ent-Bürokratisierung der Wirtschaftslenkung verbunden. Es entsteht eine „Supra-Klassengesellschaft" mit einer schwachen Klasse der „Herrscher-Priester".

Versuche der Klasse der „Herrscher-Priester" ihren Regelungsbereich auszudehnen, führen zu einer Revolution auf breitester sozialer Basis. Der andauernde bürgerliche Widerstand führt zur Aufgabe des politischen und ideologischen Herrschaftsmonopols der Partei.[250] Es bildet sich eine „Klassengesellschaft" mit einer starken Bürgerschaft.[251]

Die bisherigen Hypothesen zur Entwicklungsdynamik eines sowjetischen Satellitenstaates stützten sich auf die empirische Basis der polnischen Entwicklung. Bestimmte **Spezifika** dieser Entwicklung - so die auffallende Schwäche des politisch-wirtschaftlichen Zentrums - beeinflußten die Bildung des beabsichtigten **allgemeinen** Modells:

Die zyklischen Revolutionen führten in Polen jeweils zum Wechsel der politisch-wirtschaftlichen Führungsgruppe. Diese mußte - um ihre Herrschaftsposition zu sichern - Zugeständnisse sowohl an die Bürgerschaft als auch an den Partei- und Wirtschaftsapparat leisten.

---

249 wie in Polen 1980/81
250 genauer: der Vormachtstellung der Partei über die ideologischen Produktionsmittel.
251 in Polen ist dies 1988/89 der Fall.

Die Zugeständnisse an die Bürgerschaft äußerten sich in politischer und wirtschaftlicher Deregulierung sowie in der Förderung der Konsumgüterproduktion. Die Zugeständnisse an den Partei- und Wirtschaftsapparat äußerten sich in der Verstärkung politischer Regulierung und der Förderung der Produktionsmittel-Produktion sowie teilweise in wirtschaftlicher Dezentralisierung. Die gesellschafts-politische Entwicklung war durch das Spannungsfeld zwischen politisch-wirtschaftlicher De-Regulierung und Re-Regulierung bestimmt.

Anders verlief die Entwicklung in der DDR. Nach dem Bau der Mauer im Jahr 1961 war das Systems durch Jahrzehnte politischer Stabilität und personeller Kontinuität in der politischen Führung gekennzeichnet. Selbst der Wechsel an der Parteispitze von Ulbricht zu Honecker brachte keine weiteren einschneidenden personellen Veränderungen im Parteiapparat.

Im Gegensatz zu der von Hoesli vertretenen Auffassung des sich **notwendigerweise** immer wieder durchsetzenden Vorrangs der Produktionsgüterindustrie in einer zentralen Planwirtschaft wurde diese seit 1971 langfristig zugunsten des Konsumsektors vernachlässigt.

Im folgenden wird nun die bisherige „empirische Basis“ zur Bildung eines allgemeinen theoretischen Entwicklungsmodells sowjetischer Satellitenstaaten erweitert. Es wird zunächst eine Darstellung der historisch-politischen Entwicklung der DDR vorgelegt. Ebenso wie bei der Darstellung der polnischen historischen Entwicklung steht dabei das machtpolitische Verhältnis zwischen den beiden Klassen der „Herrscher“ und „Bürger“ in seinen Wandlungen im Mittelpunkt.

9.) Vorläufiges „Modell Ib“ der Entwicklung eines sowjetischen Satellitensystems als rein-politischer Gesellschaft Empirische Basis: Die historische Entwicklung der DDR

9.a.) Die gesellschafts-politische Entwicklung der DDR - empirische Basis zur Erstellung von „Modell Ib“

Das Zwangsmittelmonopol der Sowjetunion und der SED als Basis der Parteiherrschaft

Nach der deutschen Kapitulation im Mai 1945 war der nationalsozialistische Herrschaftsapparat vollständig zerschlagen; in der Sowjetisch Besetzten Zone Deutschlands ging das Zwangsmittelmonopol auf die Sowjetische Militäradministration (SMAD) und damit auf die politische Führung der Sowjetunion über. Durch die Stationierung von Truppen der Roten Armee verfügte die Sowjetunion bis 1989 über ein bedeutendes Reservoir an Zwangsmitteln in der DDR.

Mit der Herausbildung der DDR als eigenem Staat kam es zu einer teilweisen Überführung der Verfügungsgewalt über die Zwangsmittel an die SED-Führung. Als die SMAD im Juli 1945 Landesverwaltungen einsetzte, waren alle Ersten Vizepräsidenten, in deren Kompetenz die Polizei fiel, Mitglieder der KPD. Nach der Einsetzung von Zentralverwaltungen wurde 1948 durch die Zentralverwaltung des Innern, die unter der Leitung des KPD-Funktionärs Kurt Fischer stand, eine zentrale Polizeiverwaltung errichtet.

Beim Aufbau der Polizei wurde „kein nennenswerter Schritt ohne die entsprechenden sowjetischen Stellen getan.“[252] Auf sowjetischen Befehl faßte das Zentralsekretariat des Parteivorstandes der SED im Jahr 1948 Beschlüsse zur „Verstärkung der Polizei“, die es mit der „Verschärfung des Klassenkampfes“ begründete, wobei zwei Maßnahmen im Mittelpunkt standen: erstens wurde die „Kasernierte Polizei“ mit militärischer Ausbildung als Vorstufe einer DDR-eigenen Armee gebildet. Im Jahr 1948 waren bereits 40 Bereitschaften zu je 250 Mann aufgestellt worden. Zweitens wurde für die gesamte Polizei die Einsetzung „Politischer Leiter“ beschlossen, die den Machtanspruch der SED über die Polizei sichern sollten. Der „Leiter der politischen und kulturellen Arbeit in der Polizei“ (PK-Leiter) war zugleich Partei- und Staatsfunktionär; die Befehle und Anweisungen des Leiters einer Polizeieinheit mußten vom PK-Leiter, der zugleich erster Stellvertreter des Leiters war, gegengezeichnet werden. Die Leitung der politischen Arbeit bei der Polizei wurde durch den Aufbau eines entsprechenden Apparates von einer Zentrale aus straff durchgeführt.[253]

---

252 Glaser 1991,S.339

253 Glasers Untersuchung zum Aufbau dieses Apparates kommt zu folgendem Ergebnis: „Durch ihre außerordentlichen Partei- und Staatsbefugnisse konnte mit den PK-Organen in besonders

Vor Polizeiangehörigen machte Ulbricht im Jahr 1949 deutlich, daß er in einer parteigeführten Polizei ein Instrument zur Durchsetzung der Diktatur der SED im Lande sah, indem er ausführte: „Eigentlich müßte die Politabteilung der Polizei zentral in der Zone und im Lande sozusagen das Organ sein, das die Aufträge der Partei vollständig durchführt, auch bestimmte Kontrollaufgaben."[254]

Als weiteres staatliches Organ zur Durchsetzung der Parteipolitik wurde im Jahr 1950 das „Ministerium für Staatssicherheit" gegründet. Bereits zur Jahreswende 1945/46 war bei allen Polizeidienststellen ein „Politisches Kommissariat" (K5) eingerichtet worden. Bei der Deutschen Wirtschaftskommission wurde 1948 ein „Ausschuß zum Schutz des Volkseigentums" gebildet, der nach der Gründung der DDR als „Hauptverwaltung Schutz der Volkswirtschaft" dem Innenministerium eingegliedert wurde. Das Staatssicherheitsministerium faßte beide Organisationen zusammen; ihm „oblag politischer Setzung zufolge, denn gesetzliche Regelungen gab es nicht, der Kampf gegen 'feindliche Agenten', 'Diversanten', 'Saboteure' und 'Spione'."[255] Als selbstständiger Apparat unterstand das Ministerium nur dem Politbüro der SED. Nach seiner Gründung baute es seinen Apparat aus und ein breites Informationsnetz, Spitzel- und Kontrollsystem auf; im Kampf gegen „politische Verbrechen" wurde von ihm das öffentliche Leben überwacht und die politische Opposition verfolgt.

Auf der Basis des Zwangsmittelmonopols der Besatzungsmacht und der Parteiführung errichtete die SED ihre Herrschaft über das politische, das ökonomische und das kulturelle gesellschaftliche Subsystem.

Die Errichtung des Herrschaftsmonopols der SED über das politische Subsystem

Die Erringung des politischen Herrschaftsmonopols der SED stützte sich in erster Linie auf drei Maßnahmen:

1.) Die Schaffung einer Atmosphäre von Angst und Unsicherheit durch die Anwendung von Terror zur Verhinderung oppositioneller politischer Aktivitäten:

Mit der Roten Armee kam die sowjetische Geheimpolizei in die SBZ; unter ihrer Ägide wurden mehrere „Speziallager des NKWD" errichtet.[256] Der Alliierte Kontrollrat hatte in seiner Direktive Nr.38 vom 12.Oktober 1946 die Einrichtung von Internierungslagern zur „Verhaftung und Bestrafung von Kriegsverbrechern, Nationalsozialisten und Militaristen und Internierung, Kontrolle und Überwachung von möglicherweise gefährlichen Deutschen" beschlossen.[257] Unter dem Vorwand der

---

ausgeprägter Weise jener Funktionärskörper formiert werden, der die Weisungen übergeordneter Gremien der SED bedingungslos durchzusetzen bereit war." Glaser 1991, S.343

254 Glaser 1991 , S.344

255 Meuschel 1993, S.53f

256 NKWD = Volkskommissariat des Inneren (der UdSSR)

257 vgl. Klonovsky 1991, S.15

Entnazifizierung gemäß dieser Direktive dienten die sowjetischen Lager aber primär der Herrschaftssicherung von SMAD und SED. In mehreren Lagern wurden bis zu deren Auflösung im Jahr 1950 etwa 180 000 Häftlinge gefangengehalten, von denen jeder Dritte den Tod fand.[258] Nur ein geringer Teil hatte eine aktive nazistische Vergangenheit.[259] Folgende „Kategorien" von Häftlingen sind zu unterscheiden[260]: NSDAP-Funktionsträger, ehemalige Wehrmachtsangehörige, als „politisch belastet" eingestufte Personen wie Bürgermeister, Beamte, Polizisten; „Klassenfeinde" wie Fabrikanten und „Junker", die allein ihrer sozialen Herkunft wegen interniert wurden; aus westlicher Kriegsgefangenschaft entlassene Personen. Mitglieder des antinazistischen Widerstands vom „20.Juli"; oppositionelle Kommunisten und ab 1946 verstärkt Sozialdemokraten und Mitglieder der „bürgerlichen" Parteien. Oft wurden willkürliche Internierungen vorgenommen, um ein „Häftlingskontingent" zu erfüllen.[261]

Neben diese Masseninternierungen ohne gerichtliche Urteile trat der „darauf folgende justizielle Terror zur Herrschaftssicherung"[262] durch die Strafjustiz der Sowjetischen Militärtribunale; die eingeführten Sondergerichte arbeiteten von 1945 bis 1955, wobei der Höhepunkt ihrer Aktivitäten auf das Jahr 1948 fiel, als 25% aller in der SBZ ausgesprochenen Verurteilungen auf das Konto der Militärtribunale gingen. Gelegentlich wurden auch Fernurteile durch Sonderkollegien des NKWD in Moskau gefällt. Hauptsächlich wurden vor der Militärgerichtsbarkeit „Verbrechen gegen die demokratische Neuordnung" verhandelt, wobei das Urteil meist auf 25 Jahre Zwangsarbeitslager lautete.[263]

Nachdem der politisch-justizielle Terror zunächst in erster Linie durch sowjetische Instanzen ausgeübt wurde, waren nach der Staatsgründung der DDR hauptsächlich deutsche Gerichte hierfür verantwortlich. Die Justizreform von 1946 führte zu einem weitgehenden Personentausch in den Justizorganen; über 85% der Richter und Staatsanwälte wurden durch in Schnellkursen ausgebildete „Volksrichter" er-

---

258 Zahlen nach Fricke. 1979; das sowjetische Innenministerium bezifferte 1990 die Zahl der Häftlinge auf 122 671. von denen 42 889 in der Haft verstarben. vgl. Klonovsky 1991

259 so wurden bis Ende der 50iger Jahre fast alle - auch die 1950 der DDR- Justiz übergebenen - Häftlinge freigelassen; Dies ist ein Indiz für deren schuldlose Internierung. da die DDR-Justiz bei nachgewiesener Nazi- Aktivität in der Regel keine Freilassungen verfügte. vgl. Klonovsky 1991. S.17f

260 vgl. Fricke 1979

261 So berichtet ein Augenzeuge von folgendem Vorkommnis im Sommer 1945: „ In dieser Zeit wurden über die Mecklenburger Landstraßen Gruppen von Verhafteten ehemaligen Soldaten und Zivilisten nach Fünfeichen geschafft. die in Größenordnungen von etwa 50 bis 150 Personen zusammengestellt worden waren. Wenn in einer derartigen Marschkolonne die Anzahl der Marschierenden durch Flucht oder Erschöpfungstod geschrumpft war. wurden beliebige Passanten gewaltsam eingegliedert. damit die Vollständigkeit des Konvois bei der Einlieferung in das dortige Todeslager wieder hergestellt war." vgl. Klonovsky 1991. S.28

262 Fricke 1979. S.25

263 Klonovsky 1991. S.33f

setzt, die meist ebenso wie ihre nationalsozialistischen Vorgänger willfährige Instrumente der politischen Justiz waren.[264] Verfassungsrechtliche Grundlage der Terrormaßnahmen war der Artikel 6 der Verfassung der DDR von 1949: Die strafrechtliche Verfolgung von „Boykotthetze" gegen staatliche Einrichtungen wurde die Grundlage von mehreren tausend Verurteilungen mit meist drakonischem Strafmaß. Auch die Enteignung der Unternehmer und Bauern wurde mit den Mitteln des Strafrechts durchgesetzt.[265]

2.) Neben dem Terror bildete die Aus- und Gleichschaltung der politischen Parteien die Basis der Errichtung des politischen Machtmonopols der SED.

Der entscheidende Schritt zur Ausschaltung der Sozialdemokratie wurde von der KPD mit der Zwangsvereinigung von KPD und SPD zur SED vollzogen. Während der Gedanke der Schaffung einer gemeinsamen Arbeiterpartei an der kommunistischen Basis und bei der sowjetzonalen SPD im Sommer 1945 populär war, lehnte die Parteiführung der KPD bis zum Herbst des Jahres eine Vereinigung ab. Zuerst wollte sie die ideologischen und organisatorischen Voraussetzungen zur Einschmelzung der SPD schaffen: die ideologische Ausrichtung der KPD-Mitglieder auf den Kurs der KPdSU sowie den Aufbau eines der Parteiführung bedingungslos ergebenen Apparates.

Aufgeschreckt durch die Wahlniederlagen der KPs in Österreich und Ungarn drängte die KPD-Führung im Herbst auf eine schnelle Vereinigung, was nun bei der SPD auf wachsende Vorbehalte stieß; denn inzwischen hatte die KPD mit Unterstützung der SMAD auf undemokratische Weise ihren politischen Führungsanspruch in der Sowjetzone durchzusetzen versucht. Trotz der zögernden Haltung der SPD-Führung kam es auf Orts- und Kreisebene, oft auf Druck der sowjetischen Militärkommandanten, zur Bildung von Aktionsausschüssen von KPD und SPD. Ende Dezember 1945 erklärte der Vorsitzende des SPD-Zentralausschusses, Grotewohl, daß eine Vereinigung nur auf gesamtdeutscher, nicht aber auf zonaler Ebene, möglich sei; er beklagte die Bevorzugung der KPD durch die Besatzungsmacht bei der Besetzung der Verwaltungsposten und den auf die SPD ausgeübten Druck. Weiterhin sprach er sich gegen gemeinsame Wahllisten beider Parteien aus.[266] Den Widerstand innerhalb der SPD beantwortete die SMAD mit Redeverboten und Verhaftungen von Einheitsgegnern. Unter diesem Druck sowie dem ideologischen Zugeständnis der KPD, die sich für einen „besonderen deutschen", friedlichen Weg zum Sozialismus aussprach, der Distanzierung der westdeutschen SPD von ihren ostdeutschen Genossen und dem Drängen einiger Landesverbände gab das Zentralsekretariat der SPD seinen Widerstand auf. Nach getrennten Parteitagen vereinigten sich SPD und KPD im April 1946 zur SED.

---

264 vgl. Weber. 1993, S.11
265 vgl. die Dokumentationen in Fricke 1979
266 vgl. Weber 1974

1948 zählte die SED fast zwei Millionen Mitglieder; während 1946 über die Hälfte der Mitglieder aus der SPD kam, war deren Anteil durch Neueintritte auf ein Drittel gesunken. Viele Kommunisten und Sozialdemokraten standen inzwischen in Opposition zur Parteiführung, die die Stalinisierung der SED vorantrieb: im Zusammenhang mit den Angriffen der Komintern auf Jugoslawien kam es 1948 zur ersten Parteisäuberung; ausgeschlossen wurden Sozialdemokraten, Gewerkschaftler, oppositionelle Kommunisten und andere „Parteifeinde". Der „besondere deutsche Weg zum Sozialismus" wurde widerrufen und die führende Rolle der Sowjetunion anerkannt. Im September 1948 wurde eine Parteikontrollkommission gebildet, mit deren Hilfe Ulbricht, der inzwischen eine Vormachtstellung errungen hatte, seine innerparteilichen Gegner ausschaltete. Allein von September 1948 bis Januar 1949 wurden 400 „Agenten des Ostbüros der SPD"[267] aus der SED ausgeschlossen und verhaftet. Im Zusammenhang mit den Schauprozessen in Osteuropa[268] richtete sich die politische Verfolgung verstärkt auf Oppositionelle und ehemalige Westemigranten unter den Kommunisten. Bereits seit 1948 war der „Kurze Lehrgang der Geschichte der KPdSU (B)" die Grundlage der Schulungsarbeit innerhalb der SED geworden; es handelt sich hierbei um ein Pamphlet, in welchem in geschichtsfälschender Weise der stalinistische Marxismus dargelegt wird. Schließlich erklärte die Erste Parteikonferenz im Januar 1949 die Umformung der SED in eine leninistische „Partei neuen Typs"[269] zur politischen Hauptaufgabe. Die bisherige paritätische Besetzung von Leitungsfunktionen mit ehemaligen Sozialdemokraten und Kommunisten wurde aufgehoben, ein Politbüro gebildet, die Fraktionsbildung innerhalb der Partei verboten und der „demokratische Zentralismus" als von oben nach unten hierarchisch gegliedertes Befehlssystem eingeführt.[270]

Da die Sowjetunion in den ersten Nachkriegsjahren an der Erhaltung der politischen Einheit Deutschlands interessiert war,[271] gestattete die SMAD aus Rücksicht auf die Westalliierten und die Stimmungslage in den Westzonen im Juni 1945 neben den Arbeiterparteien SPD und KPD auch den „bürgerlichen" Parteien CDU und LDPD (Liberal Demokratische Partei Deutschlands) die Gründung. Jedoch wurde die politische Bewegungsfreiheit dieser Parteien von vornherein durch die „organisatorische Einbindung des politischen Pluralismus"[272] in das „Blocksystem" eingeschränkt. Die enge Verbindung von Lizenzierung und Bereitschaft zur Mitarbeit im Parteienblock läßt es gerechtfertigt erscheinen, von einer „Hineingründung"

---

267 zum „Ost-Büro": Fricke 1984, S.34ff
268 dazu: Hodos 1988
269 vgl. Lenins Theorie der „Kaderpartei", Kolakowski 1978, Band 2, S.431ff
270 vgl. Weber, 1993, S.48
271 vgl. Loth 1994, S.13-38
272 Meuschel, 1993, S.44

der Parteien in den Block zu sprechen.[273] CDU und LDPD wurden in ihrer Bereitschaft zur Mitarbeit durch die Übereinkunft gestärkt, daß Beschlüsse des Parteienblocks nur auf dem Wege der Vereinbarung, nicht durch Abstimmung gefaßt werden konnten, ihnen mithin ein Vetorecht zustand. Hierdurch hofften sie, die Herausbildung einer kommunistischen Einparteidiktatur verhindern zu können. Der Gründung des Blocks am 14. Juli 1945 folgte allerdings keine Ausarbeitung einer detaillierten Programmatik; die Rechte des Blocks waren unbestimmt und die SMAD konnte willkürlich entscheiden, welche politischen Maßnahmen durch direkten Befehl und welche durch die Entscheidung der Parteien durchgeführt werden sollten. Die Motive von SMAD und KPD zur Blockgründung waren denn auch primär propagandistischer Art: der Block sollte der Errichtung der Diktatur eine breite Legitimationsbasis verschaffen, diese als das Ergebnis des Willens demokratischer Parteien erscheinen lassen und ihr das Odium administrativer Maßnahmen der Besatzungsmacht nehmen. Die in der SBZ durchgeführten „antifaschistisch-demokratischen" Veränderungen sollten somit eine Vorbildfunktion auch für die westlichen Besatzungszonen erhalten.

Durch ihre Mitverantwortung für die gesellschaftspolitischen Veränderungen sollte der Spielraum der Parteien für oppositionelle Politik eingeengt werden; die Gremien des Blocks dienten SMAD und KPD/SED zur Kontrolle der Parteien, zur Informationsbeschaffung über die Parteien und letztlich zur Transformation der Parteien in abhängige „Bündnispartner" der KPD/SED.

Die Grenzen der Blockpolitik als einem den Intentionen von CDU und LDPD entsprechenden Instrument zur Verhinderung der Transformation der SBZ in eine „Volksdemokratie" werden deutlich, wenn man einen Blick auf die strukturpolitischen Entscheidungen wirft, welche die SMAD **ohne** Konsultation des Blocks initiierte: die Enteignung der Industriebetriebe - die Schaffung von zonalen Zentralverwaltungen 1947 und die damit verbundene Entmachtung der gewählten Landesparlamente - der Übergang zur langfristigen Wirtschaftsplanung - die Transformation der SED in eine „Partei neuen Typs" mit gesamtgesellschaftlichem Führungsanspruch - die Ausarbeitung einer Verfassung.

Aus legitimatorischen Gründen bestand die SMAD auf einem formalen Beschluß des Parteienblocks zur Einführung der Bodenreform. Als sich innerhalb der CDU Widerstand gegen die entschädigungslose Enteignung größeren Landbesitzes erhob, setzte die SMAD die CDU-Vorsitzenden Hermes und Schreiber im Dezember 1945 ab. Damit war deutlich geworden, „daß praktisch nicht die Möglichkeit bestand, einen von der SMAD dem Block zugedachten Beschluß in *Grundsatzfragen* zu verweigern, wollten die Parteiführer nicht ihre Absetzung in Kauf nehmen."[274]

---

273 Suckut 1986, S.17
274 Suckut 1986 , S.25

Im August 1947 reklamierte die SED offen die eigene Führungsrolle innerhalb des Blocks; das besondere der Blockpolitik liege darin, daß „im Gegensatz zur Koalitionspolitik... bei der Blockpolitik die Arbeiterklasse als konsequenteste antifaschistische Kraft die Führung“ innehabe.[275]

Als die SED Ende 1947 einen Blockbeschluß zur Einberufung eines von ihr beherrschten „Volkskongresses für Einheit und gerechten Frieden“ herbeiführen wollte und die CDU Führung dies ablehnte, setzte die SMAD wiederum die CDU Vorsitzenden, Kaiser und Lemmer, ab und berief den nachgiebigen Otto Nuschke im September 1948 zu deren Nachfolger.

Seitdem unterschied die SED zum Zweck der Durchsetzung ihres Führungsanspruchs und der Transformation der Parteien in SED-hörige Organisationen zwischen „fortschrittlichen“ und „reaktionären“ Mitgliedern der bürgerlichen Parteien; es gelang ihr „durch gezielte personalpolitische Intervention kooperationsbereite Politiker in die Parteispitzen aufrücken zu lassen.“[276] In der Absicht, CDU und LDPD weiter zu schwächen und das Übergewicht der SED auszubauen, wurden 1948 zwei neue SED-abhängige Parteien gegründet, die Demokratische Bauernpartei Deutschlands und die Nationaldemokratische Partei Deutschlands. Beide wurden mit Stimmberechtigung in den Block aufgenommen; im September 1948 schließlich erhielt der Freie Deutsche Gewerkschaftsbund als kommunistisch geführte „Massenorganisation“ Sitz und Stimme im Block.

Die Transformation von CDU und LDPD vollendete sich, als diese Parteien in ihren eigenen Reihen Säuberungsaktionen mit dem Ausschluß von der Unterwerfung unter die SED ablehnend gegenüberstehenden Mitgliedern durchführten. Die Konzessionspolitik der Parteiführungen führte schließlich zu einem starken Mitgliederschwund durch Massenaustritte.

Durch Druck, Überredung und Aussicht auf Karriereposten war die Umwandlung von CDU und LDPD erfolgreich durchgeführt worden; bereits anläßlich der Volkskongreßwahlen 1949 und dann der Volkskammerwahlen 1950 trat der Parteienblock mit einer „Einheitsliste“ zur Wahl an; bereits vor den Wahlen war die Fraktionsstärke der einzelnen Gruppierungen festgelegt worden.

Neben den Parteien waren es die „Massenorganisationen“, die als monopolistische Vereinigungen zur Organisierung verschiedener Bevölkerungsgruppen unter der Führung der SED deren politisches Herrschaftsmonopol sicherten; wichtigste Massenorganisationen waren der „Freie Deutsche Gewerkschaftsbund“ und die „Freie Deutsche Jugend“, deren erster Vorsitzender Erich Honecker hieß.

3.) Schließlich ist noch der **Staatsapparat** als Herrschaftsinstrument zur Durchsetzung des politischen Machtmonopols der SED zu nennen. Nachdem die SED den Einfluß der „bürgerlichen“ Parteien ausgeschaltet hatte, setzte sie mit Hilfe des

275 so Ulbricht, siehe Suckut, S.32
276 ebenda, S.35

Staatsapparates den Prozeß der staatlichen Machtausdehnung in Gang. Dabei bediente sie sich folgender Herrschaftstechniken:[277]

a.) Personalunion in den Führungsgremien von Partei und Staat. Hohe Staatsfunktionäre sind gleichzeitig Mitglieder des für ihre Dienststelle zuständigen Parteigremiums.

b.) Das Zusammenspiel der Apparate: Die Parteiführung erteilt Direktiven in Form von „Empfehlungen“ oder als „Parteiaufträge“ an die Parteimitglieder im Staatsapparat.

c.) Die Kaderpolitik: Die mit personalpolitischen Entscheidungen betrauten Kaderabteilungen im Staatsapparat sind mit Parteimitgliedern besetzt. Ebenso wie im SED-Apparat besteht im Staatsapparat das „Nomenklatursystem“.[278] Da Staatsfunktionäre in der Regel Parteimitglieder sind, besteht für sie eine doppelte Unterstellung, wobei die letzte Entscheidung in Personalangelegenheiten bei der Nomenklaturstelle des Parteiapparates liegt.

d.) Eine zusätzliche Kontrollfunktion üben die in allen Abteilungen des Staatsapparates bestehenden SED- Betriebsgruppen aus.

Die zunehmende Verstaatlichung des ökonomischen Subsystems

Die Verstaatlichung bzw. Kollektivierung der Wirtschaft in der SBZ/DDR durch Zurückdrängung des Privateigentums an Produktionsmitteln bildete die Grundlage für die Errichtung eines Systems zentraler Planung, Leitung und Kontrolle der Wirtschaftsprozesse.

Bereits im Herbst 1945 wurde im Zuge der „demokratischen Bodenreform“ der landwirtschaftliche Großgrundbesitz entschädigungslos enteignet und das Land an Kleinbauern und aus den ehemaligen deutschen Ostgebieten kommende Neubauern aufgeteilt. Die Umverteilung des landwirtschaftlichen Besitzes betraf etwa ein Drittel der landwirtschaftlichen Nutzfläche; etwa ein Drittel dieser Fläche gingen als „Volkseigene Güter“ in Staatseigentum über. Daß die Neuverteilung des landwirtschaftlichen Besitzes von der SMAD und der SED von vornherein als Vorstufe der Kollektivierung angesehen wurde, wird durch die Tatsache offensichtlich, daß die neuen Höfe mit einer Betriebsgröße von 8- 10 Hektar zu klein waren, um auf Dauer überlebensfähig zu sein.[279] Nachdem bis zum Jahr 1950 855 600 landwirtschaftliche Privatbetriebe entstanden waren, wurde im Jahr 1952 mit der Zwangskollektivierung der Landwirtschaft begonnen, die 1961 durch die „Vollkollektivierung“ abgeschlossen wurde. 1986 wurden 95% der landwirtschaftlichen Nutzfläche durch nichtpriva-

277 zum folgenden: Stern 1959, S.240ff

278 vgl. Voslensky 1987

279 Weber 1993, S.13

te Landwirtschaftsbetriebe (etwa 470 Staatsgüter und 3900 Landwirtschaftliche Produktionsgenossenschaften) bearbeitet.[280]

Ausgangspunkt der Verstaatlichung der Industrie war der sächsische Volksentscheid über die „Überführung der Betriebe von Kriegs- und Naziverbrechern in Volkseigentum“ vom Juni 1946. Unter dem Vorwand der Entnazifizierung wurden über 1760 Betriebe entschädigungslos enteignet. Ab August 1946 wurden in der ganzen SBZ unter Berufung auf den sächsischen Volksentscheid bis zum Jahr 1947 über 9000 Betriebe enteignet und 200 der größten Betriebe in „Sowjetische Aktiengesellschaften“ (SAG) umgewandelt. Der Anteil der nichtprivaten Industrie an der industriellen Bruttoproduktion betrug 1947 56% (Staatsbetriebe 36,8%, SAG 19,5%), 1950 77% und 1952 89%. Durch die Steuer- und Kreditpolitik wurden die privaten gegenüber den staatlichen Betrieben benachteiligt und die Anzahl ersterer sank von 48 000 im Jahr 1948 auf 21 000 im Jahr 1950. 1970 gab es noch 3393 private und 6457 halbstaatliche Betriebe , die im Jahr 1972 alle in Staatseigentum übergingen. Die staatseigene Industrie wurde stark konzentriert, die Zahl der staatlichen Industriebetriebe sank von 10 200 im Jahr 1973 auf 3449 im Jahr 1986 mit der hohen Durchschnittszahl von 943 Beschäftigten pro Betrieb.[281]

Neben der Produktionssphäre wurde auch die Zirkulationssphähre verstaatlicht bzw. kollektiviert: durch die Enteignung des privaten Großhandels entstand ein staatlicher Großhandel, der in den Deutschen Handelszentralen (DHZ) organisiert wurde; diese belieferten die Industrie, die Landwirtschaft und den Einzelhandel mit Produktionsmitteln und Konsumgütern. 1950 betrug der Anteil des staatlichen Großhandels am Großhandelsumsatz mehr als 67% und im Jahr 1965 mehr als 95%.

Im Einzelhandel wurde 1945 mit dem Aufbau von Konsumgenossenschaften begonnen, deren Anteil am Einzelhandelsumsatz im Jahr 1950 etwa 17% betrug. 1948 entstanden die Verkaufseinrichtungen der Staatlichen Handelsorganisation (HO), deren Anteil am Einzelhandelsumsatz 1950 26% betrug und bis 1960 auf über 37% anstieg. Im gleichen Jahr betrug der Anteil des „sozialistischen Detailhandels“ mehr als 77% des Einzelhandelsumsatzes.

Die Zahl der privaten Handwerksbetriebe verringerte sich von 304 000 im Jahr 1950 auf 173 000 im Jahr 1960. Die Zahl der handwerklichen Produktionsgenossenschaften stieg von 47 im Jahr 1953 auf fast 3 900 im Jahr 1960.[282]

Eine weitere Maßnahme zur Sicherung der Kontrolle des Staates über die Wirtschaft war die Einführung des staatlichen Außenhandels- und Valutamonopols. Das Außenhandelsmonopol galt seit 1947, als auf Befehl der Sowjetischen Militäradministration die „Deutsche Verwaltung für Interzonen- und Außenhandel“ gegründet wurde. Im Juni 1949 folgte die Gründung der ersten staatlichen Außenhandelsunter-

280 Schneider, S.20
281 Schneider, S.20f
282 ebenda, S.22

nehmen, die dem Ministerium für Innerdeutschen Handel, Außenhandel und Materialversorgung untergeordnet wurden. Das Staatliche Valutamonopol sollte sowohl alle internationalen Geldbeziehungen als auch den Inlandsmarkt der staatlichen Kontrolle unterwerfen.[283] Bereits 1945 wurden auf Befehl der Sowjetischen Militäradministration die alten Banken und Sparkassen geschlossen und die Sperrung aller vor dem 9. Mai 1945 entstandenen Guthaben eingeleitet. Das Bankwesen wurde zunächst auf Länderebene verstaatlicht und 1951 die Staatsbank der DDR gegründet.[284]

In dem wirtschaftlichen Chaos nach dem Zusammenbruch des Deutschen Reiches hatte sich in Form der Betriebsräte eine Arbeiterselbstverwaltung gebildet, welche die Wiederaufnahme der Produktion organisierte. Diese unabhängige Interessenvertretung wurde von der SED zerschlagen und durch die von der Partei kontrollierten Gewerkschaftsleitungen ersetzt; das sowjetische Leistungslohnprinzip und die Wettbewerbs- und Aktivistenbewegung wurden eingeführt.[285]

Die Besetzung der Führungspositionen in der Wirtschaft mit politisch „zuverlässigen" Personen wurde mittels der Berufung und Abberufung von Wirtschaftsfunktionären durch „Kaderkommissionen" der SED gewährleistet.[286] Besonderes Gewicht wurde auf die Gründung von SED-Betriebsgruppen gelegt. Von rund 6000 im Jahr 1946 stieg deren Zahl bis August 1948 auf 14 787. Fast 37% der damals 600 000 SED-Mitglieder waren damit in Betriebsgruppen organisiert.[287]

Die Anfänge der staatlichen Wirtschaftsplanung reichen bis ins Jahr 1945 zurück. Zunächst wurde mit der Schwerpunktplanung begonnen: zur Steuerung der Produktion wichtiger Güter (Kohle, Energie, Gas, Brennstoffe) erstellte die Sowjetische Militäradministration Vierteljahrespläne, die für staatliche und private Betriebe galten und das Produktionsprogramm festlegten.

Ende 1945 begann der Übergang von der Schwerpunktplanung zur volkswirtschaftlichen Gesamtplanung. Bei den Länderverwaltungen wurden Ämter für Wirtschaftsplanung eingerichtet, die allen industriellen Betrieben zuerst viertel- und dann halbjährliche Produktionsbefehle erteilen durften. Im Juni 1947 wurde die Deutsche Wirtschaftskommission als länderübergreifende Behörde gegründet und im Frühjahr

---

283 Die monopolistische Beherrschung der Inlandsnachfrage durch den Staat setzte das staatliche Preisfestsetzungsmonopol und die Einführung einer nichtkonvertierbaren Inlandswährung voraus: da das Geld nur im Inland Kaufkraft besitzt, ist ein Ausweichen der Nachfrager auf andere Märkte nicht möglich. Die Konsumenten sind, soweit sie nicht über Devisen für den Schwarzmarkt verfügen, dem staatlichen Angebotsmonopol unterworfen. Auf diese Art sollte die Nachfrage in die staatliche Planung integriert werden.

284 Schneider, S.24ff

285 Meuschel, 1993, S.50 und Suckut 1982

286 Hierfür gab es vier Nomenklaturstufen. Die erste Stufe umfasste Industrieminister und deren Stellvertreter sowie Generaldirektoren und Parteisekretäre von Kombinaten. Deren Ernennungbedurfte der Zustimmung des Politbüros der SED (Politbüronomenklatur). Schneider, S.27

287 ebenda

1948 wurde ihr gegenüber den Ländergremien Weisungsbefugnis erteilt. Der „Hauptverwaltung Wirtschaftsplanung" in der Deutschen Wirtschaftskommission wurde der größte Teil der staatlichen Betriebe als zentralgeleitete Industrie direkt unterstellt.

Im Jahr 1948 wurde der erste Jahreswirtschaftsplan erstellt, dem 1949/50 ein Zweijahresplan folgte. 1951 wurde mit dem Ersten Fünfjahresplan die langfristige Planung begonnen.[288]

Die zunehmende Verstaatlichung des kulturellen Subsystems

Seit dem Bestehen der Sowjetischen Besatzungszone hatte die KPD/SED eine dominierende Stellung in der Verfügungsgewalt über die Massenkommunikationsmittel; die Schlüsselstellungen in Rundfunk und Verlagswesen wurden von der SMAD an Kommunisten vergeben. Die Zeitungen der KPD/SED erhielten umfangreichere Papierzuteilungen und konnten in höherer Auflage als andere Zeitungen erscheinen. Seit 1949 wurde verstärkt gegen die oppositionelle Presse vorgegangen; die Handhabe lieferte der Artikel sechs der Verfassung, der „Boykotthetze" unter Strafe stellte. Mit Hilfe der politischen Justiz gelang es der SED schließlich, die Massenmedien vollständig unter ihre Kontrolle zu stellen.[289]

Die Kunst konnte sich in den ersten Nachkriegsjahren zunächst relativ frei entfalten. Dies änderte sich, als die SED die „kulturelle und moralische Umerziehung des Volkes" in Angriff nahm. Ende 1947 setzte die kulturpolitische Orientierung auf die Sowjetunion mit der Würdigung des „vorbildlichen Charakters der Sowjetliteratur der dreißiger Jahre" ein.[290] Der Erste Kulturtag der SED im Mai 1948 unterschied zwischen „Fortschritt" und „Dekadenz" in der Kultur; ein „historisch-materialistisches Bekenntnis im völkischen Gewand"[291] war die Aufforderung an die Intellektuellen, sich mit der Arbeiterklasse und der „volkstümlichen Kultur" zu verbünden und dabei dem westlichen kulturellen „Weltbürgertum", das die „Preisgabe der eigenen Kultur zugunsten einer fremden"[292] propagiere, zu entsagen.

Die Versuche der Partei, die Künstler für die Wirtschaftsplanung und die „Aktivistenbewegung" zu mobilisieren gingen einher mit der Durchsetzung des „Sozialistischen Realismus" als verbindlicher künstlerischer Stilform. Der 3. Parteitag der SED im Jahr 1950 formulierte die politische Aufgabe, einen „radikalen Umschwung auf allen Gebieten des kulturellen Lebens zu erzielen"[293], die Fünfte Tagung des ZK der SED im März 1951 ging dann zur offenen Denunziation von Künstlern über und führte das Prinzip von „Kritik und Selbstkritik" in die Kultur ein.

288 Thalheim 1961, S.278
289 vgl. Weber, 1993, S 25
290 so Johannes R. Becher auf dem ersten Schriftstellerkongreß, vgl. Meuschel 1992, S.77
291 ebenda, S.78
292 ebenda
293 ebenda

Es wurden staatliche Organe zur Kontrolle der Kunst gebildet, wobei besonders die „Staatliche Kommission für Kunstangelegenheiten“ zu nennen ist.

Die Parteikontrolle über die Kultur hatte zu einer Situation geführt, in der „bedeutende Schriftsteller, Musiker, Maler und Bildhauer, von SED-Funktionären formalistischer Ausdrucksweise bezichtigt, erleben mußten, wie ihre Bücher aus dem Verkehr gezogen, ihre Werke von den Theater-, Opern- und Konzertplänen abgesetzt und ihre Bilder von der Jury der Kunstausstellungen abgewiesen wurden.“[294]

Auch im Bildungssektor setzte die SED ihren Führungsanspruch durch: ab 1949 wurden in den Schulen nichtkommunistische Lehrer, besonders in den „gesellschaftswissenschaftlichen“ Fächern, durch SED-Mitglieder ersetzt. Durch die Gründung der „Jungen Pioniere“ sollten bereits die Kindergarten- und Schulkinder politisch indoktriniert werden.[295] An den Hochschulen wurde im Studienjahr 1951/52 das obligatorische marxistisch-leninistische Grundstudium eingeführt und der „Marxismus-Leninismus“ zur Grundlage aller wissenschaftlichen Forschung erklärt.

Im Verhältnis zu den Kirchen hielt sich der Staat in den ersten Nachkriegsjahren mit Angriffen zurück; erst ab 1950 wurde der offene Kampf begonnen. Den Kirchen wurde vorgeworfen, in der Vergangenheit das NS-Regime unterstützt zu haben und in der Gegenwart „einen reaktionären Vorstoß nach dem anderen gegen die Bewegung der Friedenskämpfer und gegen die demokratische Ordnung“ zu führen und einen monopolistischen Glaubenszwang durchsetzen zu wollen. Ferner behinderten sie „fortschrittliche“ Pfarrer.[296] Der Dritte Parteitag der SED versuchte vergeblich, die evangelische Kirche zu spalten, indem er zu einer innerkirchlichen „Protestbewegung“ aufrief. Die Partei- und Staatsfunktionäre wurden zum Kirchenaustritt aufgefordert und der Religionsunterricht in den Schulen beschränkt; kirchliche Spendenverteilungen wurden verboten, Kirchenzeitungen beschlagnahmt und der Druck von Gesangbüchern und Zeitungen durch die Verweigerung von Papierzuteilungen verhindert. In den Gottesdiensten waren Spitzel anwesend, die Belastungsmaterial gegen die Pfarrer sammelten.[297]

Besonders brutal war die Verfolgung der „Zeugen Jehovas“. Nachdem die Sekte 1950 verboten worden war, wurden in den folgenden Jahren Tausende ihrer Anhänger eingesperrt, mehrere zu lebenslanger Haft verurteilt.[298]

---

294 Stern 1959, S.143
295 Weber 1993, S.25
296 so Grotewohl auf dem 3. Parteitag der SED, vgl. Stern 1959, S.144
297 Stern 1959, S.144f
298 Fricke 1984, S.80

Die radikale Ausdehnung des staatlichen Regelungsbereichs im Zusammenhang mit der zweiten Parteikonferenz von 1952, „Neuer Kurs“ und die „erste Revolution zweiten Typs“ im Juni 1953

Nachdem die SED zur **Staatspartei** geworden war und ihre Vorherrschaft über alle gesellschaftlichen Bereiche errichtet hatte, radikalisierte sie ihren politischen Kurs nach der „Zweiten Parteikonferenz“ im Juli 1952; sie erklärte den „Aufbau des Sozialismus“ zur Tagesaufgabe und die „Staatsmacht“ zum „Hauptinstrument bei der Schaffung der Grundlagen des Sozialismus“.[299] In der Folge kam es zu einer radikalen Ausdehnung des staatlichen Regelungsbereichs:

- durch eine Verwaltungsreform wurden die Länder, und damit auch die gewählten Länderparlamente, aufgelöst. Die staatliche Verwaltung wurde zentralisiert und intern der „demokratische Zentralismus“ durchgesetzt; anstelle der Länder wurden 15 Bezirke gebildet, die Gemeindeverwaltungen in „örtliche Organe der Staatsgewalt“ umgewandelt. „An die Stelle der bis zu diesem Zeitpunkt noch formal gültigen Gewaltenteilung trat mit der Verwaltungsreform ein System der Befehlsübermittlung und der Kontrolle von oben nach unten, das den Bezirks-, Kreis- und Gemeindevertretern jede effektive Einflußnahme verwehrte.“[300]

- der Verstaatlichungsdruck auf die Wirtschaft wurde verstärkt. Der Beginn der Kollektivierung in der Landwirtschaft und die weitere Liquidierung des Privateigentums in Industrie, Handel und Handwerk wurde mit Terror- und Zwangsmethoden durchgeführt: „Unter der Beschuldigung der Steuerhinterziehung, politischer Widerstandstätigkeit, des Besitzes von unerlaubten Schriften (Westzeitungen, Broschüren aus der NS-Zeit) usw. wurden in den folgenden Monaten zahlreiche Gewerbetreibende, Bauern und Unternehmer verhaftet und enteignet.“[301] Ab April 1953 wurden an die „bürgerlichen“ Bevölkerungsschichten keine Lebensmittelkarten mehr ausgegeben, so daß diese gezwungen waren, überteuerte Produkte auf dem Schwarzmarkt zu kaufen.

- Die Angriffe des Staates auf die Kirche verschärften sich. Besonders die unter Oberschülern und Studenten als Alternative zur Staatsorganisation FDJ starken Anklang findende evangelische „Junge Gemeinde“ wurde gemaßregelt; Studenten und Oberschüler, die sich zur Mitgliedschaft bekannten, wurden relegiert; Studenten- und Jugendpfarrer wurden verhaftet, kirchliche Jugendheime aufgelöst.

- Nachdem die Zweite Parteikonferenz die „Aufstellung bewaffneter Streitkräfte“ beschlossen hatte, stieg der Druck auf die Jugendlichen, sich zum „freiwilligen“ Wehrdienst zu verpflichten. Mit der Organisation „Dienst für Deutschland“ wurde vorübergehend ein staatlicher Arbeitsdienst für Jugendliche eingeführt. Alle SED-

---

299 Stern 1959, S.148
300 ebenda, S.149
301 ebenda, S.149f

Mitglieder bis zu dreißig Jahren mußten sich einer vormilitärischen Lagerausbildung unterziehen.

Der steigende staatliche Druck und die von der Parteikonferenz bekräftigte und intensivierte Ausrichtung der Wirtschaft auf die vorrangige Entwicklung der Schwerindustrie auf Kosten des Lebensstandards der Bevölkerung ließen die Flüchtlingszahlen dramatisch ansteigen.[302]

Trotz des stetig ansteigenden Verstaatlichungsdrucks auf die Gesellschaft war es der SED nur teilweise gelungen, autonome Sozialbeziehungen innerhalb der Bevölkerung zu zerstören und durch die Atomisierung der Bürger Widerstand unmöglich zu machen. Der Versuch, die Deklassierung der Bürgerschaft zu verstärken, führte einerseits zur weitgehenden Zerschlagung der „bürgerlichen" Opposition. Andererseits führte der wachsende Widerstand der Arbeiterschaft die Gesellschaft in eine revolutionäre Entwicklungsphase.

Auch das im Juni 1953 von der SED auf sowjetischen Druck hin eingeleitete Ende des harten Kurses durch eine Entschärfung des Klassenkampfes konnte das Entstehen einer revolutionären Situation nicht verhindern. Die Konzessionen der Parteiführung erleichterten vor allem die Lage der „bürgerlichen" Schichten: beschlossen wurden Steuererleichterungen für Bauern und den gewerblichen Mittelstand; die Rückgabe enteigneter Betriebe; Straffreiheit für rückkehrwillige „Republikflüchtlinge"; erleichterter Zugang zu Oberschulen und Universitäten für Angehörige „nicht-proletarischer" Schichten; die Wiederausgabe von Lebensmittelkarten an alle Bevölkerungsgruppen. Ferner wurden Erleichterungen im innerdeutschen Reiseverkehr, die Rücknahme von Preiserhöhungen und die Überprüfung von Gerichtsurteilen versprochen. Nicht zurückgenommen wurden dagegen seit dem 1. Juni geltende Normerhöhungen für Arbeiter, die schließlich der Anlaß zum Ausbruch der Unruhen des 16./17. Juni waren.

Der Widerstand der Bürgerschaft gegen die Deklassierungspolitik der SED bis zum Jahr 1953 läßt sich folgendermaßen zusammenfassen:

- Der sozialdemokratische Widerstand:

Der Widerstand ehemaliger Sozialdemokraten in der SED-Spitze gegen die Errichtung der Parteidiktatur scheiterte bereits im Ansatz. Das ursprünglich für die Vereinigung von SPD und KPD eintretende Mitglied des Parteivorstands und Zentralsekretariats der SED, Erich W. Gniffke, initiierte 1948 ein Treffen ehemals führender Sozialdemokraten innerhalb der SED, um über die weitere Zusammenarbeit mit den Kommunisten zu beraten. Die konspirative Zusammenkunft, die das Experiment der Vereinigung als gescheitert betrachtete, wurde der SMAD, vermutlich durch Grotewohl, bekanntgemacht. Gniffke mußte aus der SBZ fliehen.[303]

---

302 vgl. Stern 1959.S. 154
303 Fricke 1984. S.34

Breiten Widerstand gab es an der Basis der SED durch ehemalige SPD-Mitglieder. Von Dezember 1945 bis April 1946 wurden mindestens 20 000 Sozialdemokraten „gemaßregelt, inhaftiert, sogar getötet".[304] Der Höhepunkt dieses Widerstandes, oft in Zusammenarbeit mit dem „Ostbüro" der SPD geleistet, wurde im Jahr 1948, dem Jahr der Umwandlung der SED in eine leninistische „Partei neuen Typs", erreicht. Das „Ostbüro" war im April 1946 beim Parteivorstand der West-SPD gegründet worden und bestand bis 1966; seine Aufgabe war die Aufrechterhaltung von Kontakten zu illegalen SPD-Zirkeln in der SBZ/DDR sowie das Sammeln von Informationen über die Diktatur. Die politische Verfolgung von Sozialdemokraten wurde oft durch den Vorwurf der Spionage für das „Ostbüro" gerechtfertigt.

-Der Widerstand der „bürgerlichen" Parteien gegen die Errichtung der Diktatur, für eine parlamentarische Demokratie und die Einheit Deutschlands vollzog sich vor allem in den Parlamenten, teilweise im Parteienblock. Die CDU profilierte sich dabei als die führende Oppositionspartei, die vor allem gegen die Rechtsunsicherheit und die schleichenden Enteignungen protestierte. Nach der Absetzung ihres Vorsitzenden Kaiser stieg die Zahl der Verhaftungen von CDU- und LDPD-Mitgliedern im Jahr 1948 stark an. Die Einschüchterung durch drakonische Strafurteile sowjetischer Militärtribunale und Sondergerichte ging der „Gleichschaltung" der Parteien bis zum Jahr 1950 voraus.

- Widerstand war vor allem unter der studentischen Jugend, besonders in den Hochschulgruppen von CDU und LDPD, weit verbreitet. Dieser Widerstand wurde durch staatlichen Terror bekämpft: „Allein bis zur Gründung der DDR sind mindestens 400 bis 500 Studenten vom sowjetischen Sicherheitsdienst verhaftet und wegen ihrer Opposition von sowjetischen Militärgerichten zu langjährigen Freiheitsstrafen und sogar zum Tode verurteilt worden."[305]

- Nach der Zerschlagung der legalen politischen Opposition Ende der vierziger/Anfang der fünfziger Jahre verlagerte sich diese auf illegale Aktionen. Weit verbreitet war das Malen von politischen Parolen an Wände; wegen dieses Vergehens gab es in den Jahren 1950/51 Hunderte von Strafprozessen.[306]

- Der Widerstand der Bauern richtete sich in erster Linie gegen die Zwangskollektivierung. Das ZK der SED erklärte im Mai 1953, daß „die Sabotage auf dem Lande, besonders in den MTS (Maschinen-Traktoren-Stationen, H.R.), stark zugenommen habe."[307] Die verzweifelte Stimmung auf dem Lande entlud sich besonders in Schlägereien zwischen Funktionären und Bauern, die bereit waren, in die Genossenschaften einzutreten einerseits, und Bauern, die ihren Besitz erhalten wollten andererseits.[308]

---

304 Fricke 1984, S.34
305 ebenda, S.60
306 ebenda, S.68
307 ebenda, S.132
308 ebenda

-Entscheidend für den Ausbruch der „Revolution zweiten Typs" im Juni 1953 war der Widerstand der Arbeiter, der sich als Verbindung von sozialem Protest und politischer Opposition äußerte.

Die Entrechtung der Arbeiterschaft begann bereits mit der Zerschlagung der demokratisch gewählten, nicht von Kommunisten dominierten Betriebsräte bis zum Jahr 1948. Sie setzte sich fort mit der Einführung von „Betriebskollektivverträgen", die zwischen Betriebsleitung und Betriebsgewerkschaftsleitung ausgehandelt wurden. Die Gewerkschaft, zum parteihörigen „Transmissionsriemen" geworden, richtete sich bei der Vertragsaushandlung nach den vorgegebenen Planrichtlinien; der Arbeiterschaft war so die Mitbestimmung verwehrt. Bereits 1951 kam es zu ersten Warnstreiks gegen die Kollektivverträge. In heftigen Auseinandersetzungen verweigerten Belegschaften die von ihnen geforderte Zustimmung zu den ausgehandelten Verträgen. Mit der Zweiten Parteikonferenz wurde ein verschärfter Wirtschaftskurs eingeschlagen, der mit Normerhöhungen und Konsumverzicht verbunden war. Ende 1952 kam es zu verstärkten Äußerungen von Unmut und erneuten Arbeitsniederlegungen. Als die SED im Juni 1953 ihren politischen Konfrontationskurs zurücknahm, eine beschlossene zehnprozentige Normerhöhung jedoch beibehielt, war der Aufstand der Arbeiter nicht mehr zu verhindern. Nachdem es bereits im April zu punktuellen Kurzstreiks gekommen war, war der Protestmarsch von Berliner Bauarbeitern am 16. Juni 1953 das Signal zum landesweiten Aufruhr.

Die sozialen Forderungen der Arbeiter schlugen schnell in politische Forderungen, vor allem nach dem Rücktritt der Regierung und nach freien Wahlen um. In den ehemaligen Zentren der Arbeiterbewegung vor 1933, auch in den ehemaligen KPD-Hochburgen, war der Widerstand am stärksten; Streikführer waren oft ehemalige Sozialdemokraten. Noch wochenlang nach der Niederschlagung des Aufstands durch sowjetische Truppen kam es zu erneuten Arbeitsniederlegungen für die Freilassung Verhafteter.[309]

Nach der Niederschlagung der Revolution von 1953: Zugeständnisse an die Bürgerschaft und erneute Ausdehnung des staatlichen Regelungsbereichs

Nachdem der Aufstand innerhalb eines Tages niedergeschlagen worden war, bekräftigte das Ende Juli tagende 15. ZK-Plenum der SED die Fortführung und Erweiterung des im Juni begonnenen „Neuen Kurses". Die Parteiführung machte folgende wirtschaftlichen und politischen Zugeständnisse:

- Die Normerhöhungen wurden zurückgenommen; die Kollektivierung der Landwirtschaft wurde gestoppt und den privaten Händlern und Bauern großzügige staatliche Unterstützung zugesagt.

- Mit dem Versprechen größerer Rechtssicherheit wurde eine teilweise Amnestie und die Milderung politischer Urteile angekündigt. Tatsächlich wurden im Juni 1956

309 ebenda, S.94ff

11 000 Personen begnadigt und bis Oktober 1956 rund 21 000 Häftlinge freigelassen.[310] Eine stärkere Mitwirkung des „Blocks“ und der Volkskammer an politischen Entscheidungen wurde verkündet.

- Die Parteikontrolle über das öffentliche Leben wurde vermindert, die Politisierung und Ideologisierung aller Lebensbereiche gestoppt und die Existenz unpolitischer Bereiche stärker akzeptiert. So versprach das 15. Plenum des ZK der SED eine Normalisierung der Beziehungen zwischen Staat und Kirche; die „freie schöpferische Tätigkeit“ in Wissenschaft und Kunst sollte gewährleistet werden, die Zensur in der Literatur wurde gelockert.[311]

Neben den genannten Zugeständnissen traf die Parteiführung nach dem Aufstand auch Maßnahmen zur Absicherung ihrer Macht. So wurden Polizei und Staatssicherheit personell verstärkt; eine Parteimiliz, die „Betriebskampfgruppen“, wurde zur Bekämpfung eventueller Aufstände gegründet.[312] In einer Welle politischer Verfolgung wurden Tausende von Teilnehmern am Aufstand festgenommen und viele zu langjährigen Freiheitsstrafen verurteilt. Von sowjetischen Militärgerichten wurden mindestens 19, von DDR-Gerichten mindestens drei Todesurteile gefällt. Zum Nachfolger des gestürzten und verhafteten Justizministers Max Fechner, der sich gegen eine politische Verfolgung der Streikenden aussprach, wurde Hilde Benjamin ernannt. Sie hatte sich als „Hardliner“ in politischen Schauprozessen einen Namen gemacht.[313]

Dem Aufstand folgte eine weitgehende Säuberung des mittleren Parteiapparates: über 60% der Mitglieder der SED-Bezirksleitungen und über 70% der 1. und 2. Kreissekretäre wurden ausgetauscht.[314]

Als die Partei ihre Herrschaft durch Zugeständnisse und politische Verfolgung gesichert hatte, nahm sie den „Neuen Kurs“ zurück. Bereits Ende 1954 wurde der Kampf gegen die Kirche wiederaufgenommen; auf die Jugendlichen wurde Druck ausgeübt, an der staatlichen Jugendweihe anstelle der Konfirmation teilzunehmen.

Seit Sommer 1955 wurde die Schwerindustrie wieder stärker auf Kosten der Konsumgüterindustrie gefördert. Schließlich wurde die Kollektivierung der Landwirtschaft, wenn auch ohne die extremen Zwangsmethoden früherer Jahre, wiederaufgenommen.[315]

Der Partei war es zwar gelungen, den Massenwiderstand der Arbeiter zu brechen; aber nach wie vor kam es zu vereinzelten Streiks und Streikdrohungen. Als Form passiven Widerstands war die Leistungsverweigerung durch

310 Weber 1993, S.46
311 Stern 1959, S.171f
312 Fricke 1984, S.100
313 ebenda, S.99
314 Weber 1993, S.41
315 vgl. Stern 1959, S. 169ff

„Langsamarbeiten“ weit verbreitet.[316] Eine neue Protestwelle ging im Jahr 1956 unter dem Einfluß der polnischen und ungarischen Revolutionen[317] von den Universitäten aus. Die Zentren des studentischen Widerstands waren die Humboldt-Universität in Berlin und die Karl- Marx-Universität in Leipzig, besonders die Medizinischen Fakultäten. Die Studenten forderten eine umfassende Hochschulreform, die 1.) unabhängige Studentenvertretungen unter Ausschluß der FDJ garantieren sollte. 2.) Die große Anzahl belastender Zwischenprüfungen sollte verringert werden. 3.) Das gesellschaftswissenschaftliche Grundstudium und der obligatorische Russischunterricht sollten wegfallen 4.) Die freie Wahl des Studienorts sollte gewährleistet werden. Neben diesen Forderungen, die sich auf die Gewährung der universitären Autonomie und den Abbau staatlicher Bevormundung in der Universität bezogen, wurde gegen die verstümmelte Veröffentlichung des Reformprogramms Gomulkas in der Presse protestiert. Bei den Forderungen in Bezug auf die Zwischenprüfungen und den Russischunterricht war die Regierung zu Konzessionen bereit; sie lehnte jedoch den Abbau des Grundstudiums und die Zulassung unabhängiger Organisationen ab. Weiterhin versuchte die Parteiführung, die Arbeiterschaft gegen die Studenten zu mobilisieren und schickte „Arbeiterdelegationen“ in die Universitäten.

Es gelang der SED, ein Bündnis zwischen Arbeitern, Studenten und Intellektuellen zu verhindern. Gerade die Intellektuellen, die sich begeistert vom „polnischen Weg“ Gomulkas zeigten, waren in den letzten Jahren materiell privilegiert worden, was zu Ressentiments in der Arbeiterschaft geführt hatte. Während des hauptsächlich von den Arbeitern getragenen Aufstandes von 1953 waren sie abseits geblieben; ihren Bemühungen um eine Demokratisierung und Liberalisierung des Sozialismus stand die Arbeiterschaft gleichgültig gegenüber.[318]

Dennoch entschied sich die Parteiführung, soziale Verbesserungen zuzugestehen um eine Solidarisierung von Arbeitern und Intellektuellen und eine daraus erwachsende Aufstandsgefahr zu verhindern. Die Altersrenten wurden erhöht und der Wohnungsbau forciert. Ab 1957 wurde die 45-Stunden-Woche eingeführt. Versprochen, aber nicht realisiert, wurde die Gründung von „Arbeiterkomitees“, die jedoch - im Gegensatz zu den polnischen Arbeiterkomitees - nur beratende Funktion haben sollten.[319]

Durch eine vorübergehende wirtschaftliche Erholung, die Steigerung des Lebensstandards, die Abschaffung der Lebensmittelkarten und die Gewährung persönlicher Freiräume sank die Flüchtlingszahl im Jahr 1958. Die Jahre 1958 und 1959 brachten so eine Konsolidierung der Parteiherrschaft; dies wurde von der Führung

---

316 Fricke 1984. S.104

317 zur ungarischen Revolution vgl. Hacker 1983

318 vgl. Weber. 1993. S.46f: Stern 1959. S.223: Meuschel 1992. S.152ff

319 zu den polnischen Komitees: Anweiler 1958
zu den sozialen Zugeständnissen an die Bevölkerung: Stern 1959. S.224

genutzt, um ab 1959 den staatlichen Regelungsbereich erneut forciert auszudehnen. Die Steigerung des Niveaus der Verstaatlichung der Wirtschaft wurde zunächst behutsamer als 1952 in Angriff genommen; durch die Bildung halbstaatlicher Betriebe, an denen der Staat zunächst nur eine 50%ige oder höhere Beteiligung besaß, sollte eine „friedliche" Umwandlung des industriellen Privateigentums in Staatseigentum erreicht werden.

Im Januar 1959 verabschiedete das ZK der SED Thesen zur „sozialistischen Umgestaltung des Schulwesens", die neben dem Einsatz der Schüler in der Produktion eine Verstärkung der ideologischen Erziehung vorsahen. Bereits 1958 hatte die Dritte Hochschulkonferenz der SED die Aufgabe formuliert, die Universitäten in „sozialistische Bildungsstätten" umzuwandeln. Neben der Fachausbildung sollte dabei die ideologische Schulung vertieft werden.[320]

Der Druck auf die „Kulturschaffenden" wurde erneut verstärkt, der „Sozialistische Realismus" wieder zur verbindlichen Stilform. Künstler und Schriftsteller wurden gemaßregelt; so wurde der Schriftsteller Erich Loest 1958 verhaftet, Theater, Film und Illustrierten wegen mangelnder „Klassenposition" kritisiert.[321]

Die Kollektivierung der Landwirtschaft wurde erneut forciert, Bauern durch Druck und Zwang zum „freiwilligen" Eintritt in die Landwirtschaftlichen Produktionsgenossenschaften (LPGs) gebracht und widerstrebende Bauern verhaftet. Von Januar bis März 1960 traten über 500 000 Bauern neu in die LPGs ein, 1961 wurden 90% der landwirtschaftlichen Bruttoproduktion im „sozialistischen Sektor" (LPG und Staatsgüter) erwirtschaftet.

Auch im Handwerk setzte ein radikaler Veränderungsprozeß ein; während 1958 noch 93% des Gesamtprodukts im privaten Handwerk erzeugt wurde; sank dieser Anteil 1961 auf 65%. Im Einzelhandel sank der Privatanteil auf unter 10%.[322]

Im April 1961 verabschiedete die Volkskammer ein „Gesetzbuch der Arbeit", indem das verfassungsmäßige Streikrecht nicht erwähnt wurde. „Die strengen Verfügungen über die 'sozialistische Arbeitsdisziplin' oder die Machtfülle der Betriebsleiter gegenüber den Werktätigen stießen bei der Arbeiterschaft auf Kritik."[323]

Verstärkt durch die seit 1960 auftretenden, ernsthaften wirtschaftlichen Schwierigkeiten und Versorgungsmängel führte der zunehmende Druck auf breite Bevölkerungskreise zum dramatischen Anstieg der Flüchtlingszahlen. 1959 flüchteten 143 000 , 1960 bereits 199 000 Menschen. Als die Flüchtlingszahl lawinenartig anstieg, allein im April 1961 erreichte sie 30 000, stimmte die Sowjetunion im August 1961 der Initiative Ulbrichts zur Abriegelung der Staatsgrenze zu.[324] Durch den Bau der

---

320 Weber. 1993. S.52
321 ebenda. S.54
322 ebenda.S.64
323 ebenda. S.55
324 zur Rolle Ulbrichts: Weber 1993. S.56

Mauer und die Verhinderung der Ausreisemöglichkeiten schränkte die Partei die Bewegungsfreiheit der Bürger radikal ein, mit anderen Worten: sie vergrößerte ihre Regelungsmacht enorm.

1961 - 1989: Deklassierung in der „geschlossenen Gesellschaft".

Die Jahre 1960/61 waren einerseits durch die Wirtschaftskrise und das Sinken des Lebensstandards, andererseits durch ein hohes Niveau der gesellschaftlichen Entfremdung, d.h. eine starke Ausdehnung des staatlichen Regelungsbereiches gekennzeichnet. Anders als im Jahr 1953 kam es aber nicht zum Ausbruch von Massenwiderstand gegen die Parteiherrschaft; die Wirtschaftskrise fällt nicht mit einer politischen Ent-Deklassierung der Bürgerschaft zusammen.

Gegenüber dem Jahr 1953 hatte sich die Deklassierung der Bürgerschaft vertieft: die Verstaatlichung der Industrie wurde weitergeführt, die Landwirtschaft „vollkollektiviert". Die Partei hatte unabhängige Institutionen mit Ausnahme der Kirchen weitgehend vernichtet. Staat, Wirtschaft, Massenmedien, Wissenschaft und Kunst „unterstanden der direkten und inhaltlichen Lenkungs- und Definitionsmacht der SED."[325]

Das Ausbleiben stärkeren Widerstandes gegen die zunehmende Deklassierung in den Jahren von 1954 bis 1961 läßt sich mit dem „Wippen-" oder „Hydraulik-Modell"[326] verständlich machen. Angenommen wird dabei folgender Zusammenhang zwischen **Abwanderung** und **Widerspruch** innerhalb einer Gesellschaft: Der Verfall der Gesellschaft erzeugt den Druck der Unzufriedenheit, der sich in Abwanderung oder Widerspruch äußert. „Je mehr Druck durch Abwanderung entweicht, desto weniger stehe zur Verfügung, um Widerspruch zu schüren."[327]

Der Zusammenhang zwischen der Anzahl der Flüchtlinge aus der DDR zwischen 1949 und 1961 und dem relativ geringen Widerstand gegen die Ausdehnung des staatlichen Regelungsbereiches seit 1953 läßt sich auf der Grundlage des „Hydraulik- Modells" dann folgendermaßen beschreiben:

1953 steigt die Flüchtlingszahl im Vergleich zu den Vorjahren sprunghaft an: 1949: 129 245 Flüchtlinge; 1950: 197 788; 1951: 165 648; 1952: 182 393; 1953: 331 396.[328]

Das starke Ansteigen der Flüchtlingszahl im Jahr 1953 senkt den Druck auf die Parteiführung, im Anschluß an den gescheiterten Aufstand des 17. Juli tiefgreifende Reformen einzuleiten; im Gegensatz zur polnischen Entwicklung im Jahr 1956 bringt der „Neue Kurs" der Jahre 1953/54 nur eine geringe Einschränkung des

325 Lepsius 1994, S.19
326 Zwahr 1994.S. 438, Hirschman 1974
327 Zwahr 1994, S.438
328 ebenda, S.440

staatlichen Regelungsbereiches. Er beschränkt sich hauptsächlich auf einige kurzfristig geltende wirtschaftliche Zugeständnisse.

1955 setzt erneut eine Steigerung des staatlichen Regelungsbereichs ein, die gegenüber dem Jahr 1954 eine Steigerung der Flüchtlingszahlen bewirkt: 1954: 184 198 Flüchtlinge; 1955: 252 870; 1956: 279 189; 1957: 261 622; 1958: 204 092.

Im Jahr 1959 sinkt die Flüchtlingszahl signifikant auf 143 917; in diesem Jahr kommt es aufgrund der wirtschaftlichen Erholung zu einer spürbaren Verbesserung des Lebensstandards.

1960/61 steigen die Flüchtlingszahlen auf über 200 000 jährlich. Von Januar bis August 1961 haben bereits 207 026 Personen die DDR verlassen.[329]

Die Jahre 1960/61 bringen eine starke Ausdehnung des staatlichen Regelungsbereiches durch die „Vollkollektivierung" der Landwirtschaft und ein fühlbares Sinken des Lebensstandards in einer schweren wirtschaftlichen Krise, ohne daß dies zu Massenwiderstand führt.

Die Betrachtung der Sozialgruppenzugehörigkeit der Flüchtlinge der Jahre 1949 bis 1961 erlaubt folgende Hypothese zur Auswirkung der Fluchtbewegung auf die Gesellschaftsstruktur der DDR: es flüchten Enteignete, Entnazifizierte, Menschen, die den gesellschaftlichen Führungsanspruch der SED ablehnen und die ihre Daseins- und Aufstiegsperspektiven innerhalb der Gesellschaft negativ beurteilen. „Die DDR-Gesellschaft gewann dadurch an politischer Homogenität; sie verlor zugleich an Bürgerlichkeit, und zwar nicht nur an kommerzieller Kultur; sie verlor an Differenzierung und zugleich an Potentialen, die zur Durchsetzung von Differenzierung und Verrechtlichung fähig gewesen wären."[330] Die durch die Fluchtbewegung verstärkte gesellschaftliche Homogenisierung und Entdifferenzierung bedeutete einen fühlbaren Verlust an Widerstandspotential gegen die Diktatur der Partei.

Seit der zweiten Hälfte der fünfziger Jahre flüchteten vorwiegend junge Menschen, deren Widerstandsneigung gegenüber anderen Altersgruppen als relativ hoch angenommen werden kann.

In die gesellschaftlichen Positionen, die bisher von Angehörigen des Bürgertums eingenommen wurden, rücken SED-Kader ein; die massenhaften Aufstiegskanäle für diese Bevölkerungsgruppe, die sowohl durch die „klassenkämpferische" Politik der Partei als auch durch die damit hervorgerufene Flucht „bürgerlicher" Personen entstehen, wirken zusätzlich systemstabilisierend.

Die Arbeiterschaft als Träger der Revolution von 1953 ist politisch desillusioniert. Ihre Revolution wurde von der Intelligenz nicht unterstützt; sie war zu kurz und in ihrer Wirkung zu gering, um eine Widerstandstradition zu begründen. Es fehlt, anders als in Polen, das Gefühl „fast gesiegt" zu haben. Es kann sich keine revolutionäre Gegenelite ausbilden, denn „die streitbarsten Potentiale dieses Kon-

329 ebenda
330 ebenda. S.442

flikts wurden polizeilich unterdrückt und/oder gingen über die innerdeutsche Grenze. Die Masse des Volkes wurde mit - wenn auch nur kurzzeitig wirksamen - ökonomischen Erleichterungen ruhiggestellt."[331]

Mit dem Bau der Mauer im August 1961 trat eine entscheidende Veränderung der politischen Situation ein: die „gleichzeitige Unterdrückung von Abwanderung und Widerspruch".[332] Die Massenabwanderung der späten fünfziger Jahre und der Jahre 1960/61 wurde durch die große Anzahl der Flüchtlinge von einem herrschaftsstabilisierenden zu einem die Herrschaft der Partei in höchstem Grade destabilisierenden Faktor. Die DDR wurde mit dem Mauerbau zur „geschlossenen Gesellschaft"; von 1962 bis Ende 1988 gelangten nur noch 173 065 Flüchtlinge und 29 766 politische Häftlinge durch Freikauf von der DDR in die BRD.[333]

Wollte die Parteiführung eine revolutionäre Explosion des durch die gleichzeitige Unterdrückung von Widerspruch und Abwanderung entstehenden Drucks verhindern, mußte sie neue Ventile zur Druckverminderung öffnen. Der politischen Führung gelang es, mithilfe präventiver Krisenstrategien Massenwiderstand zu verhindern und den Zustand der Deklassierung der Bürgerschaft bis in das Jahr 1989 zu erhalten.

Die präventiven Krisenstrategien der Parteiführung zur Aufrechterhaltung der Deklassierung der Bürgerschaft

Die präventiven Krisenstrategien beinhalteten sowohl den **Ausbau des Repressionsapparates** als auch die Neutralisierung der Bürgerschaft durch die **Einleitung einer dosierten staatlichen Deregulierung „von oben"**.

1.) Der Ausbau des Repressionsapparates:

a.) Die Entwicklung der „Staatssicherheit".

Der Staatssicherheitsapparat wurde kontinuierlich **quantitativ** ausgebaut. 1952 zählte er etwa 4000 hauptamtliche Mitarbeiter, 1955 waren es etwa 9000 und 1957 17 500.[334] Im Jahr 1989 war die Anzahl auf etwa 42 000 gestiegen.[335] Unterstützt wurden die hauptamtlichen Mitarbeiter durch ein Heer inoffizieller Mitarbeiter, deren Zahl 1984 etwa 140 000 und 1988 etwa 173 000 betrug. In den Jahren 1985/86 kam auf 120 Einwohner der DDR ein inoffizieller Mitarbeiter der Staatssicherheit.[336]

Zu dem **quantitativen** kam der **qualitative** Ausbau des Staatssicherheitsapparates. Aufgrund der Auswahl der Mitarbeiter nach politischen Gesichtspunkten war das professionelle Niveau in den fünfziger Jahren gering. 1951 gründete die Staatssicherheit eine eigene Ausbildungsstätte in Potsdam-Eiche, die seit 1965 den Status

---

331 Niethammer 1994, S.112
332 Zwahr 1994, S.439
333 Zwahr 1994, S.443
334 Vollnhals 1994, S.502
335 Fricke 1991, S.32
336 Vollnhals 1994, S.508ff

einer Hochschule besaß. Die „Akademisierung" der Ausbildung - in den achtziger Jahren besaß fast die Hälfte der hauptamtlichen Mitarbeiter eine akademische Ausbildung - verstärkte die Professionalisierung; so wurde etwa die „operative Psychologie" zur Waffe der „Feindbekämpfung".[337]

Der enorme Ausbau des Ministeriums für Staatssicherheit in den siebziger und achtziger Jahren ging mit einer breiten Aufgabenstellung einher. Die Staatssicherheit hatte *a.*) den Informationsbedarf der politischen Führung in einer Gesellschaft ohne freien Informations- und Meinungsaustausch zu decken; *b.*) die Bevölkerung flächendeckend zu überwachen und die politische Opposition auszuschalten und

c.) die „schadensvorbeugende" Aufgabe „umfassender Sozialsteuerung und gezielter Manipulation gesellschaftlicher Entwicklungsprozesse".[338]

b.) Neben den Ausbau des Staatsicherheitsapparates trat die Verschärfung des politischen Strafrechts und die Kriminalisierung der politischen Opposition.

Rechtliche Grundlage der politischen Verfolgung war der „Boykott-Hetze"- Artikel der Verfassung von 1949. 1957 und 1962 wurden Strafrechtsergänzungsgesetze beschlossen, die ebenso wie das neue Strafgesetzbuch von 1968 die Zahl der strafbaren politischen Delikte jeweils vergrößerten und die Mindeststrafen für solche Vergehen erhöhten. Das politische Strafrecht wurde in den Jahren 1974, 1977 und 1979 durch Strafrechtsänderungsgesetze abermals erweitert und verschärft.[339]

2.) Neben Kontrolle, Repression und Ausgrenzung traten seit 1962 verstärkte Versuche der Herrschaftsstabilisierung durch eine Politik der dosierten staatlichen De-Regulierung:

a.) Die wirtschaftliche De-Regulierung wurde mit der Ablösung des administrativen Systems der Planung und Leitung durch das „Neue Ökonomische System der Planung und Leitung" im Jahr 1963 eingeleitet. Anstelle der „verhaltensanweisenden" traten „verhaltensinduzierende" Planungs- und Leitungsmethoden.

b.) Der als Folge der Wirtschaftsreform eingetretene steigende Lebensstandard und die Verkürzung der Arbeitszeit - seit April 1966 wurde für jede zweite Woche die Fünf-Tage-Arbeitswoche eingeführt - ermöglichten das Entstehen einer „Nischengesellschaft". Der Rückzug ins Private, die Befriedigung individualistischer Bedürfnisse außerhalb der staatlich kontrollierten Sphäre hatten eine wichtige Ventilfunktion. Dort „konnte Kreativität und Individualität... in Freiräumen von der herrschenden Lehre" ausgelebt werden. Die Nischen waren „keineswegs auch grundsätzlich Widerstandsnester... Es ist geradezu ein Kriterium der mitteldeutschen Nischen, daß ihre Inhaber, ihre Einwohner sich durch die Möglichkeit der Nische,

337 Vollnhals 1994. S.505
338 Vollnhals 1994. S.514
339 Fricke. 1984. S.15

des individuellen Glücks im Winkel mit dem Regime ihres Staates arrangiert haben. Wer sich mit ihm überwirft, tritt aus der Nische heraus."[340]

c.) Die Flüchtlinge der zweiten Hälfte der fünfziger Jahre waren vorwiegend Jugendliche bzw. junge Erwachsene; eine Gruppe also, die besonders sensibel auf Bevormundung reagiert und konfliktbereit ist. Eine Änderung der bisherigen Politik der Gängelung der Jugendlichen schien sich abzuzeichnen, als sich auf der 12. Tagung des Zentralrates der FDJ im Dezember 1962 deren 1. Sekretär Horst Schumann gegen die Absicht aussprach, die Jugendlichen zu „spießbürgerlichen Musterknaben" zu erziehen. In einem „Jugendkommunique" versprach die SED im September 1963, das bisherige Ausweichen vor „unbequemen Fragen" und die Förderung der „Heuchelei" zu beenden. In einem neuen Jugendgesetz vom Mai 1964 wurde den Jugendlichen relativ große Selbstständigkeit eingeräumt.[341]

d.) Im kulturellen Bereich wurden nun mehr Freiräume zugestanden. Im Jahr 1963 konnten kritische Liedermacher, wie etwa Wolf Biermann, öffentlich auftreten. Eine „kritische literarische Welle" brachte die Veröffentlichung der Werke von Schriftstellern wie Erwin Strittmatter, Christa Wolf und Erik Neutsch. Ferner erschienen Lizenzausgaben westlicher Literatur.[342]

Politische Stabilisierung und staatliche Re-Regulierung

Mit Hilfe der dargestellten Strategien gelang es der Parteiführung, die Krise des Mauerbaus zu überwinden und ihre Herrschaft zu stabilisieren. Mit der politischen Stabilisierung setzte eine erneute Ausdehnung des staatlichen Regelungsbereiches ein:

a.) Eine Wende in der Kulturpolitik brachte das berüchtigte 11. Plenum des ZK der SED im November 1965: Erich Honecker kritisierte als Beauftragter des Politbüros „schädliche Tendenzen" und die Verbreitung von „Skeptizismus" und „Unmoral" in Film, Theater und Literatur. Seine Anklagen gipfelten in persönlichen Angriffen auf kritische Künstler und Intellektuelle, besonders auf Wolf Biermann, Robert Havemann und Stefan Heym, und in der Forderung nach einer „sauberen Leinwand".[343] Nachdem Havemann bereits 1964 aus der SED ausgeschlossen worden war und Berufsverbot erhalten hatte, verschärften sich in der Folge des 11. Plenums die Repressalien gegen Oppositionelle. Das kulturelle Leben verödete und die ideologische Indoktrinierung wurde, vor allem im Bildungsbereich durch die Einführung des „Staatsbürgerkundeunterrichts", verstärkt.[344]

b.) In den Jahren 1970/71 wurde das wirtschaftliche Reformexperiment beendet und zur administrativen Planung und Leitung der Wirtschaft zurückgekehrt.

---

340 Gaus 1983, S.157
341 Weber, 1993, S.63
342 Weber, 1993, S.64
343 Weber, 1993, S.64
344 ebenda

Der Machtwechsel von Ulbricht zu Honecker; die dosierte De-Regulierung im kulturellen Bereich und ihr Ende

1971 wurde Ulbricht vom Politbüro gestürzt und Honecker zu seinem Nachfolger ernannt. Ulbricht war nicht bereit gewesen, nach der erfolgreichen Stabilisierung der Parteiherrschaft die eingeleitete Wirtschaftsreform zu beenden und zur traditionellen administrativen Lenkungsmethode zurückzukehren. Damit stellte er sich gegen das Interesse der Parteibürokratie an der erneuten Ausdehnung ihrer Regelungsmacht in der Wirtschaft, was er mit seiner Entmachtung bezahlen mußte.[345]

Dem Machtwechsel waren im Jahr 1970 ernste Versorgungsschwierigkeiten und vereinzelte Arbeitsniederlegungen vorausgegangen; die sozialen Spannungen hatten sich, wenn auch nicht in einem Ausmaß, das die Parteiherrschaft ernsthaft bedrohte, verstärkt. Die neue politische Führung um Honecker beruhigte die politische Lage einerseits durch eine starke Förderung der Konsumgüterproduktion. Andererseits wurden die Jahre 1971-76 zu „Jahren der Hoffnung" auf eine Liberalisierung des Systems; Anlaß war eine erneute De-Regulierung im kulturellen Bereich. Im Dezember 1971 verkündete Honecker, daß es für Inhalt und Stil der Kunst „keine Tabus" geben dürfe, solange man „von der festen Position des Sozialismus ausgeht".[346] Bisher verbotene Bücher, so von Stefan Heym, Hermann Kant und Ulrich Plenzdorf, konnten erscheinen. In der Literaturzeitschrift „Sinn und Form" wurden kontroverse Diskussionen zu kulturpolitischen Themen geführt, auf den Künstlertreffen herrschte allgemein eine kritikfreudige Atmosphäre vor.

Aber bereits 1976 - die sozialen Spannungen waren durch eine Verbesserung des Konsumgüterangebots abgeklungen - setzte eine „neue, finstere Phase in der Kulturpolitik" ein.[347] Rainer Kunze, seit 1968 wegen seines Protestes gegen die Unterdrückung des „Prager Frühlings" von der Zensur bedroht, wurde aus dem Schriftstellerverband ausgeschlossen. Als Wolf Biermann am 16. November während eines Aufenthaltes in der Bundesrepublik aus der DDR ausgebürgert wurde, kam es einerseits zu Solidaritätsäußerungen vieler Künstler, während andere in die geforderte Verdammung Biermanns einstimmten. Seit dieser Zeit war die Ausweisung kritischer Künstler ein gängiges Mittel der SED-Führung zur Aufrechterhaltung ihrer Vorherrschaft über die Kultur.

Im Jahr 1979 wurde eine neue Taktik der Unterdrückung kritischer Künstler eingeführt: Nachdem Heym und Havemann ohne die Zustimmung des „Büros für Urheberrechte" Bücher in der Bundesrepublik veröffentlicht hatten, wurden sie wegen „Devisenvergehen" zu Geldstrafen verurteilt. Der Absicht, die Veröffentlichung kritischer Werke von DDR-Schriftstellern im Westen zu verhindern, diente § 219

---

345 vgl. Roesler 1991, S.156ff
346 zitiert bei Wallace 1991, S.110
347 Wallace 1991, S.112

des Strafgesetzbuches, der „ungesetzliche Verbindungsaufnahme" unter Strafe stellte.[348]

Der Sonderstatus der Evangelischen Kirche im Staat und die Entstehung einer unabhängigen Oppositionsbewegung

Bis in die siebziger Jahre hinein war das Verhältnis zwischen Staat und Kirchen in der DDR sehr spannungsreich. Der „Kirchenkampf" der fünfziger Jahre war mit der Einschränkung der Religionsfreiheit, administrativem Vorgehen gegen die Kirchen und Restriktionen vor allem gegen christliche Schüler und Studenten verbunden. Die Partei versuchte, die christliche Bevölkerung unter Umgehung der Institution Kirche in den sozialistischen Staat zu integrieren. Dazu bediente sie sich der Blockpartei CDU und förderte die Bildung SED-abhängiger christlicher Gruppierungen. Eine eigenständige Rolle der Kirchen in der Gesellschaft wurde von der Partei abgelehnt

In der Kirchenpolitik vollzog sich in den siebziger Jahren ein grundlegender Wandel, der zur Anerkennung der Eigenständigkeit der Kirchen führte. Es begann die Phase der Kooperation zwischen Evangelischer Kirche und Staat. Voraussetzung der neuen Politik war die organisatorische Trennung der Landeskirchen in der DDR von der gesamtdeutschen Evangelischen Kirche, die im Jahr 1969 mit der Gründung des „Bundes der Evangelischen Kirche in der DDR" vollzogen wurde. Die entscheidende Wende im Verhältnis von Kirche und Staat brachte ein Grundsatzgespräch zwischen Honecker und dem Vorstand des Evangelischen Kirchenbundes am 6. März 1978; vorausgegangen waren Zugeständnisse an die Kirche, wie die (von der SED beschlossene) Auflösung des parteiabhängigen „Pfarrerbundes" und die Erlaubnis zur Errichtung von Kirchen und Gemeindezentren in Neubaugebieten.

In dem Grundsatzgespräch von 1978 ging es „anders als bei den Regierungsverhandlungen der fünfziger Jahre... nicht um die rückwärts gerichtete Regulierung angestauter Konflikte, sondern um das zukünftige Verhältnis einer nicht mehr als Überrest der bürgerlichen Gesellschaftsformation verstandenen, legitim in der sozialistischen Gesellschaft existierenden Kirche zum Staat."[349]

Die Evangelische Kirche definierte sich in ihrem neuen Selbstverständnis als „Kirche im Sozialismus". Dies beinhaltete die Anerkennung der bestehenden Machtverhältnisse; sie beanspruchte jedoch auch Mitsprache in gesellschaftspolitischen Fragen über unmittelbar religiöse Angelegenheiten hinaus, vor allem in Fragen der Meschenrechte.[350] Die SED erkannte dieses kirchliche Selbstverständnis an, soweit es um das Recht der **Formulierung** von gesellschaftlichen Mißständen ging. Ein **Mitbestimmungsrecht** der Kirche in gesellschaftlichen Fragen wurde jedoch abge-

---

348 Wallace 1991, S.112ff

349 Henryks 1988, S.334

350 Henryks 1988, S.336f

lehnt; die Partei entschied allein, über welche Fragen sie mit der Kirche verhandelte. Dennoch hatte die Evangelische Kirche eine einzigartige Stellung innerhalb des politischen Systems inne: als einzige Großorganisation war sie nicht, wie die „Massenorganisationen", der Führung der Partei und dem „demokratischen Zentralismus" sowie dem „Nomenklatursystem" unterstellt. Sie hatte das Recht, ansonsten tabuisierte Probleme im innerkirchlichen Rahmen anzusprechen; dort konnte sie sowohl eine relative Meinungs- und Pressefreiheit als auch ein relativ freies Versammlungsrecht durchsetzen.

Von entscheidender Bedeutung für die weitere gesellschaftliche Entwicklung in der DDR erwies sich eine neue Funktion der Evangelischen Kirche: sie gewann „zunehmend Bedeutung als Frei- und Gestaltungsraum von oft nicht mehr religiös sozialisierten Menschen"[351], die gesellschaftliche Veränderungen innerhalb der DDR herbeiführen wollten. Diese Funktion wurde „von der Staatsführung nicht nur als Zugeständnis, sondern als geordnete Ventilfunktion" angesehen, um oppositionelle Bevölkerungsteile unter Kontrolle zu halten.[352] Die „Ghettoisierung" der Opposition innerhalb der Kirche erleichtere, so das Kalkül der Parteiführung, deren Kontrolle, ohne sogleich zum Mittel der strafrechtlichen Verfolgung greifen zu müssen. Wie die weitere Entwicklung zeigte, ging diese Rechnung auf Dauer nicht auf.

Bereits kurz nach dem Grundsatzgespräch zwischen Honecker und dem Kirchenvorstand im Jahr 1978 wurde trotz kirchlichen Protestes der Wehrkundeunterricht an den Schulen eingeführt. Allerdings wurde zugestanden, daß christliche Schüler nicht daran teilnehmen mußten. Der Konflikt um den Wehrkundeunterricht war die Geburtsstunde einer unabhängigen Friedensbewegung in der DDR, die im Jahr 1982 ihren Höhepunkt erreichte.

Nach dem Abflachen der Friedensbewegung versuchte die kirchliche Hierarchie, die Gründung weiterer unabhängiger Gruppen unter dem schützenden Dach der Kirche zu verhindern und ihre eigene Position durch nichtöffentliche Gespräche zur Lösung gesellschaftlicher Probleme zwischen Staat und Kirchenleitung zu sichern.[353] Dieses Vorhaben gelang nicht, da kritische Pfarrer an der Basis ihre Kirchen den nun entstehenden Friedens- Umwelt- und Bürgerrechtsgruppen zur Verfügung stellten.

Die Reaktion des Staates auf die Gründung dieser „Basisgruppen" bestand teilweise in Tolerierung oder Einschüchterung, teilweise in der Abschiebung von Gruppenmitgliedern in die Bundesrepublik. Das ehemalige Mitglied einer solchen Basisgruppe, Rüddenklau, berichtet, daß „unter maßgeblicher Beteiligung kirchlicher Stellen... kritische kirchliche Mitarbeiter in den Westen abgeschoben, aus ihren

351 Henryks 1988, S.351
352 Henryks 1988, S.350. Diese Einschätzung findet sich auch bei Rüddenklau 1992, S.30
353 vgl. Graf 1994, S.313

Ämtern entlassen oder versetzt..." wurden. „Verhaftungs- und Abschiebewellen sorgten für das Verschwinden ganzer Jahrgänge".[354]

Die Abschiebepraxis hatte seit 1987 die Gründung von „Staatsbürgerschaftsgruppen" zur Folge. Deren Mitglieder wollten die DDR nicht von innen verändern, sondern das Land verlassen. Rüddenklau schildert den Zusammenhang zwischen der Abschiebung Oppositioneller und den Aktivitäten Ausreisewilliger folgendermaßen: „Eine der angenehmen Seiten der Existenz eines DDR-Oppositionellen war das Bewußtsein, jederzeit gehen zu können, aber trotzdem bleiben zu wollen... Es war nur eine Frage der Zeit, bis Ausreisewillige massenhaft entdeckten, daß oppositionelle Betätigung die Ausreise beschleunigt."[355]

Zunehmender Widerstand und die Unterdrückung der Abwanderung

- *Zunehmender Widerstand*

In der zweiten Hälfte der achtziger Jahre äußerte sich das zunehmende Selbstbewußtsein der Bevölkerung in Protestaktionen über die Grenzen der Oppositionsgruppen hinaus. Dazu einige Beispiele:

1987, anläßlich der 750-Jahrfeier Berlins, das auf Kosten der vernachlässigten Provinz herausgeputzt und vorrangig versorgt wurde, traten Dresdener Lastwagenfahrer in Streik und weigerten sich, Gurken in die Hauptstadt zu bringen. In der Druckerei „Völkerfreundschaft" wurden illegale Aufkleber mit der Aufschrift „781 Jahre Dresden" gedruckt. Individueller Protest äußerte sich im Reifenaufschlitzen an Automobilen mit Berliner Kennzeichen.

In Ost-Berlin kam es an Pfingsten 1987 anläßlich eines Rockkonzerts auf dem an die Mauer angrenzenden Westberliner Reichstagsgelände zu Krawallen, an denen 3000 - 4000 Menschen beteiligt waren; aus der Menge war der Ruf „Die Mauer muß weg" zu hören. Erneute Krawalle gab es im August 1987.

Die nun zunehmende Repression gegen die Oppositionsgruppen erreichte einen vorläufigen Höhepunkt im Januar 1988; anläßlich der alljährlich stattfindenden offiziellen Demonstration zu Ehren Rosa Luxemburgs kam es zu Demonstrationen für die Meinungsfreiheit, wodurch sich die Partei aufs äußerste provoziert fand.

Die „Luxemburg-Affäre" führte in Leipzig zur Einführung des regelmäßigen montäglichen „Friedensgebets" in der Nikolaikirche; aus diesen Treffen entstanden die „Montagsdemonstrationen", an denen ab Oktober 1989 Hunderttausende teilnahmen.

Von großer Bedeutung für den Bankrott der Glaubwürdigkeit des Systems war das Verbot von „Sputnik" und anderen sowjetischen Zeitschriften im November 1988. Gegen diese Verbote gab es massenhafte Proteste: in der Ostberliner Werkzeugmaschinenfabrik wurde ein Artikel aus Sputnik auf betriebseigenen Kopiergerä-

354 Rüddenklau 1992. S.27
355 Rüddenklau 1992. S.123

ten vervielfältigt und verteilt. In Leuna kam es am 21. und 22. November zu mehrstündigen Arbeitsniederlegungen. Proteste an Universitäten und Hochschulen sowie zahlreiche Parteiaustritte folgten.

Im Jahr 1989 begann der Widerstand mit Brandanschlägen auf verschiedene Behördengebäude in Halle. Einen neuen Höhepunkt der Auseinandersetzungen brachten die Kommunalwahlen im Mai. Bereits bei der Volkskammerwahl 1986 hatte es von Seiten der Opposition vereinzelt Beobachtungen der Stimmenauszählungen gegeben, um Wahlfälschungen zu dokumentieren. Im Jahr 1989 griff die Opposition mit ihren Aktionen gegen die Wahlfälschung zum ersten mal ein Thema auf, das breite Bevölkerungskreise beschäftigte. Erstmals verlies die Opposition mit einer Kampagne den Schutzraum der Kirche und fand offene Unterstützung in der Bevölkerung.

Zu weiteren Demonstrationen kam es nach der Niederschlagung der demokratischen Studentenbewegung in Peking im Juni 1989. Die revolutionäre Stimmung des Sommers 1989 schildert Rüddenklau anschaulich: „Zu Demonstrationen kam es in jenen Tagen sehr schnell und einfachste Forderungen stifteten Konsens. So auch die Abschlußkundgebung des Leipziger Kirchentages. In der aus dem Ausgang drängenden Menge tauchte das auf dem Kirchentagsgelände bereits sichtbare Transparent „Demokratie“ (auf chinesisch und deutsch) wieder auf und löste freudige Beifallskundgebungen aus. Erst in der Dufonstraße gelang es einem Stoßtrupp der Stasi, das Transparent zu entwenden und in eine Straßenbahn zu entkommen. Die Demonstranten sangen und riefen Sprechchöre. Anläßlich einer genüßlich gummiknüppelschwingenden Polizeikette löste sich die Demonstration am Polizeipräsidium zunächst auf. Viele sammelten sich dann aber in der naheliegenden Petrikirche und äußerten sich über Anliegen und Ablauf der Demonstration. Auch Ältere meinten, daß sie sich mit dem Ablauf identifizieren könnten und nun keine Berührungsängste gegenüber dem Anliegen und den Aktionen der Basisgruppen mehr hätten.“[356]

Juli bis September war die Zeit des „Plattformfiebers“. Es gründeten sich neue Gruppen und Parteien, die ihre Reformvorstellungen in „Plattformen“ öffentlich machten: „Am 24.7. gründete sich in Niederdodeleben die Initiativgruppe zur Gründung einer sozialdemokratischen Partei...Am 9. September wurde das Neue Forum gegründet, danach die Bürgerbewegung 'Demokratie Jetzt' und der 'Demokratische Aufbruch'. Anfang September erschien der Aufruf zu einer breiten linken Bewegung... Außerdem erschien am 10. September ein 'Brief aus Weimar an die Mitglieder und Vorstände der Christlich Demokratischen Union', der mittlerweile von der Ost-CDU zur Gründungslegende der Wendung ihrer Partei herangezogen wird.“[357] Niemand in den neuen Gruppierungen erwartete das nun folgende Entstehen einer

356 Rüddenklau 1992, S.296
357 ebenda

breiten Volksbewegung und eine damit verbundene ernsthafte Gefährdung der Parteiherrschaft.

- *Die Unterdrückung der Abwanderung*

Bis zum Jahr 1983 siedelten hauptsächlich ältere Personen in die BRD über, was eine sozialpolitische Entlastung für die DDR bedeutete. Seitdem nahm die Zahl jüngerer Menschen unter den Übersiedlern kontinuierlich zu. Im Jahr 1984 kam es zur Massenausreise von etwa 40 000 Menschen; diese Ausreisewelle konnte den aufgestauten innenpolitischen Druck entspannen und das Herrschaftssystem zunächst stabilisieren. Einen neuen Höhepunkt in der Übersiedlung brachte das Jahr 1988, als erneut 40 000 Menschen das Land verließen. Um das nunmehr drohende Ausbluten des Landes zu verhindern, reagierten die Behörden mit vermehrten Ablehnungen und Verzögerungen von Ausreiseanträgen."[358] Die Folge der Einschränkungen der Ausreisemöglichkeit war wachsender Gegendruck, der sich in ersten Ausreisedemonstrationen zeigte. Antragsteller gaben sich öffentlich zu erkennen, indem sie weiße Fähnchen an die Radioantennen ihrer PKWs anbrachten.

Das Zusammentreffen von eingeschränkter Auswanderungsmöglichkeit in die BRD mit einer gelockerten Ausreisepraxis in die anderen sozialistischen Staaten führte dann Ende Juli zu den Botschaftsbesetzungen in Budapest, Prag und Warschau. Am 11. September öffnete Ungarn seine Grenze nach Österreich und leitete damit die Massenfluchtbewegung in die Bundesrepublik ein.

Die revolutionäre Explosion

Die nun folgende Massenausreise über Ungarn konnte nicht mehr als Ventil zur Sicherung der Parteiherrschaft dienen. Als Gegenbewegung zur Ausreise formierte sich breitester Widerstand in der DDR selbst unter dem Motto „Wir bleiben hier." Der verstärkte Widerstand führte zum Sturz Honeckers durch das Politbüro am 16. Oktober. Die Kompromißbereitschaft der neuen Führung um Egon Krenz kam zu spät, um die Herrschaft der SED zu retten. Auswanderung und Widerstand verstärkten sich nun gegenseitig und führten zur Explosion des angestauten Drucks. Die demokratische Revolution des Oktober ging Mitte November in die „national-demokratische Revolution"[359] mit der Forderung nach der Wiedervereinigung Deutschlands über. Der Abtritt der Parteiführung und die Einrichtung eines „Runden

358 „Insgesamt lagen im ersten Halbjahr 1989 Anträge auf ständige Ausreise nach der Bundesrepublik Deutschland und Westberlin für 125 429 Personen vor, von denen 102 444 Personen das Ausreiseersuchen schon vor dem 1.Januar 1989 gestellt hatten. 22 985 waren Erstantragsteller, gegenüber 20 916 Personen im ersten Halbjahr 1988. Im ersten Halbjahr 1989 erhielten 36 484 Personen die Ausreise, für 15 469 Ausreisewillige wurde sie abgelehnt und in 72 066 Fällen über sie nicht entschieden. Nur in 1410 Fällen zogen die Antragsteller das Ausreiseersuchen zurück." Zwahr 1994, S.439

359 ebenda

Tisches" nach polnischem Vorbild[360] hatten das Ende der Eigenstaatlichkeit der DDR und ihren Anschluß an die BRD zur Folge.

9.b.) Zusammenfassung der historischen Entwicklung der DDR von 1945 bis 1989 in einem vorläufigen „Modell Ib"

Zur Bildung eines ersten abstrahierenden Modells der Entwicklung eines sowjetischen Satellitenstaates auf der empirischen Basis der Entwicklung der DDR, müssen die von Nowak seinem **„Modell I" der regulären Entwicklung** einer sozialistischen Gesellschaft zugrundeliegenden idealisierenden Bedingungen[361] eingeschränkt werden:

a.) Die untersuchte Gesellschaft kann nicht als eine von anderen Gesellschaften isolierte betrachtet werden. Vielmehr ist ihre Abhängigkeit von der Sowjetunion zu berücksichtigen.

b.) Aufgrund der besonderen Lage der DDR als Teil einer geteilten Nation ist der Zusammenhang zwischen **Widerspruch** und **Abwanderung** in die Überlegungen miteinzubeziehen.

„Modell Ib" zeigt dann folgende gesellschaftliche Entwicklung:

1945-1953: Phase der Deklassierung. Das Zwangsmittelmonopol der Roten Armee ist die Voraussetzung der Errichtung des politischen Herrschaftsmonopols der KPD/SED. Die Partei dehnt den staatlichen Regelungsbereich kontinuierlich aus; eine radikale Ausdehnung vollzieht sich nach der Zweiten Parteikonferenz im Jahr 1952, während die Bürgerschaft sich in einer Phase tiefer Deklassierung befindet. Die Selbstverwaltungsorgane (Betriebsräte) der Arbeiterschaft sind zerschlagen, die Parteien zu „Bündnispartnern" der SED umgewandelt und alle anderen Großorganisationen zu parteiabhängigen „Massenorganisationen" geworden. Die Kirche als einzige nicht von der Partei beherrschte Organisation ist starken staatlichen Repressionen unterworfen. Der im Juni 1953 auf Druck der Sowjetunion eingeleitete „Neue Kurs" verringert die „Tiefe" der Deklassierung. Die „von oben" eingeleitete Verringerung des staatlichen Regelungsbereichs in Zusammenhang mit Normerhöhungen fördert die revolutionäre Stimmung in der Bürgerschaft und führt die Gesellschaft in eine revolutionäre Entwicklungsphase.

1953: Revolutionäre Phase. Der Aufstand des 17. Juni wird rasch von der Roten Armee niedergeschlagen. Die dem niedergeschlagenen Aufstand folgende staatliche De-Regulierung hat geringere Ausmaße als im Polen des Jahres 1956. Es bildet sich keine „Widerstandstradition" aus, die aktivsten Vertreter bürgerlicher Selbstbehauptung gegenüber dem Verstaatlichungsdruck wandern in die BRD ab. Die

---

360 siehe oben S.80

361 siehe oben S.42

„postrevolutionäre“ Gesellschaft hat an Widerstandsfähigkeit verloren, die Staatsmacht kann in der Folge ihren Regelungsbereich stark ausdehnen.

1955 -1989: Phase der Deklassierung.

Der kurzen revolutionären Phase folgt eine Phase langandauernder Deklassierung. Im Unterschied zur polnischen Entwicklung gelingt es der SED-Führung bis ins Jahr 1989, den Ausbruch revolutionärer Unruhen zu verhindern.

Von 1955 bis 1961 steigt der staatliche Regelungsbereich erneut an. Die Verstaatlichung der Industrie, die Kollektivierung der Landwirtschaft, die Durchdringung aller gesellschaftlichen Bereiche durch die Partei bzw. ihre „Massenorganisationen“ schreitet fort. Der Widerstand gegen diese Entwicklung wird durch die große Zahl der Abwanderungen verringert.

Im Jahr 1961 wird das Ventil der Abwanderung geschlossen. Die Parteiführung leitet eine dosierte Deregulierung als präventive Krisenstrategie ein. Lockerungen gibt es im ökonomischen und kulturellen Bereich; private Nischen werden als nicht staatlich regulierte Freiräume bis ins Jahr 1989 zunehmend geduldet.

Mit der Festigung der Parteiherrschaft nach der Überwindung der Krise des Mauerbaus vertieft sich die Deklassierung der Gesellschaft erneut. Kulturelle Lockerungen und ökonomische Reformen werden zurückgenommen.

Der Wechsel der Parteiführung im Jahr 1971 bringt eine De-Regulierung im kulturellen Bereich, die bereits 1976 wieder zurückgenommen wird.

Eine erneute Verringerung des staatlichen Regulierungsbereiches bringt die der Evangelischen Kirche im Jahr 1978 von der Parteiführung zugestandene Eigenständigkeit als nicht parteikontrollierte Großorganisation. Im innerkirchlichen Rahmen besteht relative Meinungs-, Presse- und Versammlungsfreiheit.

Im Schutzraum der Institution Kirche bilden sich seit Ende der siebziger Jahre autonome Basisgruppen, deren Mitglieder sich aus der gesamtgesellschaftlich noch bestimmenden Deklassierung lösen. Diese Gruppen umfassen einen verschwindend geringen Teil der Bevölkerung.

Als nächster Bevölkerungsteil lösen sich seit Mitte der achtziger Jahre die Ausreisewilligen, die sich in Staatsbürgergruppen organisieren und sich öffentlich zu erkennen geben aus der gesellschaftlichen Deklassierung.

Durch kontrollierte Abschiebe- und Abwanderungswellen kann die Parteiführung die zunehmende Ent-Deklassierung zunächst bremsen.

Eine neue Situation entsteht mit dem Beginn von „Glasnost“ und „Perestroika“ in der Sowjetunion seit dem Jahr 1985. Bis zu diesem Zeitpunkt wurde das Herrschaftsmonopol der SED zusätzlich zu den parteieigenen Zwangsmitteln durch sowjetische Zwangsmittel gesichert. Nun wird immer deutlicher, daß die SED im Konfliktfall mit der eigenen Bevölkerung nicht mehr auf sowjetische Unterstützung rechnen kann.

Im Jahr 1988 kommt es erneut zur Massenabwanderung Ausreisewilliger. Diesmal kann die Massenausreise eine Ent-Deklassierung der Gesellschaft nicht mehr verhindern. Tausende bekennen sich zu ihrem Ausreisewunsch, der nun staatlicherseits zunehmend verweigert wird.

Als Gegenbewegung zur Massenabwanderung wächst der innergesellschaftliche Widerstand derjenigen, die im Lande bleiben wollen. Beide Bewegungen verstärken sich gegenseitig und leiten in eine revolutionäre Situation über.

1989-1990: Revolutionäre Phase. Die zweite Revolution in der Geschichte der DDR umfaßt eine breiteste soziale Basis und führt zum Ende der Parteiherrschaft. Eine siegreiche Revolution geht in eine Phase des Klassenfriedens über. Am Ende steht der Anschluß der DDR an die BRD.

Die politische Entwicklung der DDR weist im Vergleich zur polnischen Entwicklung und zu Nowaks „Modell I" folgende Unterschiede auf:

1.) Die Entwicklung in der SBZ/DDR beginnt im Jahr 1945 mit einer **Phase der gesellschaftlichen Deklassierung** und nicht wie in Polen mit der dort 1947 endenden revolutionären Phase.

2.) Der **ersten Revolution des zweiten Typs** im Jahr 1953 folgt - nach einer kurzen Zeit der staatlichen De-Regulierung - eine im Vergleich zur vorrevolutionären Situation **vertiefte Deklassierung** der Bürgerschaft.

3.) Der ersten Revolution von 1953 folgt eine **lang andauernde Phase der gesellschaftlichen Deklassierung** bis ins Jahr 1989, die nicht von zyklischen Revolutionen unterbrochen wird.

4.) In dieser Deklassierungsphase gibt es sowohl Phasen „tiefer" als auch „verringerter" gesellschaftlicher Deklassierung. Letztere sind **nicht** die Folge revolutionärer Erhebungen, sondern von der Parteiführung „prophylaktisch" eingeleiteter **dosierter De-Regulierungen „von oben"**.

5.) Obgleich die zweite Revolution von 1989 siegreich verläuft, endet sie **nicht** in einer Phase erneuter Deklassierung. Entgegen Nowaks Hypothese erweist sich eine **siegreiche** Revolution als Mechanismus sozialen Fortschritts.

Als erstes soll im folgenden nun die Tatsache der **langandauernden Deklassierungsphase** thematisiert werden. Es wird nach der Bedingung der Möglichkeit zur Verhinderung zyklischer Revolutionen durch die Parteiführung gefragt. Die bereits genannten präventiven Krisenstrategien der a). Tolerierung privater Nischen b.) De-Regulierungen im kulturellen Bereich c.) Duldung von der Parteilinie abweichender Auffassungen im innerkirchlichen Rahmen e.) Ausweisung von und Ausreisemöglichkeiten für Oppositionelle reichen zur **langfristigen** Verhinderung von Massenwiderstand gegen die Parteidiktatur nicht aus. Von entscheidender Bedeutung erweist sich - wie die folgenden Ausführungen zeigen sollen - die Wirtschafts- und Sozialpolitik der SED.

Ebenso wie bei der Beschreibung der polnischen Entwicklung wird die wirtschaftliche Entwicklung in der DDR als **sekundärer Faktor ersten Grades** angesehen, der die **reguläre Entwicklung der rein-politischen Gesellschaft** in der nun zu zeigenden Art und Weise modifiziert.

Ebenso wie in der politischen zeigen sich auch in der wirtschaftlichen Entwicklung der DDR entscheidende Unterschiede zu Polen. Diese Unterschiede werden in der folgenden Darstellung herausgearbeitet. Auf der Grundlage der (die Entwicklung in der DDR einschließenden) Erweiterung der bisherigen „empirischen Basis" wird dann das bislang (auf der Grundlage der polnischen Entwicklung) erarbeitete **politisch-ökonomische Modell eines sowjetischen Satellitenstaates** modifiziert und korrigiert.

10.) Vorläufiges „Modell IIb“ der Entwicklung eines sowjetischen Satellitenstaates als politisch-ökonomischer Gesellschaft Empirische Basis: Die politisch-wirtschaftliche Entwicklung der DDR

10.a.) Die wirtschaftliche Entwicklung in der DDR und ihre Auswirkungen auf das politische System

Die Entwicklung bis 1953: Bevorzugung der Schwerindustrie und der Aufstand des 17. Juni

Unmittelbar nach Kriegsende wurde die Produktion in den wichtigen Industrien mittels direkter Produktionsbefehle wiederaufgenommen. Primäres Ziel war die Sicherstellung der an die Sowjetunion zu leistenden Reparationen. Bis 1953 mußten etwa 25% der laufenden Produktion für Reparationszahlungen aufgewendet werden.[362]

Die Übernahme des sowjetischen Modells der bürokratischen Planwirtschaft begann mit dem Zweijahresplan 1948/50 und setzte sich mit dem Fünfjahresplan 1951 bis 1955 fort. Wichtigstes Ziel des ersten Fünfjahresplanes war die Erhöhung der Industrieproduktion gegenüber 1950 auf 190%. Dies sollte durch den vorrangigen Aufbau einer Schwerindustrie unter Zurückstellung der Konsumgüterproduktion erreicht werden. Investitionsschwerpunkte waren die „sozialistischen Großbauten“: das Eisenhüttenkombinat Stalinstadt, die Großkokerei Lauchhammer und das Eisenhüttenkombinat West. Diese Zielsetzung traf in der DDR auf besondere Schwierigkeiten: einmal war die Struktur des ehemaligen mitteldeutschen Wirtschaftsgebietes durch einen hohen Grad der Spezialisierung in der weiterverarbeitenden Industrie bei einer unzureichenden Investitionsgüterindustrie sowie Energie- und Rohstoffbasis gekennzeichnet. Sodann entfiel ein Großteil der an die Sowjetunion zu leistenden Reparationen auf diejenigen Wirtschaftszweige, deren Entwicklung zum Aufbau einer schwerindustriellen Basis nötig ist: der Anteil der Grundstoffindustrie an den Reparationslieferungen betrug zwischen 1945 und 1953 23-33%, derjenige der metallverarbeitenden Industrie erreichte 1953 58%, während der Anteil der Leichtindustrie auf 10% sank.[363]

Der Vorrang der Akkumulation vor der Konsumtion drückte sich im wachsenden Anteil der Investitionen am Nettosozialprodukt aus: trotz der bis 1953 immensen Belastungen der Volkswirtschaft durch die Reparationszahlungen in Höhe von 25% der laufenden Produktion betrug dieser Anteil 1948 5,5%, 1949 9,9% und Anfang

362 Krol 1972, S.43f
363 Krol 1972, S.47

der fünfziger Jahre 10-12%. Der individuelle Konsum pro Kopf der Bevölkerung erreichte nur 36% des Wertes in der BRD.[364]

Daß der bevorzugte Ausbau der Schwer- und Investitionsgüterindustrie keine ökonomisch sinnvolle, sondern eine **politische** Entscheidung, die trotz ökonomischer Nachteile getroffen wurde, war, wird durch folgende Rechnung deutlich. Es „kostete 1956 allein der Import von Eisenerz und Steinkohle für die Produktion einer Tonne Roheisen die DDR 269 Rubel, wohingegen der Direktimport einer Tonne Roheisen nur 222 Rubel gekostet hätte. Zum anderen erforderte der Aufbau einer eigenen Grundstoff- und Schwerindustrie überdurchschnittlich hohe Investitionsaufwendungen. So mußte z.B. die Energiebasis ausgebaut werden, was angesichts der Ausstattung der DDR mit Ressourcen nur auf der Basis des kostspieligen Energieträgers Braunkohle geschehen konnte."[365] Die Parteiführung zog der - wirtschaftlich rentableren - Reaktivierung außenwirtschaftlicher Beziehungen unter Beibehaltung und Weiterentwicklung der traditionellen Wirtschaftsstruktur den - machtpolitisch rentableren - Aufbau einer eigenen schwerindustriellen Basis vor.

Angesichts der knappen Investitionsmittel mußte die eingeschlagene Wirtschaftspolitik zwangsläufig zur Vernachlässigung anderer Wirtschaftssektoren führen; Engpässe, die in der Schwer- und Investitionsgüterindustrie aufgrund der gewaltigen Investitionen geschlossen werden konnten, brachen in anderen Sektoren wieder auf und verhinderten eine kontinuierliche Produktion.[366]

Die Zielstellung des Fünfjahresplans war Ausdruck der mobilisierenden Planungsstrategie des bürokratischen Zentrums und beruhte auf einer voluntaristischen, erheblichen Überschätzung der damaligen Wirtschaftskraft der DDR. Folge der unrealistischen Planaufgaben war, „daß bereits im Jahr 1951 die großen Investitionen und die vorgesehene Produktion der Schwerindustrie stark ins Hintertreffen gerieten."[367] Aufgrund der Interdependenz aller Planteile des Volkswirtschaftsplans mußten sich Planrückstände in einem Sektor in gesamtwirtschaftlichen Produktionsstörungen auswirken. Weitere Störungen im Planverlauf traten durch unplanmäßige Veränderungen der Arbeitskräftebilanz infolge massenhafter Abwanderung in die Bundesrepublik auf.[368]

Die Schwierigkeiten wurden durch weitere bereits im ersten Erfüllungsjahr des Fünfjahrplanes auftretende typische Funktionsmängel der bürokratischen Planwirtschaft verstärkt. Der DDR-Wirtschaftswissenschaftler Jonuscheit führt dabei für das

---

364 In der BRD betrug der Anteil der Investitionen am Nettosozialprodukt Anfang der fünfziger Jahre 20-25%. Hierbei ist jedoch zu beachten, daß keine Reparationszahlungen geleistet werden mußten. Krol 1972, S.47f

365 Krol 1972, S.60

366 zwischen 1956 und 1960 erhielt die Grundstoffindustrie etwa zwei Drittel aller Investitionen in der Industrie. Krol 1972,S. 61

367 Schenk 1960, S.47

368 bei extensivem Wirtschaftswachstum durch Zunahme der Beschäftigtenzahl

Jahr 1951 an, „daß nicht konsequent nach dem *Bedarf* und *auf der Grundlage von Verträgen* produziert wurde. Ausgangspunkt der Produktionsplanung (der Betriebe, H.R.) waren meist nur die Produktionskapazitäten und nicht der im Fünfjahrplan festgelegte Bedarf."[369] Die Betriebe stellten also eigene Alternativpläne auf, die nicht mit den ihnen zugewiesenen Planaufgaben übereinstimmten. Die Folge dieser Taktik war die Zerstörung der inneren Konsistenz des gesamtwirtschaftlichen Plans, die einerseits zum „Warenstau" führte, „während auf der anderen Seite entscheidende Positionen wie Energiemaschinen, Turbinen... und andere für die im Fünfjahrplan festgelegten Rekonstruktionsmaßnahmen auf der Basis der modernen Technik fehlten."[370] Jonuscheit macht für diesen Zustand die organisatorische Trennung zwischen Produzenten und Abnehmern verantwortlich. Die Vereinigungen Volkseigener Betriebe (VVB)[371] erteilen den Betrieben ihre Planauflagen, versorgen sie mit Rohstoffen und organisieren den Absatz. Da die Betriebe nicht selbst für den Absatz ihrer Produkte verantwortlich sind, sind sie nicht an einer bedarfsgerechten Produktion interessiert, sie produzieren „auf Verdacht". Des weiteren bemängelt Jonuscheit die erhebliche Ausschußquote und die mangelnde Qualität der Produkte. Weiterhin führt die Nichtkenntnis der Abnehmer „oft zu Stockungen in der Produktion, da sich immer wieder erwies, daß Produkte erzeugt wurden, für die überhaupt oder nach ihrer Ausführung kein Bedarf vorhanden war. Jede Verzögerung der Planauflage bedeutete darüberhinaus Stillstand und Kurzarbeit in den Betrieben." [372] Da der Lohn auch während dieser Ausfallzeiten gezahlt werden muß, steht dem Lohnzuwachs kein entsprechender Produktionszuwachs gegenüber. Das Ergebnis sind Disproportionen zwischen dem Angebot an Konsumgütern und deren Nachfrage. Überplanmäßiger Materialverbrauch führte zu Schwierigkeiten in der Materialversorgung. Die Berechnung der Prämienhöhe nach dem Grad der Erfüllung der Bruttoproduktionsnorm führte dazu, „daß sich viele Leitungen ausschließlich auf die Produktion von Gebrauchswerten, unabhängig von den Kosten und den Preisen konzentrierten."[373] Die mangelnde Rentabilität der Produktion zeigte sich in der Diskrepanz zwischen dem Erfüllungsgrad der Produktionskennziffern und den Finanzkennziffern. Hierzu führte der damalige Staatssekretär im Finanzministerium Willi Rumpf auf einer finanzpolitischen Konferenz im September 1951 aus: „Bei einer erfolgreichen Erfüllung des Produktionsprogramms der Industrie mit 105% im I. Quartal und 107% im II. Quartal haben die Industrieministerien ihre Verpflichtungen gegenüber dem Staatshaushalt nicht erfüllt. Die Abführungen der volkseigenen Industrie an Gewinnen, Körperschaftssteuern und Umlaufmitteln sind für das I. Halbjahr 1951 nur mit 80% des Solls erfüllt worden. Das Ministerium für Maschi-

369 Jonuscheit, S.331f.
370 Jonuscheit, S.332
371 Mittelinstanz der Planungshierarchie: Zusammenschluß von Betrieben derselben Branche.
372 Jonuscheit, S.332
373 ebenda

nenbau hat nur 47,6%, das Ministerium für Leichtindustrie nur 77,6% und das Staatssekretariat für Nahrungs- und Genußmittelindustrie nur 97% seiner Haushaltsverpflichtungen im I. Halbjahr erreicht." Als Grund der Mißstände bezeichnet Rauh das egoistische Verhalten der VVB: „ Die planmäßig an den Staatshaushalt abzuführenden Umlaufmittel und in den Betrieben erwirtschafteten Gewinne und Körperschaftssteuern haben sie nicht an den Staatshaushalt abgeführt, sondern zur Finanzierung von Überplanbeständen und zur Warenhortung benutzt." Die Produktion der Betriebe konnte nicht in vollem Umfang gesamtwirtschaftlich genutzt werden: „In allen Ministerien, in allen Hauptverwaltungen war die Warenproduktion im I. Halbjahr 1951 höher als der Umsatz, d.h. daß die durch die erfolgreiche Tätigkeit der Arbeiter, Meister, Techniker und Ingenieure in der Produktion erzielten Erfolge nicht in dem gleichen Tempo demjenigen Teil unserer Wirtschaft und der Bevölkerung zuteil geworden sind, für dessen Bedarf die Produktion durchgeführt wurde."[374]

Die vorhandenen wirtschaftlichen Disproportionen wurden verstärkt, als die SED auf ihrer Zweiten Parteikonferenz im Juli 1952 den „Aufbau des Sozialismus" proklamierte und die ursprünglichen Wachstumsziele des Fünfjahrplanes heraufsetzte; die Schwerindustrie sollte noch stärker zuungunsten des Konsums entwickelt werden.[375] Nachdem die Planrealisation bereits 1951 schwere Störungen aufgewiesen hatte, führten die Beschlüssse der Zweiten Parteikonferenz zu einem wirtschaftspolitischen Chaos. Entsprechend den Beschlüssen wurde die bisherige Planung für 1952 revidiert und für 1953 ein geänderter Plan ausgearbeitet. Die bestehenden Länderpläne mußten nach der von der Parteikonferenz beschlossenen Auflösung der Länder auf die neuentstandenen Bezirke umgestellt werden. Die Planinstanzen bemühten sich um weiche Planauflagen für ihre neuen Aufgaben: aufgrund der Planänderungen überhäuften „die Ministerien... die Plankommission mit Briefen, Beschlußvorlagen, Anforderungen aller möglichen Materialien und Gelder oder Anträgen auf Planänderungen."[376] Infolge dieser Entwicklung kam es zu einer völligen Arbeitsüberlastung der Staatlichen Plankommission, die den Anforderungen der Ministerien nicht entsprechen konnte. „Die Ministerien kamen in Planrückstand und bestürmten den Ministerrat mit Anfragen und Beschwerden, der dadurch zusätzliche Arbeit bekam und doch keine Abhilfe schaffen konnte, weil die neuen Pläne nicht fertig waren."[377]

Das entstandene wirtschaftliche Chaos und die durch die Zweite Parteikonferenz eingeleitete Politik des „verschärften Klassenkampfes", nach welcher Plannichterfüllung als „Sabotage" galt, führte dazu, daß selbst unwichtige Entscheidungen „nach

374 zitiert in: Krol 1972, S.333
375 Dobias 1986, S.149
376 Schenk 1960, S.58
377 ebenda

oben" abgewälzt wurden. Die Desintegration des Volkswirtschaftsplans führt zu einer Zentralisierung und der Ersetzung der „Planmäßigkeit" des Wirtschaftsprozesses durch ad-hoc-Entscheidungen des Wirtschaftszentrums, das die Situation durch Umgruppierungen von Entscheidungsbefugnissen und die Schaffung neuer bürokratischer Instanzen zu entschärfen sucht. Eine zusätzliche Störung des Plangleichgewichts wird durch den Beschluß zur Schaffung militärischer Verbände im Jahr 1952 ausgelöst; die Erweiterung der Rüstungsproduktion muß zusätzlich in die Planung integriert werden.

Die ständigen Änderungen der Pläne und der Organisationsstruktur der Wirtschaftsorgane werden „von den Planträgern stets zur Manipulierung der Planerfüllungsberichte genutzt. Alle neugeschaffenen Instanzen runden ihre Erfüllungszahlen stark auf, um einen möglichst guten Start zu haben. Dadurch ergeben sich so viele Fehlerquellen, daß die Leiter der Staatlichen Zentralverwaltung... die Vergleichbarkeit zonaler Statistiken anzweifelten."[378]

Aufgrund der „planlosen" Entwicklung enthielt der Volkswirtschaftsplan 1953 „von vornherein große Lücken und Differenzen", die durch das dramatische Ansteigen der Flüchtlingszahlen im Winter 1952/53[379] und das folgende Durcheinandergeraten der Arbeitskräfteplanung noch verstärkt wurden. Die politische Führung entschloß sich, dieser Entwicklung durch sozialpolitische Zugeständnisse gegenzusteuern; besonders die Löhne und Gehälter von qualifizierten Arbeitskräften wurden erhöht. Diese Maßnahmen erwiesen sich jedoch als untauglich, da den höheren Löhnen aufgrund der Vernachlässigung der Konsumgüterproduktion kein erhöhtes Warenangebot gegenüberstand. Die krisenhafte Situation spitzte sich durch das Ausgehen von Materialreserven und das Ausbleiben von erhofften sowjetischen Hilfslieferungen Anfang des Jahres 1953 zu.[380]

In dieser Situation beschloß die politische Führung, die wirtschaftlichen Probleme auf „klassische" Art zu lösen: auf Beschluß des ZK der SED vom 13./14.5. 1953 wurden die Arbeitsnormen um 10% erhöht, was einer effektiven Lohnsenkung gleichkam. Durch die Senkung des Lebensstandards sollte das Ungleichgewicht zwischen Angebot und Nachfrage auf dem Konsumgütermarkt abgebaut und zusätzliche Mittel zur Versorgung von Engpässen bereitgestellt werden.

Die Krisenlösungsstrategie der SED auf Kosten des Lebensstandards der Bevölkerung wurde von der sowjetischen Führung nicht akzeptiert. In der Sowjetunion wurde nach Stalins Tod kurzzeitig die Politik der bevorzugten Entwicklung der Schwerindustrie zugunsten der Förderung des Konsums aufgegeben. Auf sowjetischen Druck hin übernahm die SED diese Politik.[381] Am 9. Juni beschloß das Polit-

378 Schenk 1960, S.60
379 monatliche Flucht von 60 000 bis 70 000 Personen, siehe oben S.130, Anm.302
380 Schenk 1960, 64ff
381 Loth 1994, S.204f

büro „Maßnahmen zur entschiedenen Verbesserung der Lebenshaltung aller Teile der Bevölkerung und der Stärkung der Rechtssicherheit in der DDR." Es wurde zugestanden, daß „in der Vergangenheit eine Reihe von Fehlern begangen wurden." Nun sollten „im Zusammenhang mit Korrekturen des Planes der Schwerindustrie eine Reihe von Maßnahmen durchgeführt werden... und die Lebenshaltung der Arbeiter, Bauern, der Intelligenz, der Handwerker und der übrigen Schichten des Mittelstandes" verbessert werden.[382] Diese Änderung der Wirtschaftspolitik wurde als „Neuer Kurs" bezeichnet. Der Volkswirtschaftsplan 1953 wurde geändert, um die wirtschaftliche Kraft auf die Steigerung des Wohnungsbaus und der Konsumgüterproduktion zu konzentrieren. Der Aufbau der „sozialistischen Großbauten", der einen großen Teil der Investitionsmittel verschlungen hatte, wurde eingestellt.

Nicht rückgängig gemacht wurden die zehnprozentigen Normerhöhungen, die vor allem die lohnabhängige Arbeiterschaft betrafen; die Arbeiter fühlten sich von der neuen Politik ausgeschlossen. Die Normerhöhungen waren der Anlaß für Proteststreiks am 16. Juni, die sich schnell zu einer sozialen und politischen Revolution gegen die Herrschaft der Partei entwickelten und das System in seine bis dahin schwerste Krise stürzten. Die SED-Führung konnte ihre Macht nur durch den Einsatz sowjetischer Truppen retten.

1954-1962: „Neuer Kurs" und erneute Bevorzugung der Schwerindustrie. Der Weg in die Existenzkrise des direktiven Systems der Planung und Leitung der Wirtschaft

Die Reaktion der Parteiführung auf die Ereignisse des 17. Juni bestand in sozialpolitischen Zugeständnissen und der Fortsetzung des „Neuen Kurses". Nach der Niederschlagung des Aufstandes wurden die Normerhöhungen zurückgenommen. Die Umorientierung der Wirtschaftspolitik erwies sich jedoch als schwierig: „Die Verwirklichung" der Maßnahmen zur Verbesserung des Lebensstandards „in der zweiten Hälfte des Jahres 1953 ließ eine weitere Hauptschwäche des stalinistischen Partei- und Wirtschaftsapparates offensichtlich werden: die Schwerfälligkeit des scheinbar lückenlos durchorganisierten stalinistischen Machtinstrumentes bei Kursänderungen."[383] Die großen Investitionsobjekte, deren weitere Fertigstellung abgebrochen wurde, mußten winterfest gemacht werden, was einen großen Teil der für den Wohnungsbau vorgesehenen Mittel verschlang. Ebenso traten bei der Umstellung der industriellen Produktion von Gütern der Schwerindustrie auf Güter des Massenbedarfs Schwierigkeiten auf. Spürbare Verbesserungen gab es in der Lebensmittelversorgung. Lohnerhöhungen brachten einen Anstieg der Kaufkraft, bevor die Konsumgüterproduktion gesteigert werden konnte. Die Reduzierung des Investitionsprogramms führte zu neuerlichen wirtschaftlichen Gleichgewichtsstörungen;

---

382 So das Politbüro in einer Veröffentlichung vom 9.Juni, zitiert bei Schenk 1960, S.67
383 Schenk 1960, S.74

Planrückstände gab es nun vor allem in der Braunkohlenindustrie, der chemischen Industrie und der Metallurgie. Der Volkswirtschafsplan für 1954 mußte während seiner Realisationsphase geändert werden, „weil es überall an Material, Geld und Arbeitskräften mangelte."[384]

Nachdem die Phase einer direkten Bedrohung der Herrschaft der Partei beendet war, zog die Führung aus dem Mißverhältnis zwischen gestiegener Kaufkraft und hinterherhinkender Konsumgüterproduktion die bekannte Konsequenz: der Vorsitzende der Staatlichen Plankommission Leuschner setzte sich auf dem 20. Plenum des ZK der SED (8.-9. September 1953) mit seiner Ansicht durch, daß der Lebensstandard im Verhältnis zur Produktion zu hoch sei. Seit Ende 1954 forderte die Parteiführung dann wieder die stärkere Entwicklung der Schwerindustrie und im Juni 1955 beendete Ulbricht den „Neuen Kurs" offiziell, indem er ausführte: „Die Bezeichnung der Korrekturen, die wir auf einigen Gebieten im Herbst 1953 vorgenommen haben, als 'Neuer Kurs' hat einige Genossen veranlaßt, falsche Theorien über die vorrangige Entwicklung der Konsumgüterindustrie zu verbreiten... Das Bemerkenswerteste eines solchen Kurses wäre nicht, daß er neu ist, sondern daß er falsch ist... Wir hatten niemals die Absicht, einen solchen Kurs einzuschlagen und werden ihn niemals einschlagen."[385]

Der zweite Fünfjahrplan begann 1956 und sollte bis 1960 laufen, wurde jedoch 1959 abgebrochen und durch den Siebenjahrplan (1959-1965) ersetzt. Durch den Übergang zur Siebenjahresplanung sollte die Planperiode an diejenige der UdSSR angeglichen und so eine bessere Abstimmung zwischen beiden Volkswirtschaften erreicht werden. Noch während der Laufzeit des Zweiten Fünfjahrplans hatte der V. Parteitag der SED im Jahr 1958 eine neue „ökonomische Hauptaufgabe" festgelegt: „innerhalb weniger Jahre" sollte die BRD von der DDR im Pro-Kopf-Verbrauch der wichtigsten Lebensmittel und Konsumgüter überholt und so die Überlegenheit des Sozialismus bewiesen werden. Der Siebenjahrplan übernahm die „Hauptaufgabe" als Zielstellung und konkretisierte den Überholzeitpunkt auf das Ende des Jahres 1961.

Jörg Roesler, einer der führenden Wirtschaftshistoriker der DDR, schätzt diese Zielbestimmung im nachhinein folgendermaßen ein: „Die proklamierte Zielstellung war Ausdruck hemmungslosen Subjektivismus. Sie hatte ihre Ursache aber keineswegs im Größenwahn der Parteiführung, sondern beinhaltete den äußerst gewagten Versuch, eine schleichende Existenzkrise der DDR mit einer tollkühnen Offensive zu beenden. An der wirtschaftlichen und politischen Existenz der DDR nagte seit Ende der 40er Jahre die 'Republikflucht'." Die Fluchtbewegung bedeutete einen „von Jahr zu Jahr größeren Verlust für die Wirtschaft der DDR, weil sich die Arbeitskräftereserven des Landes auch aus anderen demographischen Gründen immer mehr erschöpften." Um diese Entwicklung unter den Bedingungen der offenen Grenze zu

384 ebenda
385 siehe Schenk 1960, S.75

stoppen, mußte der Bevölkerung die Perspektive auf eine baldige fühlbare Erhöhung des Lebensstandards geboten werden: „Schon der Siebenjahrplanabschluß - 1965 - war zu weit entfernt. Vermutlich deshalb wurde der Zeitpunkt Ende 1961 im Plan angegeben. Hierbei handelte es sich wahrscheinlich um kein seriöses Angebot, denn die Staatliche Plankommission rechnete im Januar 1960, drei Monate nach Verabschiedung des Siebenjahrplans in der Volkskammer, intern ganz selbstverständlich mit dem Jahr 1965 als 'Überholzeitpunkt'. Es ist zu vermuten, daß der Termin Ende 1961 bei den Berechnungen der Staatlichen Plankommission nie eine Rolle gespielt hat."[386]

Tatsächlich waren - im Gegensatz zur offiziellen Propagierung der „Hauptaufgabe" - im Plan selbst die höchsten Steigerungsraten nicht für die Konsumgüterindustrie, sondern im Bereich der Grundstoff- und Investitionsgüterindustrie vorgesehen; die geplante Steigerungsrate für die Leichtindustrie als dem Sektor der Konsumgüterproduktion betrug zwei Drittel und diejenige der Lebensmittelindustrie ein Drittel der Steigerungsrate der Investitionsgüterindustrie. Als „führende Industriezweige" mit den höchsten geplanten Produktionssteigerungen wurden im Plan die Elektrotechnik, der Maschinenbau, die Baustoffindustrie, der Schwermaschinenbau und die chemische Industrie genannt.[387]

Die Frage, wie die anspruchsvollen Planziele erreicht werden sollten, beantwortete Ulbricht bei der Begründung des Siebenjahrplanes vor der Volkskammer folgendermaßen: „Das Tempo des Aufschwungs der Produktivkräfte in der Deutschen Demokratischen Republik wird wesentlich durch zwei Faktoren bestimmt: 1. durch hohe Arbeitsproduktivität, die sich auf die Anwendung von Maschinen mit höchstem technischem Niveau, auf eine qualifizierte Organisation der Produktion, auf die Initiative der Werktätigen und auf die qualifizierte fachliche Ausbildung der Arbeiter und der Intelligenz stützt; 2. durch strengste Sparsamkeit in allen Zweigen der Volkswirtschaft".[388] Entsprechend dieser Vorgaben sollte die Arbeitsproduktivität im Siebenjahrplan auf 185% des Standes von 1959 steigen; in den dem Siebenjahrplan vorausgegangenen sieben Jahren betrug diese Steigerungsrate 68%.[389] Die Durchsetzung des technischen Fortschritts in der Produktion sollte durch ein Gesamtinvestitionsvolumen von 142 Mrd. Mark erreicht werden, was fast einer Ver-

---

386 Roesler 1991, S.16

387 Im Siebenjahrplan vorgesehene Steigerungsraten in vH:

Grundstoffindustrien	+90
Investitionsgüterindustrie	+118
Leichtindustrie	+84
Lebensmittelindustrie	+39
Industrieproduktion insgesamt	+88

Gleitze 1964, S.11

388 Ulbricht, Walter, Der Siebenjahrplan des Friedens, des Wohlstands und des Glücks des Volkes, Berlin 1959, S.46; zit. nach: Jonuscheit 1960, S. 341

389 Jonuscheit 1960, S.344

dreifachung der tatsächlichen Investitionsleistung in den Jahren 1952 bis 1958 entsprach.[390]

Daß diese Zielsetzung Ausdruck von Voluntarismus war, der die Beziehung zur realen wirtschaftlichen Situation verloren hatte, zeigte die Entwicklung in der Realisierungsphase des Planes: Im ersten Jahr der Laufzeit des Siebenjahrplanes wurden die angestrebten Planziele annähernd erfüllt oder leicht untererfüllt; in der Bauproduktion wurden die Planvorgaben sogar übererfüllt. Aber bereits im Jahr 1960 traten wachsende Disproportionen zwischen dem Plan und den tatsächlichen wirtschaftlichen Ergebnissen auf, die in einer Wirtschaftskrise und dem Abbruch des Planes im Jahr 1963 endeten.[391]

Zunächst hatte sich die offizielle Zielstellung des Siebenjahrplans, wonach die Steigerung des Lebensstandards zur „Hauptaufgabe“ erklärt worden war, in einem Rückgang der Flüchtlingszahlen ausgewirkt; 1958 sank die Zahl der Flüchtlinge auf etwa 200 000, 1959 auf unter 150 000.[392] Statt der erhofften Steigerung des Lebensstandards verschärften sich die Versorgungsprobleme aber in der Folgezeit: nachdem im Jahr 1958 die Rationierung der Lebensmittel durch Lebensmittelkarten abgeschafft worden war, wurde sie 1959 für einige Güter wiedereingeführt. Im Sommer 1962 wurden Bezugsscheine für Butter, Fleisch und Wurstwaren ausgegeben. Die Entwicklung des Lebenstandards während der Laufzeit des Siebenjahrplans läßt sich anhand des Einzelhandelsumsatzes und der Nettogeldeinnahmen der Bevölkerung nachzeichnen[393]:

Jahr	Nettogeldeinnahmen	Einzelhandelsumsatz
	(Zuwachs pro Kopf und Monat in Mark)	
1959	24	20
1960	17	14
1961	6	15
1962	-1	-2
1963	2	0

390 Buck 1969, S.198

391 Siebenjahrplanrückstand 1959 1960 1961 1962 in vH

	1959	1960	1961	1962
Bruttoanlageinvest.	-3.4	-7.3	-1.7	-23.2
Bauproduktion	-3.2	-2	-10.2	-13.2
Grundstoffindustrie	-2.6	-6.1	-9.1	-11.5
Investitionsgüterind.	-0.8	-3.5	-8.4	-9.8
Verbrauchsgüterind.	0	-4.8	-9.6	-12.1
Lebensmittelind.	-0.7	2.3	0.8	-3.9

nach Gleitze 1964

392 1955 bis 1957 betrug die Zahl etwa 250 000 jährlich. Roesler 1991. S.17

393 vgl. Roesler. 1991. S.17

Gegenüber einem Rückgang der Zuwachsraten in den Jahren 1959 bis 1961 kommt es 1962 zu einer Senkung des Lebensstandards im Vergleich zu den Vorjahren. Als im Jahr 1960 immer offensichtlicher wurde, daß die Ziele des Siebenjahrplanes nicht zu erreichen waren, stieg die Zahl der Flüchtlinge, verstärkt durch die „Vollkollektivierung" der Landwirtschaft, wieder auf 200 000 an.

Die wachsenden Disproportionen zwischen Plan und Planerfüllung veranlaßten die politische Führung zu folgender Krisenbekämpfungsstrategie:

Auf dem 12. Plenum des ZK der SED (16.-19. März 1961) wird die Erfüllung der „ökonomischen Hauptaufgabe" als langfristiges Ziel nicht mehr genannt. Stattdessen werden kurzfristige Dringlichkeitsprogramme zur Überwindung der entstandenen Disproportionen verabschiedet. Die Verknappung der Investitionsmittel führt zum Abbruch vieler Investitionsvorhaben, es entstehen Investruinen; die vorhandenen Mittel werden auf die dringendsten Investitionsobjekte konzentriert. Kurzfristiges Hauptziel wird die Überwindung des Engpasses im Bereich des Investitionsbauwesens, der nach Angaben Leuschners die Investitionstätigkeit begrenzt.

Die jährlich sinkende Steigerungsrate des Wirtschaftswachstums kann nur durch ein Absenken der Akkumulationsrate erreicht werden; durch das Ausbleiben notwendiger Investitionen kommt es zum Verschleiß von Maschinen und Anlagen.[394]

Anfang Mai 1961 beschließt die Staatliche Plankommission, die Ziele des Siebenjahrplans aufzugeben und die Planziele nach unten zu korrigieren. Dieser Beschluß kommt jedoch zu spät, um die Wirtschaftslage im Sommer 1961 zu verbessern: eine kontinuierliche Produktion ist wegen des Ressourcenmangels nicht möglich. Die Planerfüllung wird durch die steigende Zahl der Flüchtlinge unmöglich. Die hohe Flüchtlingszahl und die Erfahrungen des Jahres 1953 lassen die Führung zögern, die Krise durch eine Lohnsenkung bzw. Normerhöhung zu mildern, was zu wachsenden Disproportionen zwischen dem Wachstum der Arbeitsproduktivität und der Lohnzunahme führt. Der geplanten Lohnsteigerung für 1961 von 1,6% bis Ende Mai in der zentralgeleiteten volkseigenen Industrie steht eine reale Steigerung von 5,3%

---

394 Die Stagnation bzw. den Rückgang der Akkumulationsrate und des Wirtschaftswachstums zeigt die folgende Tabelle:

Jahr	Nationaleinkommen produziertes (Zuwachs in %)	verbrauchtes (Zuwachs in %)	Akkumulationsrate	ind. Bruttoproduktion
1959	5	.	20.0	12
1960	4	.	19.0	8
1961	2	1	17.6	6
1962	3	3	20.3	6
1963	3	-1	17.2	4

Roesler 1991, S.18

gegenüber. Die Folge ist ein Kaufkraftüberhang, da dem gestiegenen Lohn kein entsprechendes Güterangebot gegenübersteht. Der Zusammenhang zwischen disproportionaler Entwicklung von Arbeitsproduktivität und Lohnzuwachs einerseits und Fluchtbewegung andererseits wird in einem Bericht des „Komitees für Arbeit und Löhne“ über die Situation der Arbeitsnormen während des ersten Halbjahrs 1961 deutlich: „Es war den Wirtschaftsfunktionären im Kabelwerk Oberspree, einem Berliner Großbetrieb, nach vorgenommener Rationalisierung nicht gelungen, eine neue Arbeitsnorm anzuwenden. 'Die Arbeiter erklärten', hieß es in dem Bericht, 'daß sie bei der Einführung der neuerarbeiteten Norm eine Arbeit in einem anderen Betrieb aufnehmen würden. Die Arbeitsnorm, die zu keiner Lohnminderung geführt hätte, nahmen fünf Arbeiter zum Anlaß der Kündigung, wobei zwei davon Arbeit in Westberlin aufnahmen.' Verallgemeinernd konstatierte der Bericht des Komitees für Arbeit und Löhne unter den Bedingungen der Arbeitskräfteknappheit und der offenen Grenze 'das Zurückweichen der wirtschaftlichen Funktionäre vor der Normenfrage'.“[395]

Der Übergang zu einer Politik der Eindämmung der Wirtschaftskrise auf Kosten des Lebenstandards der Bevölkerung wurde auf dem 13. Plenum des ZK der SED (3.-4.7. 1961) beschlossen. Das Politbüro schlug eine Umgruppierung der wirtschaftlichen Mittel vor, wobei die Konsumgüterproduktion und die Einkommenserhöhungen gedrosselt werden sollten. Konsumgüterimporte sollten herabgesetzt und Rohstoff-importe erhöht werden. Als personelle Konsequenz der schlechten Wirtschaftslage wurde Leuschner als Vorsitzender der Plankommission geopfert und durch Karl Mewis ersetzt.

Der permanente Arbeitskräfteverlust wurde durch die Grenzschließung und den Bau der Berliner Mauer im August 1961 gestoppt. Schon kurz darauf, anfang September 1961, wird unter der Losung der „Minutenrückgabe“ damit begonnen, die Arbeitsnormen zu erhöhen. In einer Massenkampagne werden die Arbeitnehmer der DDR zu einem „Produktionsaufgebot“ herausgefordert, einem von der politischen Führung gesteuerten Produktionswettbewerb unter dem Motto „In der gleichen Zeit für das gleiche Geld mehr produzieren.“

Daß die Konsuminteressen der Bevölkerung in den Planungen der politischen Führung keine Rolle mehr spielten, machte Ulbricht deutlich, als er auf dem 14. Plenum des ZK der SED (23.-26.11. 1961) erklärte: „Das Grundproblem ist das ungenügende Wachstum der Arbeitsproduktivität... An der Stelle des Kampfes um die Planerfüllung verbreitete sich eine Konsumentenideologie, durch die die Übereinstimmung zwischen Warenfonds und Kauffonds gestört wurde...“ Dies „führte zu einer solchen Lage, daß in den ersten drei Jahren des Siebenjahresplanes die individuelle und die gesellschaftliche Konsumtion schneller als im Siebenjahrplan vorgese-

395 Roesler 1991, S.20

hen gestiegen ist. Die Produktion und die Akkumulation dagegen erreichten nicht die im Siebenjahrplan gestellten Ziele."[396]

Im Jahr 1962 zeigte sich, daß die wirtschaftliche Krisensituation trotz der geschlossenen Grenze, einer Wirtschaftspolitik auf Kosten der Konsumenten und einer neuerlichen Korrektur der Planziele nach unten nicht überwunden war. „Der Zuwachs der Industrieproduktion betrug nicht mehr als im akuten Krisenjahr 1961. Der Nationaleinkommenszuwachs lag nur um einen Prozentpunkt höher als 1961, das Jahr in dem eine Mißernte die durch die Vergenossenschaftlichung der Landwirtschaft entstandenen Wachstumsprobleme weiter verschärft hatte."[397]

Wollte die Parteiführung den Ausbruch sozialer Unruhen vermeiden, dann konnte sie es sich nicht länger leisten, ihre bisherige Wirtschaftspolitik weiterzuführen. Die Vorwürfe Ulbrichts an die „Werktätigen", durch ihre „Konsumentenideologie" die Wirtschaftskrise herbeigeführt zu haben, mußte diesen angesichts einer Verschlechterung der Lebensbedingungen und der offensichtlichen Unfähigkeit der Partei, die Wirtschaft effektiv zu organisieren, wie eine Verhöhnung vorkommen.

Durch die Schließung der Grenze im August 1961 war eine neue innenpolitische Situation entstanden. Einerseits verbesserten sich die wirtschaftlichen Rahmenbedingungen durch das Ende des ständigen Arbeitskräfteverlustes und die bessere Planbarkeit der Arbeitskräftebilanz. Andererseits wurde durch die Grenzschließung auch das Ventil geschlossen, daß in den letzten Jahren das Aufkommen politischer Unruhen verhindert hatte. Bisher hatten viele der Unzufriedenen das Land verlassen. Die Gefahr einer revolutionären Erschütterung der Parteiherrschaft wuchs solange, wie es nicht gelang, die Wirtschaftskrise zu überwinden und den Lebensstandard zu steigern.

1963-1970: Die Zeit der Reformen des wirtschaftlichen Lenkungssystems und ihr Ende

Ende 1962/ Anfang 1963 zog die Parteiführung die Konsequenz aus der für sie gefährlichen Situation, indem sie die 1961 eingeleitete Politik der Krisenbekämpfung auf Kosten des Lebensstandards der Gesellschaft aufgab. Der Wandel in der Wirtschaftspolitik zeigte sich in zwei Maßnahmen: zunächst in einer stärkeren Berücksichtigung der Konsuminteressen der Bevölkerung; im Jahr 1964 wächst die Konsumgüterindustrie schneller als die Produktionsmittelindustrie.[398] Neben dieser „klassischen" Art der Krisenbekämpfung leitet die Partei eine über die bisherigen „administrativen Reformen" hinausgehende umfassende Wirtschaftsreform des bisherigen Planungs- und Leitungssystems ein.

396 zitiert in: Buck 1969, S.208
397 Roesler 1991, S.22
398 Dobias 1986, S.162

Die Notwendigkeit einer Reform des bisherigen Systems wird deutlich, wenn man die langfristigen Trends der wirtschaftlichen Entwicklung vom Beginn der Wirtschaftsplanung bis zum Abbruch des Siebenjahrplanes betrachtet:[399]

1.) Die Wachstumsraten des Bruttoprodukts, der Industrieproduktion und des Nationaleinkommens sinken tendenziell deutlich; besonders stark ist der Wachstumsrückgang zwischen 1960 und 1962. Anstelle eines stetigen Wirtschaftswachstums ist die ökonomische Aktivität durch starke Schwankungen gekennzeichnet, die sich in stark ausgeprägten Investitionszyklen äußern.[400]

2.) Das Wachstum des Bruttoprodukts ist höher als das Wachstum des Nationaleinkommens. Dies bedeutet, daß der Vorleistungsverbrauch stärker gestiegen ist als das Nettoprodukt, die Effizienz des Materialeinsatzes ist zurückgegangen. Durch den überplanmäßig hohen Materialverbrauch kommt es zu Produktionsstörungen und -stillständen. Diese müssen durch Überstunden ausgeglichen werden; der Lohnfonds steigt, während die Produktion stagniert. Die Folge ist ein Kaufkraftüberhang. Für die rohstoffarme DDR hat die Effizienzminderung des Materialeinsatzes außerdem vermehrte Rohstoffimporte zur Folge, die vermehrten Investitionsgüterexport zur Begleichung der Importkosten nach sich ziehen. Diese dringend benötigten Investitionsgüter gehen der eigenen Wirtschaft verloren.

3.) Trotz sinkender Wachstumsrate ist eine steigende Investitionsquote zu verzeichnen; dies bedeutet, daß die Effizienz der durchgeführten Investitionen stetig sinkt. Mit anderen Worten: zur Produktion einer Einheit Nationaleinkommen wird ein sich stetig erhöhender Kapitaleinsatz erforderlich. Das bestehende Wirtschaftssystem veranlaßt die Betriebe zum Zweck der Aufrechterhaltung einer kontinuierlichen Produktion zur Hortung von Material. Ein großer Teil der Investitionsmittel wird dabei als Lagerinvestition zur Lagerung unbrauchbarer oder nicht benötigter Rohstoffe und Ersatzteile vergeudet. Die Bemühungen der Betriebe, zum Zweck einer leichten Planerfüllung möglichst viele Investitionsmittel zu erlangen, führt zu deren Zersplitterung. Es werden überplanmäßig viele Investitionsvorhaben gleichzeitig begonnen; ihre Fertigstellung übersteigt die Wirtschaftskraft, es entstehen Investruinen. Die Hortung der Investitionsmittel führt zu einer mangelhaften Auslastung vorhandener Maschinen und Anlagen.

4.) Die Wachstumsrate der Arbeitsproduktivität sinkt tendenziell; sie liegt unter der Wachstumsrate der Industrieproduktion. Es ist also eine tendenzielle Erhöhung des Beschäftigungsgrades zu verzeichnen. Eine überproportionale Erhöhung der Lohnsumme ist die Folge. Die Betriebe streuben sich gegen die Einführung des technischen Fortschritts in die Produktion; sie befürchten Erhöhungen ihrer Planaufgaben, welche die Planerfüllung erschweren.

---

399 zum folgenden: Dobias 1986, S.155ff. Jonuscheit 1960, S.340-362, Krol 1972, S.36-117

400 Thieme 1979, S.3ff

Eine grundlegende Reform des Planungs- und Leitungssystems sollte die durch das bisherige System verursachten wachstumshemmenden Faktoren beseitigen und die Effektivität des Wirtschaftssystems erhöhen.

- Die administrativen Reformen bis 1962:

Bereits in den fünfziger Jahren wurden organisatorische und administrative Reformen des Planungs- und Leitungssystems durchgeführt. Mit folgenden Maßnahmen sollte die Effizienz der Wirtschaft verbessert werden: 1.) eine Verstärkung und Intensivierung der administrativen Kontrolle durch die Schaffung neuer Kontrollorgane. 2.) eine Veränderung des Leitungsaufbaus der Wirtschaftsorgane. So wurde beispielsweise das dreigliedrige Leitungssystem (Zentrale - mittlere Leitungsorgane - Betrieb) zeitweilig durch einen zweigliedrigen Aufbau (Ministerien - Betrieb) ersetzt.

3.) durch Massenkampagnen und Aktivistenbewegungen sollte das „ideologische Bewußtsein" erhöht werden. 4.) ein weiteres Mittel waren Sanktionen gegen Wirtschaftsfunktionäre sowie personelle Umbesetzungen.

Als Ursachen der wirtschaftlichen Fehlentwicklungen wurden offiziell „mangelndes Bewußtsein" und „feindliche Sabotage" genannt. Als ein grundlegendes Charakteristikum der sozialistischen Wirtschaft wurde die Interessenidentität der Wirtschaftssubjekte angesehen.

- Die Periode der ökonomischen Reformen 1963-1968

Das Nahziel der 1963 eingeleiteten Wirtschaftsreform war die Überwindung der seit Beginn der sechziger Jahre eingetretenen Wirtschaftskrise durch die Stabilisierung der Wachstumsraten und eine gesteigerte Effektivität des Wirtschaftens; dadurch sollte eine Angleichung an den bundesrepublikanischen Lebensstandard ermöglicht werden. Das Fernziel der Reform war die langfristige Sicherung der politischen Existenz der DDR.

Die inhaltlichen Ziele der Reform sollten durch eine Änderung der Planungs- und Leitungsmethoden erreicht werden; die mit dem administrativen Wirtschaftssystem verbundenen Mängel faßten die Reformer in einer „Kritischen Einschätzung der bisherigen Praxis der Planung und Leitung der Volkswirtschaft"[401] wie folgt zusammen: an den **Planungsmethoden** wurde die zu starke Ausrichtung der Wirtschafteinheiten auf den Jahresplan kritisiert; die zentralen Planvorgaben seien zu detailliert und zu sehr auf Bruttoproduktions- bzw. Naturalkennziffern orientiert und durch die „weiche" Planungsstrategie der Betriebe manipuliert. Die qualitativen Kennziffern wie z.B. die Arbeitsproduktivität, würden vernachlässigt, die Produktionsentscheidungen der Betriebe orientierten sich nicht an der Kostensenkung und Gewinnsteigerung.

---

401 vgl. „Richtlinie für das Neue Ökonomische System der Planung und Leitung der Volkswirtschaft". Berlin 1965. S.93ff. 126ff sowie Roesler 1991. S.45

Die **Leitungsmethoden** seien vorwiegend administrativ. Bei grundsätzlicher Dominanz der Interessenübereinstimmung zwischen Leitungsorganen und Betrieben aufgrund des sozialistischen Eigentums existierten dennoch spezifische Gruppeninteressen der Betriebe, die den gesellschaftlichen Interessen entgegenständen. Eine Lenkung der betrieblichen Interessen in Richtung gesellschaftlicher Interessen erfordere die Abkehr von einem administrativen Leitungsstil. Erforderlich sei die Verbindung der zentralen Leitung mit einer vergrößerten Selbstständigkeit der Betriebe.

Entsprechend dem Reformprogramm sollte das Planungssystem durch seine „Ökonomisierung" verbessert und eine kontrollierte Ausnutzung der Marktgesetze eingeführt werden. Die direkte administrative Kontrolle sollte durch „Regelmechanismen" ersetzt werden, die eine Rationalisierung und Entbürokratisierung des Wirtschaftssystems ermöglichten. Im Mittelpunkt des 1963 eingeführten „Neuen Ökonomischen Systems der Planung und Leitung" (NÖSPL) stand die Reform des Kontroll- und Motivationssystems durch die Veränderung der Hauptkennziffer zur Messung des betrieblichen Erfolgs; die Hauptkennziffer „Bruttoproduktion" wurde durch die Hauptkennziffer „Gewinn" ersetzt. Außerdem sollte die Planerfüllung anhand der abgesetzten und nicht wie bisher anhand der produzierten Produktionsmenge gemessen werden. Durch diese Maßnahmen sollten die typischen Funktionsmängel der Planwirtschaft beseitigt und die Betriebe interessiert werden an 1.) „harten" Planauflagen und Planvorschlägen 2.) der Produktion von qualitativ hochwertigen, absetzbaren Gebrauchsgütern und 3.) einer rationellen Kostengestaltung.

Im „Neuen Ökonomischen System" hatte die für die zentrale Planwirtschaft typische Kombination des Planerfüllungs- mit dem Prämienprinzip weiterhin Gültigkeit.[402] Zwar konnte durch die Änderung der Hauptkennziffer die Rentabilität der Produktion erhöht werden, doch die Höhe der Prämienzahlungen hing nicht vom tatsächlich erwirtschafteten Gewinn, sondern von der Differenz zwischen „Plan-Soll" und „Plan-Ist" ab. Die weiterhin gültige „Soll-Ist-Logik" verleitete die Betriebe zur Manipulierung ihrer Gewinnbilanz und begünstigte das Streben nach „weichen" Planauflagen für die Höhe des „planmäßig" zu erzielenden Gewinns.

Zur Überwindung dieser Mängel wurde die Reform im Jahr 1965 durch die Einführung der „Orientierungsziffer Gewinn" weitergeführt. Die bis dahin gültige **Hauptkennziffer „Gewinn"** forderte von den Betrieben zur Prämienerzielung den Gewinn in Planperiode II gegenüber Planperiode I um einen bestimmten Prozentsatz zu erhöhen. Mit der Einführung der **Orientierungsziffer „Gewinn"** konnten in den betrieblichen Planvorschlägen die Planvorgaben überboten werden; je höher diese Überbietung ausfiel, desto höhere Prämiensätze wurden gewährt. Die Realisierung eines, die „von oben" festgesetzten Planvorgaben überbietenden, betrieblichen Vor-

402 siehe oben S.88

schlags erhöhte die Prämien nochmals. Auf diese Weise sollten die Betriebe an möglichst „harten“ Planvorschlägen interessiert werden. Auch nach Einführung der Orientierungsziffer hatte das „Planerfüllungsprinzip“ Gültigkeit; das „Ist“ des betrieblichen Gewinns in Planperiode I bildete die Basis für die Höhe der vorgegebenen Orientierungsziffer in Planperiode II. Im betrieblichen Interesse lag eine nur maßvolle Überbietung der Orientierungsziffer, um die Vorgabe einer hohen Ziffer in der folgenden Planperiode zu verhindern. [403]

1968-1970: Die zweigeteilte Wirtschaftslenkung im „Ökonomischen System des Sozialismus“ und die Einleitung einer neuen Phase der verstärkten Akkumulation

Im Jahr 1968 wurde mit dem „Ökonomischen Systems des Sozialismus“ (ÖSS) ein weiterer Reformschritt eingeleitet. Die von einem Volkskammerausschuß im Jahr 1967 gezogene Zwischenbilanz der Wirtschaftsreform zeigte, daß der bisherige Verlauf noch nicht zu den gewünschten Ergebnissen geführt hatte. Der Bericht des Ausschusses kam zu folgendem Ergebnis: Mängel bestehen in der Durchsetzung des wissenschaftlich-technischen Fortschritts in der Produktion, bei der Steigerung der Arbeitsproduktivität, dem Produktionszuwachs, der Flexibilität gegenüber Marktveränderungen. Ein Teil der Wirtschaftsfunktionäre ist reformmüde geworden. Der Bericht konstatiert eine „Diskrepanz zwischen den bestehenden rechtlichen Regelungen und den Erfordernissen des ÖSS.“[404] Von Nöten sei einerseits die Durchführung einer staatlichen Strukturpolitik zur Förderung der „Schlüsselindustrien des wissenschaftlich-technischen Fortschritts“. Andererseits sollte die Eigenverantwortlichkeit und damit Flexibilität und Anpassungsfähigkeit der Betriebe an veränderte Marktbedingungen erhöht werden.[405]

Die Umsetzung dieser Forderungen führte zu einer widersprüchlichen Wirtschaftspolitik. Für den Großteil der Betriebe wurde die Eigenverantwortlichkeit und Eigenständigkeit erhöht; die Planauflagen wurden weitgehend abgebaut[406]und stattdessen ein System **ökonomischer Normative** eingeführt.[407] Der Unterschied der „ökonomischen Logik“ eines Systems ökonomischer Normative zu einem System von Planauflagen läßt sich folgendermaßen beschreiben: 1.) Die betrieblichen Pläne sind **keine** aufgeschlüsselten zentralen Pläne. Sie sind nicht an die einjährige Planperiode des Volkswirtschaftsplans gebunden, sondern richten sich zeitlich nach ein-

403 Zur Entwicklung und ökonomischen Logik des NÖSPL siehe Hensel 1973, S.149ff

404 Roesler 1991, S.61

405 festgelegt in der „Grundsatzregelung für komplexe Maßnahmen zur weiteren Gestaltung des Ökonomischen Systems des Sozialismus in der Planung und Leitung der Volkswirtschaft für die Jahre 1969 und 1970“ vom Juni 1968; GBl. II 1968 Nr.66 S.433

406 zwei Auflagen blieben erhalten, vgl. Hensel 1973, S.53

407 wichtigste Normative waren 1.) die Produktionsfondabgabe; sie soll die rationelle Nutzung der Produktionsfonds gewährleisten, 2.) die differenzierte Gewinnabführung an den Staat als ein Mittel der Strukturpolitik. Hensel 1973, S.155

zelwirtschaftlichen Rationalitätserwägungen. Die staatlich vorgegebenen Normative gelten mehrjährig und sichern so die Konstanz der Rahmenbedingungen individuellen Wirtschaftens. Damit bieten sie gegenüber kurzzeitig geltenden Rahmenbedingugnen Anreize zu kostspieligen Investitionen mit langer Amortisationszeit, die zur Durchsetzung des wissenschaftlich-technischen Fortschritts in der Produktion nötig sind. 2.) Die Höhe der betrieblichen Prämien ist nicht von der Erfüllung eines Plansolls abhängig, sondern vom erwirtschafteten Nettogewinn. Da der Gewinn sich aus den Erlösen minus den Kosten zusammensetzt, sind die Betriebe an einer optimalen Kosten- und Erlösegestaltung interessiert. 3.) Die betrieblichen Pläne sowie die Investitionsentscheidungen sind von den Betrieben eigenverantwortlich ausgearbeitet; Erfolgskriterium betrieblichen Wirtschaftens ist der Nettogewinn. Die Betriebe organisieren den Absatz ihrer Produkte selbstständig, es gilt das Prinzip der „Eigenerwirtschaftung der Mittel". Zusammenfassend läßt sich sagen, daß mit der Einführung der Normative die bisher gültige Kombination des Prinzips der „Planerfüllung" mit dem „Prämienprinzip" abgelöst wird durch die Kombination „Gewinnprinzip - Prämienprinzip". Faktisch gelten für die Mehrzahl der Betriebe die Prinzipien einer „sozialistischen Marktwirtschaft."[408]

Während die Mehrzahl der Betriebe sich am Markt und an der Erzielung eines hohen Nettogewinns orientierte, wurde eine relativ kleine Zahl von Betrieben eng an zentrale Planvorgaben und Kontrollen, die sogenannte „strukturkonkrete Planung", gebunden. Es waren dies diejenigen Betriebe, die durch die staatliche Strukturpolitik der „forcierten Entwicklung des wissenschaftlich-technischen Fortschritts" besonders gefördert werden sollten; sie wurden vorrangig mit staatlich verteilten Produktions- und Investitionsmitteln versorgt. Mit dieser Strukturpolitik leitete das wirtschafts-politische Zentrum im Jahr 1968 unter der Losung der „Durchsetzung des wissenschaftlich-technischen Fortschritts" eine neue Phase verstärkter Akkumulation ein:

Der auf dem VII. Parteitag 1967 festgelegte wirtschaftspolitische Kurs sah eine ausgewogene Verbindung zwischen der Strukturpolitik zur Förderung der „Fortschrittsindustrien" einerseits und der proportionalen Entwicklung der Volkswirtschaft im allgemeinen andererseits vor. Beschleunigt entwickelt werden sollten die Elektrotechnik/ Elektronik, der wissenschaftliche Gerätebau, die chemische Industrie und der Werkzeugmaschinenbau. Von diesen Sparten sollte dann ein Innovationsschub auf die gesamte Volkswirtschaft ausgehen. Von dieser Linie der „proportionalen Entwicklung" wich die politische Führung 1968 ab. Die Lösung vorhandener wirtschaftlicher Probleme - so vor allem der etwa 30%ige Rückstand in der Arbeitsproduktivität gegenüber der BRD und die Notwendikgkeit der Gewährleistung der Konkurrenzfähigkeit der DDR-Wirtschaft auf dem Weltmarkt angesichts des zunehmenden Außenhandels mit kapitalistischen Staaten - sah das Po-

---

408 Hensel 1973, S.155ff; zur „sozialistischen Marktwirtschaft": Leipold 1988

litbüro in der Konzentration der Wirtschaftskraft auf die beschleunigte Entwicklung einiger Industriezweige durch eine bedeutende Erhöhung der Investitionen. Es sollten **zusätzlich** zu den Aufgaben des Perspektivplans 1966-1970 mehrere Automatisierungsvorhaben realisiert werden, die 1969 etw 15% und 1970 etwa 30% der Gesamtinvestitionen der Industrie verschlangen. Ebenso wie die polnische Führung während der siebziger Jahre plante die politische Führung der DDR, durch den Import von Automatisierungs- und Rationalisierungsmitteln die Industrie in kurzer Zeit mit modernen Maschinen und Ausrüstungen zu versorgen. Die zunächst in Kauf zu nehmende Verschlechterung der Außenhandelsbilanz sollte durch den Export der Produktion aus den importierten Anlagen wieder ausgeglichen werden.[409]

Folgen der Politik der verstärkten Akkumulation: wirtschaftliche und soziale Spannungen

Bis Ende der sechziger Jahre konnte die wirtschaftliche Reformpolitik Erfolge aufweisen: Mitte der sechziger Jahre hatte die DDR-Wirtschaft die Wachstumskrise der frühen sechziger Jahre überwunden; die jährlichen Zuwachsraten der industriellen Bruttoproduktion lagen im Zeitraum 1964-1970 zwischen 6% und 7%. Die Anfang der sechziger Jahre eingetretene Stagnation in der Entwicklung des Lebensstandards wurde überwunden; dieser verbesserte sich in der zweiten Hälfte des Jahrzehnts deutlich mit dem Höhepunkt dieser Entwicklung in den Jahren 1968/69.

Die Steigerung des Lebensstandards zeigt die Entwicklung des **Einzelhandelsumsatzes** und der **Nettogeldeinnahmen** der Bevölkerung (Zuwachs pro Kopf Monat in Mark):[410]

Jahr	Nettogeldeinnahmen	Einzelhandelsumsatz
1963	2	0
1964	19	10
1965	14	10
1966	9	10
1967	12	10
1968	17	13
1969	17	17
1970	8	13

Im Jahr 1970 zeigt sich ein stark abgebremstes Wachstum sowohl der Nettogeldeinnahmen als auch des Einzelhandelsumsatzes. Diese Entwicklung ist die Folge

409 Roesler 1991, S.153, Naumann/Trümpler 1990, S.13
410 Roesler 1991, S.36

der seit 1968 betriebenen Wirtschaftspolitik der verstärkten Akkumulation: die Akkumulationsrate steigt 1970 auf 29%.[411]

Die im Februar 1968 zusätzlich zum Perspektivplan eingeleiteten Automatisierungsvorhaben werden in Angriff genommen, ohne vorher die Voraussetzungen zu ihrer Realisierung zu prüfen: „Wie schwach die Basis für diese weitreichende Entscheidung (zur Einleitung der Automatisierungsvorhaben, H.R.) war, spiegelte sich darin, daß der Ministerrat erst im August 1968 diese Vorhaben in die staatliche Nomenklatur der strukturbestimmenden Projekte aufnahm. Bände spricht auch, daß die dafür verantwortlich gemachten Werkleiter deren materielle Sicherung bis zum 15. September 1968, also im nachhinein, klären sollten."[412] Die - gesamtwirtschaftlich unkoordinierte - Konzentration der Kräfte und Mittel zugunsten weniger Betriebe führte zu wirtschaftlichen Disproportionen und Planrückständen. Ende 1969 weist das Politbüro auf „beträchtliche Rückstände" in der Planerfüllung hin, so daß die „insgesamt positive Entwicklung... durch eine Reihe von Betrieben, Kombinaten und VVB erheblich beeinträchtigt" wird.[413]

Trotz der deutlich zugenommenen Disproportionen beschließt das Politbüro „künftig einen noch größeren Teil des Nationaleinkommens für die Meisterung der wissenschaftlich-technischen Revolution zu verwenden"[414], d.h. die Akkumulationsrate weiter zu erhöhen. Im März 1970 beschließt das Politbüro die Akkumulationsrate bis 1975 auf 27,3% zu steigern.[415] Im Dezember 1969 ordnet das Sekretariat des ZK der SED an, im Plan für 1970 etwa 60% der für die Industrie geplanten Gesamtinvestitionen für die Automatisierungsvorhaben zu veranschlagen.

Begünstigt wird das Entstehen einer zunehmend unausgewogeneren Wachstumsstruktur in den Jahren 1969/70 durch den Interessenwiderspruch zwischen den weitgehend von Planauflagen befreiten Betrieben außerhalb der strukturkonkreten Planung und den in diese Planung integrierten Betrieben. Das wirtschafts-politische Zentrum bemüht sich um die Konzentration der Investitionsmittel auf die „Fortschrittsindustrien"; die „autonomen" Betriebe konkurrieren mit diesen um die vorhandenen Mittel. Ende 1967/Anfang 1968 wird durch eine Bankreform „Zielfunktion und Rechnungswesen der Geschäftsbanken, die bis dahin überwiegend wie Verwaltungsbehörden arbeiteten, auf die Gewinnerzielung und das 'Prinzip der wirtschaftlichen Rechnungsführung' umgestellt."[416] Die Prämierung des Bankpersonals erfolgt in Abhängigkeit vom Bankgewinn. Die gewandelte Interessenlage der Banken führt zu einer freigiebigen Kreditvergabe: die Zinseinnahmen und Prämien sind für die Banken umso höher, je mehr Kredite sie vergeben. Mit der Wirtschafts-

---

411 Kusch 1991, S.22
412 Naumann/Trümpler 1990, S.12
413 ebenda, S.13
414 ebenda S.14
415 ebenda S.28
416 Buck 1969, S.87

reform haben die Betriebe das Recht erhalten, ihre Investitionspolitik weitgehend selbstständig zu gestalten; sie nutzen die Möglichkeit, leicht an Kredite zu kommen, um ihre veralteten Produktionsmittel zu erneuern. Die dadurch entstehende allgemeine Überforderung der Produktionsmittelindustrie hat die Konkurrenz zentraler und dezentraler Investitionsträger um die knappen Mittel zur Folge und beeinträchtigt die Fertigstellung der strukturpolitisch vorrangigen staatlichen Investitionsobjekte. Die Knappheit führt zu einer erheblichen Verteuerung der Investitionsmittel durch „trickreiche Heraufsetzungen einzelner Produktionsmittelpreise“[417] und belastet die Volkswirtschaft zusätzlich. Die „autonomen“ Investitionen führen zu einem „Importsog“ bei hochwertigen Investitionen einerseits und zu Stockungen im Produktionsmittelexport andererseits; das Handelsbilanzdefizit steigt stark an.[418]

Eine weitere Folge der gewinnorientierten Kreditpolitik ist die „paradoxe Situation“, daß „staatliche Banken eine Bereinigung der betrieblichen Produktionssortimente von unrentablen Produkten fördern, für die bei staatlichen Planbehörden aus strukturpolitischen Erwägungen und bei Groß- und Einzelhandelsbetrieben auf Grund der Bevölkerungsnachfrage ein Bedarf besteht. Beispiele für auf diese Weise entstandene Versorgungslücken haben Presseorgane der DDR häufig veröffentlicht.“[419]

Die durch die Überakkumulation entstandenen Disproportionen verstärkten sich durch den überaus harten Winter 1969/70 und die daraus folgende Energiekrise.[420] Die Mehrzahl der Betriebe und Kombinate können Anfang 1970 ihre Planziele nicht erreichen, die Produktion verläuft diskontinuierlich, es kommt zu Produktionseinschränkungen. Dennoch hält die Partei am Ziel der Planerfüllung fest; den Ausweg aus den Schwierigkeiten sieht sie in der Durchführung von Sonderschichten und in der Mobilisierung aller Kräfte im „sozialistischen Wettbewerb“. An den Wochenenden des 25./26. April 1970 beteiligen sich etwa 350 000, am 23./24. Mai etwa 640 000 Menschen an Sonderschichten. Die Planrückstände können teilweise verringert werden, aber die Disproportionen in der Volkswirtschaft verschärfen sich noch. Die Bereitschaft der arbeitenden Bevölkerung zur Teilnahme an den Sonderschichten sinkt: „An Boden gewannen solche Meinungen: Warum soll ich Sonnabend und Sonntag arbeiten, wenn es dann am Wochenanfang kein Material mehr gibt? Sollen die Werkleitungen doch dafür sorgen, daß an den Werktagen ordentlich gearbeitet werden kann! Stimmen mehrten sich, die in diesen anhaltenden Sonderschichten einen Widerspruch zur sozialen Errungenschaft der 5-Tage-Arbeitswoche sahen. Die Richtigkeit der Wirtschaftspolitik der SED wurde verstärkt in Frage gestellt.“[421]

---

417 Buck, 1969, S.101
418 Buck 1969, S.103
419 Buck 1972, S.86
420 vgl. Neumann/Trümpler 1990, S. 20ff
421 Neumann/Trümpler 1990, S.23

Anhaltende Versuche des Zentrums, die volkswirtschaftlichen Disproportionen durch zentrale Intervention in Form von Umverteilungen zu lösen, destabilisieren die gesamtwirtschaftliche Entwicklung zusätzlich, wie folgendes Beispiel verdeutlicht: „Eine auf zentrale Entscheidung hin im Oktober(!) erfolgte Verlagerung von Baukapazitäten von einem Schwerpunktobjekt auf ein anderes im Bezirk Leipzig hatte zur Konsequenz, daß sich der für letzteres Vorhaben geplante Bauanteil von 38 Millionen auf etwa 4,5 Millionen Mark reduzierte. Damit war der Termin der Fertigstellung irreal. Auf einer Beratung des Politbüros am 27. Oktober 1970, auf der die Automatisierungsvorhaben einen zentralen Platz einnahmen, mußte Walter Ulbricht eingestehen, daß im Grunde genommen drei Viertel aller Vorhaben eingestellt werden müßten, weil bei den übrigen die ursprünglich geplanten Mittel weit überzogen waren."[422]

Die sich im Lauf des Jahres 1970 verstärkenden ökonomischen Probleme führen zum Anstieg der sozialen Spannungen: bei den im März 1970 stattfindenden Kommunalwahlen steigt die Zahl der Nichtwähler gegenüber der Wahl von 1967 sprunghaft an. Verstärkt werden Versorgungsmängel und die mangelhafte Information über Ursachen und Ausmaß der wirtschaftlichen Schwierigkeiten beklagt.[423]

Wie mangelhafte Materialbelieferung und diskontinuierliche Produktion zu sozialen Konflikten führen, zeigt ein Beispiel aus dem Wohnungsbaukombinat Cottbus: „Um die Auszahlung der Jahresendprämien an die Werktätigen gewährleisten zu können, hatte der Rat des Bezirkes Cottbus am 5. März 1970 den Beschluß 'Eliminierung von außergewöhnlichen Verlusten zum Prämienfonds' gefaßt. Dieser war damit begründet worden, daß es 'neben den vorhandenen subjektiven Mängeln in der Leitungstätigkeit vor allem... außergewöhnliche Schwierigkeiten in der kontinuierlichen sortiments- und termingerechten Versorgung insbesondere mit wichtigen Bau- und Ausbaumaterialien sowie mit gebäudetechnischen Ausrüstungen' gegeben habe. Andere staatliche Organe hoben diesen Beschluß auf. Das mußte sich zwangsläufig erheblich auf das persönliche Einkommen und damit auch auf das politische Verhalten vieler Werktätiger des Betriebes auswirken. Im Kombinat legten an drei Stellen Werktätige für kurze Zeit die Arbeit nieder. Dort wie in anderen Bereichen gab es vor allem folgende Fragen: Warum wurden die Werktätigen des Kombinats über die wirkliche Plansituation erst jetzt informiert, warum sagt die Leitung nicht jederzeit ehrlich ihre Meinung? Ist es denn richtig, daß in einem Kombinat auch die Kollektive eines Betriebsteiles, der seine Planaufgaben allseitig erfüllt hat, keine Jahresendprämie erhalten? Welche Garantien werden von den Leitern geschaffen, um den Plan 1970 zu erfüllen und damit die Mittel für die Zahlung der Jahresendprämie zu erwirtschaften?"[424]

---

422 ebenda, S.33f
423 ebenda, S.20f
424 ebenda, S.22

Der steigende Unmut in der Bevölkerung wird vor allem durch die Vernachlässigung der Konsumgütererzeugung und schwere Versorgungslücken aufgrund der sprunghaft erhöhten Investitionen für die Automatisierungsvorhaben ausgelöst; „in einer auf der 14. Tagung des ZK der SED im Dezember 1970 vorgetragenen Aufstellung wurden u.a. 'warme Unterbekleidung, Trainingsbekleidung, Arbeits- und Berufsbekleidung, winterfestes Schuhwerk, Hausschuhe, Öfen und Herde; Wintersportgeräte, Batterien, Anbaumöbel, Handwerkszeuge, Pionier- Füllhalter und Kugelschreiber' genannt. Ferner gab es bei der Belieferung mit Butter und Fleisch 'örtlich zeitweilig' Schwierigkeiten. Ebenso fehlten Textilerzeugnisse der niedrigen Preisklassen - ein Hinweis auf schleichende Preiserhöhungen."[425]

Auf der 13. Tagung des ZK der SED (9./10.5. 1970) schlägt der Wirtschaftssekretär Günter Mittag vor, die wirtschaftlichen Probleme auf „klassische Art", d.h. auf Kosten des Lebensstandards, zu bereinigen: es sollten eine Reihe von Preiserhöhungen vorgenommen werden. „So sollten die für Grundsortimente gewährten Subventionen nicht weiter ausgedehnt werden. Verbraucherpreise beabsichtigte man stärker zu differenzieren". Schließlich kommt es zu „deutlichen Preiserhöhungen" in der zweiten Hälfte des Jahres 1970.[426]

Wie aus den persönlichen Monatsberichten der Ersten Bezirkssekretäre der SED an den Ersten Sekretär der SED, Ulbricht,[427] deutlich wird, steigt im Laufe des Jahres 1970 die Unzufriedenheit in der Bevölkerung mit der Wirtschaftspolitik stark an. Aus Magdeburg wird im April gemeldet, „daß bei einem nicht geringen Teil unserer Menschen eine Stimmung der Unzufriedenheit sich entwickelt hat und anwächst auf Grund objektiver und subjektiver Schwierigkeiten".[428] Im Juni-Bericht wird klargestellt, daß eine Weiterführung der bisherigen Wirtschaftspolitik nicht möglich ist, „ohne noch weiter hintanzusetzen das Gebiet der Arbeits- und Lebensbedingungen, bei dem wir ohnehin Rückstände zur allgemeinen Entwicklung aufweisen."[429] Im Oktober 1970 wird aus Cottbus gemeldet, daß aufgrund der wirtschaftlichen und sozialen Probleme „von der Bevölkerung in stärkerem Maße Unzufriedenheit, Zweifel und Unklarheiten über Probleme auf ideologischem Gebiet geäußert" werden.[430] Die wirtschaftlichen Mängel werden zu einer schwer einzuschätzenden Gefahr für das politische Herrschaftssystem und motivieren das Politbüro zu einer Revision der Wirtschaftspolitik.[431]

---

425 Roesler 1991. S.154
426 Naumann/Trümpler 1990. S.28
427 Auszüge aus diesen Berichten sind abgedruckt bei Naumann/Trümpler
428 Naumann/Trümpler 1990. S.61
429 ebenda. S.30
430 ebenda. S.11
431 vgl. Naumann/Trümpler 1990. S.34; Ebel 1990. S.153. spricht von einer „vorrevolutionären Situation"

Eingeleitet wurde die Korrektur der Wirtschaftspolitik auf der Politbüro-Sitzung am 8.September 1970 Die Planvorgaben für 1970 werden nach unten korrigiert und eine Anzahl der Investitionsobjekte storniert.[432] Auf der 14. Tagung des ZK im Dezember 1970 wird ausführlich über die Disproportionen und Versorgungsmängel gesprochen. Angekündigt werden soziale Verbesserungen, so z.B. Lohnerhöhungen, die Heraufsetzung der Mindestrenten und die Verbesserung der freiwilligen Zusatzrentenversicherung.[433] Die verbraucherfreundlichere Politik der Führung wird durch eine Verminderung der Akkumulationsrate zugunsten der Konsumtion deutlich: Im Zeitraum von 1966-1970 betrug die durchschnittliche jährliche Wachstumsrate der Investitionen 10%; im Zeitraum von 1971-1975 wurde dieser Wert auf 4,8% gesenkt. Die Akkumulationsrate, die von 1968 bis 1970 „gewaltig" angestiegen war und 1970 29% betragen hatte, wurde auf 27,5% (1971-1975) vermindert. Gleichzeitig verringerte sich die Differenz der Wachstumsraten zwischen der Produktionsmittel- und der Konsumgüterindustrie von 3,6 Prozentpunkten (1966-1970) auf 0,9 Prozentpunkte.[434]

Mit der Tagung des Politbüros am 8. September und der 14. Tagung des ZK wurde auch das Ende der Wirtschaftsreform eingeleitet. Die Wirtschaftsplanung und -leitung wurde rezentralisiert und ein detailliertes System vieler, teilweise naturaler Planauflagen wiedereingeführt.[435]

Die Gründe für den Abbruch der Wirtschaftsreformen beruhen nicht auf **ökonomischen** Notwendigkeiten; eine Änderung der Strukturpolitik hätte die wirtschaftlichen Disproportionen verringern und die Versorgungslage rasch verbessern können. Verständlich wird die Entscheidung des Politbüros durch eine Betrachtung der **politischen** Situation: Der Kern der Wirtschaftsreform - die Entbürokratisierung der Ökonomie - zwang die Parteiführung zur Aufgabe von Machtpositionen im gesellschaftlichen Subsystem der Wirtschaft. Denn „nach Abschluß der Industriepreisreform 1967 hatte der Einfluß des Marktes auf die Unternehmensführung (außerhalb des Bereichs der strukturkonkreten Planung) immer mehr zugenommen. Die Unternehmen begannen sich statt an Parteidirektiven mehr am Markt zu orientieren..."[436]

Im Jahr 1963, als infolge der Wirtschaftskrise der Zusammenbruch der Volkswirtschaft drohte und das damit verbundene politische Risiko für die Parteiführung sich durch den Mauerbau und damit das Ende der Emigration großer Teile der gegenüber der Parteiherrschaft feindlich eingestellten Menschen verstärkte, war die Führung zu partiellem Machtverlust bereit. Diesen zog sie dem drohenden völligen Machtverlust durch einen Aufstand der Bevölkerung vor; durch eine Steigerung der

---

432 vgl. Naumann/Trümpler 1990 S.96f. Roesler 1991. S.155
433 vgl. Naumann/Trümpler 1990. S.49
434 Dobias 1986. S.166 und Kusch 1991. S.22
435 vgl. Gleitze 1971. S.77ff
436 Roesler 1991. 158

Effizienz der Wirtschaft infolge ihrer Entbürokratisierung sollte die politische Herrschaft stabilisiert werden.

Mitte der sechziger Jahre war die wirtschaftliche Krisensituation beendet und ein deutlich steigender Lebensstandard hatte die politische Lage beruhigt. Auch die wirtschaftlichen Spannungen der Jahre 1969/70 hatten die Lage noch nicht dramatisch verschlechtert. In dieser Situation setzte sich die reformfeindliche Parteigruppe um Honecker mit ihrem Programm der Re-Bürokratisierung der Wirtschaft durch. Die restaurativen Tendenzen zeigten sich bereits in der Ausführung der staatlichen Strukturpolitik: Über die Strukturpolitik wollte das Zentrum die teilweise verloren gegangene Kontrolle über die Gesamtwirtschaft wiedererlangen und zugleich die wirtschaftliche Effizienz sichern.

Die wirtschaftspolitische Restauration fand Akzeptanz in der Bevölkerung, da sie mit sozialpolitischen Zugeständnissen, der Senkung der Akkumulationsrate und der Förderung der Konsumindustrie verbunden war. Ferner gelang es der Honecker-Gruppe, die Reformpolitik für die Schwierigkeiten des Jahres 1970 verantwortlich zu machen.[437] Es entstand ein stärkerer Konsens zwischen der politischen Führung und der Bevölkerung durch einen raschen Anstieg des Lebensstandards, nachdem dessen Steigerungsraten in den Jahren 1970/71 zurückgegangen waren. Die Steigerung wird aus folgender Tabelle ersichtlich:[438]

Entwicklung des **Einzelhandelsumsatzes** und der **Nettogeldeinnahmen** der Bevölkerung 1969 bis 1973 (Zuwachs pro Kopf und Mark je Monat)

Jahr	Einzelhandelsumsatz	Nettogeldeinnahmen
1969	17	17
1970	13	8
1971	12	18
1972	20	25
1973	21	33

Die Wirtschaftspolitik in der „Ära Honecker": der gescheiterte Versuch der Sicherung des politischen Herrschaftsmonopols der Partei durch den Vorrang der Konsumtion gegenüber der Akkumulation.

In der „Ära Ulbricht" war die politische Stabilität der Parteidiktatur durch die Auswirkungen der Bevorzugung der Produktionsmittelindustrie gegenüber der Konsumgüterindustrie dreimal in Gefahr geraten: im Jahr 1953 versuchte die Parteiführung das durch die seit 1950 betriebene Politik der „Bevorzugung der Schwerindustrie" entstandene Ungleichgewicht zwischen dem Angebot und der Nachfrage nach Konsumgütern auf Kosten des Lebenstandards vor allem der Arbeiterschaft zu lö-

437 Roesler 1991, S.157

438 vgl. Roesler 1991, S.159

sen; durch eine zehnprozentige Normerhöhung sollte der Reallohn gekürzt und auf diese Weise Kaufkraft abgeschöpft werden. Die geplante Senkung des Lebenstandards wurde zum Anlaß eines Volksaufstandes, der ohne das Eingreifen sowjetischer Truppen das Ende der Parteiherrschaft herbeigeführt hätte.

Anfang der sechziger Jahre führten die schon in der Zielsetzung des Siebenjahrplanes durch die Förderung der Schwerindustrie auf Kosten der anderen Wirtschaftsbereiche angelegten Disproportionen zu einer schweren Wirtschaftskrise mit weitreichenden Versorgungsmängeln. In der Folge kam es zu einer noch durch die „Vollkollektivierung" der Landwirtschaft verstärkten Massenfluchtwelle, die die politische Existenz der DDR gefährdete. Durch die Schließung der Grenze, die verstärkte Förderung der Konsumgüterindustrie und die Einleitung einer Wirtschaftsreform konnte die politische Situation stabilisiert werden.

Die Anfang 1968 eingeleitete Politik der forcierten Automatisierung der Produktion führte erneut zu schweren wirtschaftlichen Disproportionen und Versorgungsmängeln, in deren Folge der Unmut in der Bevölkerung stark anstieg.

Sowohl 1953 als auch 1963 reagierte die Parteiführung auf die ihre politische Herrschaft bedrohende Unruhe in der Bevölkerung mit einer verstärkten Förderung der Konsumgüterindustrie zulasten der Produktionsmittelindustrie. Durch die Senkung der Akkumulationsrate sollte eine schnell spürbare Verbesserung des Lebenstandards ermöglicht werden. Diese Politik der Krisenbekämpfung war jeweils nur von kurzer Dauer; nachdem sich die politische Situation beruhigt hatte, wurde die konsumentenfreundliche Wirtschaftspolitik aufgegeben und das Interesse des wirtschafts-politischen Zentrums und der Wirtschaftsbürokratie an der verstärkten Produktion von Produktionsmitteln setzte sich durch.

Mit dem Machtantritt Honeckers in der Folge der Krise des Jahres 1970 trat ein grundsätzlicher Wandel in der Wirtschaftspolitik ein: im Interesse der Sicherung der politischen Stabilität verzichtete die Führung **langfristig** auf eine Politik der verstärkten Akkumulation; zugunsten der Konsumtion und des weiteren Ausbaus des Herrschafts- und Unterdrückungsapparates[439] wurde die Investitionsrate kontinuierlich gesenkt. Im folgenden sollen nun die Auswirkungen dieser Wirtschaftspolitik dargestellt und aufgezeigt werden, weshalb es der politischen Führung nicht gelang, mit dieser Politik ihre Position dauerhaft zu sichern.

---

439 In einem Interview antwortete der ehemalige Vorsitzende der Staatlichen Plankommission Schürer auf die Frage: „ Hatten Sie in etwa eine Vorstellung über die Größenordnung der volkswirtschaftlichen Kosten des bürokratischen Überbaus?" folgendermaßen: „Diese Übersicht hatte der Finanzminister Ernst Höfer... Sie waren im übrigen damals ebenfalls geheim. Wir wußten auf jeden Fall, daß der gesamte Wasserkopf für dieses Land mit seinen siebzehn Millionen Einwohnern viel zu groß war." Deutschland Archiv 1992, S.1034

-Die ökonomische Strategie der SED: die Einheit von Wirtschafts- und Sozialpolitik

Der VIII. Parteitag der SED im Juni 1971 legte als die „Hauptaufgabe" der Politik der Partei „die weitere Erhöhung des materiellen und kulturellen Lebensniveaus des Volkes"[440] fest. Die Realisierung der „Hauptaufgabe" sollte durch folgende Maßnahmen gesichert werden:

1.) Durch die Senkung der Akkumulationsrate, die Forcierung des Wohnungsbaus und die Subventionierung von Waren des Grundbedarfs. Seit Beginn der siebziger Jahre sank die Akkumulationsrate stetig: sie betrug 1970:29%; 1971-75:27,5%; 1976-80:26,5%; 1981-85:22,2%;1986-88:21,5%.[441] Die Verringerung der Akkumulation wirkte sich voll auf die Investitionen im produktiven Bereich aus; so sank der Anteil des verwendeten Nationaleinkommens für produktive Investitionen von 16,1% im Jahr 1970 auf 10,6% im Jahr 1988. Das Volumen der Investitionen im produzierenden Bereich war im Jahr 1987 mit 32,3 Milliarden Mark nicht größer als in Jahr 1975. Dagegen stiegen die Investitionen im nicht-produzierenden Bereich, vor allem durch den forcierten Wohnungsbau, an. Der Anteil des verwendeten Nationaleinkommens für den Wohnungsbau betrug 1970 5,6%, 1985 8,3% und 1988 7,8%.[442]

Neben dem Wohnungsbau war die Subventionierung für Waren und Leistungen des Grundbedarfs ein Schwerpunkt der Sozial- und Konsumpolitik: Von 1970 bis 1989 stiegen die Subventionen für Waren des Bevölkerungsbedarfs um das sechsfache und im Wohnungswesen um mehr als das achtfache an.[443]

2.) Die Zunahme des nicht durch eigene Leistungen gedeckten Verbrauchs war nur durch eine zunehmende Verschuldung gegenüber kapitalistischen Staaten möglich. Durch ausländische Kredite sollten das Wirtschafswachstum vorangetrieben und soziale Zugeständnisse an die Bevölkerung finanziert werden; die anfänglich notwendige Verschuldung sollte durch eine Steigerung der Arbeitsproduktivität abgebaut und wirtschaftliches Wachstum langfristig gesichert werden. Stattdessen kam es zum stetigen Rückgang der Wachstumsraten, wie ein Vergleich des durchschnittlichen jährlichen Wachstums des produzierten Nationaleinkommens zeigt: 1971-75:5,4%; 1976-80:4,2%; 1981-85:4,6%; 1986:4,3%; 1987:3,6%; 1988:2,9%; 1989:2,0%.[444]

Die Verschuldung der DDR gegenüber dem kapitalistischen Ausland stieg von zwei Milliarden Valutamark im Jahr 1970 auf 49 Milliarden im Jahr 1989. Die Verschuldung des Staates gegenüber dem inneren Kreditsystem stieg von rund 12 Milli-

---

440 Bericht des ZK der SED an den VIII. Parteitag. Berlin 1971. S.38

441 Kusch 1991. S.22

442 Kusch 1991. S.22

443 Kusch 1991. S.14

444 Kusch 1991. S.19

arden Mark (1970) auf 123 Milliarden Mark (1989).[445] Die Verschuldung des Staates gegenüber der Bevölkerung durch den aufgestauten Kaufkraftüberhang betrug Anfang 1990 ca. 30 Milliarden Mark.[446]

-Die Konzentration der produktiven Investitionen auf die Grundmittelindustrie und Mikroelektronik und der daraus resultierende Verfall des Kapitalstocks

Aufgrund der Überkonsumtion in den siebziger Jahren geriet die DDR ab Ende des Jahrzehnts nach Aussagen des ehemaligen Vorsitzenden der Staatlichen Plankommission, Schürer an den Rand der Zahlungsunfähigkeit[447] Die Verschuldungssituation verschärfte sich einerseits durch den rasanten Anstieg der Rohstoffpreise, der die rohstoffarme DDR besonders traf. Andererseits betrieben die westlichen Industrieländer nach der Zahlungsunfähigkeit Polens und Rumäniens ab 1980 ein restriktivere Kreditpolitik gegenüber den sozialistischen Staaten. In dieser Situation mußte eine mittel- bzw. langfristige Wirtschaftsplanung zurücktreten gegenüber der aktuellen Notwendigkeit der Devisenerwirtschaftung zur Verhinderung der Zahlungsunfähigkeit: aus der UdSSR wurden für Rubel gegenüber den Weltmarktpreisen billige Rohstoffe, vor allem Erdöl, importiert;[448] das gelieferte Rohöl wurde in der DDR geringfügig veredelt und gegen cash-Zahlung in Devisen an westliche Industriestaaten verkauft.[449] Gleichzeitig wurde zur Einsparung von Devisen die inländische Energieversorgung, mit ökologisch katastrophalen Folgen, auf die heimische Braunkohle umgestellt. Auf diese Weise gelang es der DDR, ihre Verschuldung zeitweise, zwischen 1981 und 1985, zu verrringern; das Sinken der Ölpreise[450] und die Hochzinspolitik der westlichen Staaten ließen die Verschuldung in den folgenden Jahren ins Uferlose steigen.

---

445 Hertle 1992, S.1023. Dagegen stieg das produzierte Nationaleinkommen im Jahresdurchschnitt nur von 178.6 Milliarden (1976/80) auf 260.6 Milliarden Mark (1986/88). Kusch 1991, S.19

446 Kusch 1991, S.21

447 Interview mit Schürer, DA 2/1992, S.127ff. Schürer schildert die Schuldensituation folgendermaßen: „Ende 1978 war der Schuldenberg schon so hoch, daß wir immer neue Kredite aufnehmen mußten, um die Zinsen bezahlen zu können... Und da haben wir die Zahlungssicherheit gewährleistet mit ganz unökonomischen Dingen, also wir haben zum Teil die gleichen Produkte exportiert wie importiert, weil wir den Export gegen Bargeld durchführen konnten, und den Import gegen ein Zahlungsziel von eineinhalb Jahren. Obwohl das ökonomisch ungünstig war, mußten wir es machen, um zu Bargeld zu kommen." S.138

448 Die von der DDR an die Sowjetunion zu zahlenden Preise für Erdöl richteten sich nach dem durchschnittlichen Weltmarktpreis der vergangenen fünf Jahre. Ein stark ansteigender Weltmarktpreis brachte so kurzfristig wirtschaftliche Vorteile für die DDR. vgl. Janson 1991, S.99

449 Hierzu bemerkt der ehemalige Mitarbeiter in der ZK- Wirtschaftskommission Janson: „Zur Frage, ob die Sowjetunion bei der Ölschieberei mitspielen würde, wurde intern gesagt, daß dies für sie billiger und politisch sinnvoller sei, als zusätzliche Panzerdivisionen in die DDR zu schicken." Janson, S.99

450 Die DDR mußte nunmehr, entsprechend den Preisabsprachen mit der UdSSR, an diese einen im Verhältnis zum Weltmarktpreis überhöhten Ölpreis entrichten. Janson 1991, S.99

Die starke Konzentration der produktiven Investitionen auf die Grundstoffindustrie zeigt ein Vergleich der Strukturgewinne und -verluste der Investitionen in diesem Bereich im Jahr 1988 gegenüber 1970 (in Milliarden Mark): Maschinenbau:+13,5; Elektrotechnik/ Elektronik: -9,3; Leicht- und Lebensmittelindst.: +12,7; Bau- und Baustoffindst.: -9,5; Land- und Forstwirtschaft: -31,1; übrige Bereiche: -27,0; **Grundstoffindustrie: +50,7**[451]

Die Umverteilung der Investitionskraft zugunsten der Grundstoffindustrien hatte langfristig verhängnisvolle Auswirkungen auf die Volkswirtschaft: Es „lagen die Gesamtaufwendungen für die Energieträgerumstellung weit höher als für die unmittelbare Freisetzung von Erdölprodukten unumgänglich war. Der Schneeballeffekt erreichte den Heizungs- und Förderanlagen herstellenden Maschinenbau, die Kraftwerke, die Traktionsumstellung im Verkehrswesen und viele andere Bereiche und verschlang eine Unsumme dringend für die Rationalisierung und Modernisierung benötigter Investitionen. Da es sich um eine Substitution von Energieträgern handelte, gewann die DDR-Volkswirtschaft mit diesem Riesenaufwand auch nicht real an Leistungsvermögen, was sich seit 1985 in dem von Jahr zu Jahr abnehmenden Wachstumstempo zeigte. Vor allem war mit dieser Entwicklung auch eine rasante Verschlechterung der Umweltsituation verbunden.“[452]

Neben der Grundstoffindustrie war die Mikroelektronik ein weiterer Schwerpunkt der produktiven Investitionen: auf dem, wie obige Angaben zeigen, strukturell vernachlässigten Gebiet der Elektrotechnik/Elektronik erfolgte eine vollständige Konzentration der Investitionen auf das 1977 begonnene Mikroelektronikprogramm.

Mit diesem Programm hoffte die Parteiführung zwei Probleme lösen zu können: Einerseits sollte die zentrale Planung und Leitung mit Hilfe der elektronischen Datenverarbeitung beweglicher gemacht werden.[453] Andererseits sollte der sich ständig vergrößernde technologische Rückstand gegenüber den entwickelten kapitalistischen Ländern aufgeholt werden. Die erfolgreiche Verbindung von moderner Technologie, hoher Arbeitsproduktivität und zentraler Planung und Leitung sollte als „Sozialismus in den Farben der DDR“ das Gegenprogramm zu allen Reformbestrebungen der sowjetischen „Prestroika“ bilden.[454] Allein in den Jahren 1986-88 wurden 14 Milliarden Mark in das Mikroelektronik-Programm investiert; Nutznießer waren die drei Kombinate Carl Zeiss Jena, Mikroelektronik Erfurt und Robotron Dresden.[455] Das Programm erwies sich schließlich als Milliardengrab, es konnte kei-

451 Kusch 1991, S.33
452 Kusch 1991, S.36
453 vgl. Janson 1991, S.519
454 vgl. Ebel 1990, S.183
455 Kusch 1991, S.37

ne international konkurrenzfähige Produktion aufgebaut werden.[456] Der Einsatz und Export mikroelektronischer Erzeugnisse mußte jährlich mit über drei Milliarden Mark gestützt werden.[457]

Die zwangsläufige Folge der einseitigen Investitionspolitik - starke Senkung der produktiven Investitionen und ihr konzentrierter Einsatz in der Grundmittelindustrie und im Mikroelektronikprogramm - war der Verfall des Kapitalstocks. Die verfügbaren Investitionen reichten immer weniger zur Erhaltung und Modernisierung vorhandener Anlagen aus.

1.) So hatte die DDR im internationalen Vergleich einen hohen Verschleißgrad und einen hohen Anteil vollständig abgeschriebener Grundmittel: „Im Jahr 1988 waren die 1684 Milliarden Mark Kapitalstock der Volkswirtschaft insgesamt zu 45,7% und der Ausrüstungsanteil von 665 Milliarden zu 55,5% verschlissen. International beträgt der Verschleißgrad einer der DDR vergleichbaren Ausrüstungsstruktur etwa 45%, d.h. die Ausrüstungen der DDR-Industrie waren um 10 Punkte stärker verschlissen, wobei zu berücksichtigen ist, daß international die Nutzungsdauer geringer ist und die Abschreibung nach degressiven Verfahren gegenüber der linearen in der DDR rascher erfolgt." [458]

2.) Die verringerte Investitionskraft wurde nicht primär zur Erhaltung und Modernisierung des vorhandenen Kapitalstocks eingesetzt, sondern zur Kapazitätserweiterung in den Investitionsschwerpunkten. Im produzierenden Bereich wurden zwischen 1971 und 1988 84% der Investitionen zur Kapazitätserweiterung und Erhöhung des Kapitalstocks eingesetzt, nur 16% dienten dem Ersatz; die Aussonderungsrate betrug 0,9%. Die Folge war ein ökonomisch nicht zu rechtfertigender Instandhaltungsaufwand für die vernachlässigten Wirtschaftsbereiche und die Bindung einer großen Zahl von Arbeitskräften an wenig produktive Arbeitsplätze.[459]

Der Verschleiß der Ausrüstungen in der Industrie, die völlige Vernachlässigung der Infrastruktur und das Zurückbleiben der Zulieferindustrie aufgrund der einseiti-

---

456 Schürer bezeichnet in einem Interview die Mikroelektronik als „ungünstigen Strukturzweig" und führt aus: „Wenn ich da z.B. die Mikroelektronik nenne, wird das vielleicht nicht gleich jemand verstehen, warum das ungünstig ist. Es war deshalb ungünstig, weil die Art, wie wir in der Mikroelektronik investiert haben, unabhängig von der internationalen Arbeitsteilung, falsch war. Wir hätten uns zwei, drei Gebiete heraussuchen müssen, wo wir einsteigen und auf dem Weltmarkt auftreten können, und hätten über die internationale Kooperation versuchen müssen, die Gesamtheit der Palette zu bearbeiten. Aber da die UdSSR Rückstände in der Entwicklung der Mikroelektronik hatte und die Kooperation mit westlichen Ländern politisch nicht gewünscht war, suchten die Wirtschaftler und auch die Politiker der DDR immer, alles selber zu machen, und das mußte schiefgehen. Das wurde zum Beispiel sichtbar bei der Produktion von Bauelememten: Für einen 256 Kilobyte- Baustein, hergestellt zum Selbstkostenpreis von 536 Mark, betrug der Verkaufspreis im Innern der DDR 16 Mark, den Rest Subventionen mußte der Staat bezahlen. Auf dem Weltmarkt hätte man so einen Baustein vielleicht für 6 Mark, inzwischen schon für noch weniger, kaufen können." Deutschland Archiv, 2/1992, S.132f

457 vgl. Hertle 1992, S.1022

458 Kusch 1991, S.55

459 vgl. Kusch 1991, S.57

gen Wirtschaftspolitik führten zu zunehmenden Produktionsstörungen und abnehmendem Wirtschaftswachstum. Gleichzeitig führte das geringe wissenschaftlich-technische Niveau und die Ineffizienz der Investitionen sowie deren extensiver Einsatz dazu, daß zwischen 1981 und 1988 die Zahl der neugeschaffenen Arbeitsplätze die der eingesparten um 18 100 überstieg.[460] Der vermehrten Beschäftigung stand kein entsprechend vermehrter Produktionszuwachs gegenüber: die Folge war ein sich ständig vergrößernder Kaufkraftüberhang.[461]

Der Kaufkraftüberhang wurde noch verstärkt durch das Leistungsbewertungs- und das Motivationssystem der zentralen Planwirtschaft; die Betriebe streben nach weichen Planauflagen und hohen Investitionszuteilungen. Ende der siebziger Jahre häuften sich die Fälle „wilder" Investitionen, die außerhalb des Planes von den Betrieben durchgeführt wurden. Es kam zur Zersplitterung der Investitionen mit der Folge geringer Effektivität und dem Entstehen von Investruinen. Die infolge der Investitionstätigkeit vermehrte Beschäftigung und Lohnzahlung war mit keiner oder geringer Produktionssteigerung und damit Angebotserweiterung verbunden.[462]

Das wirtschafts-politische Zentrum reagierte auf diese Mißstände mit der Zentralisierung der Investitionsplanung: alle Investitionen über 5 Millionen Mark mußten von der Staatlichen Plankommission genehmigt werden. Wird die betriebliche Investitionstätigkeit aber erschwert, dann muß das Zentrum, um die Wirtschaftsbürokratie und den mit ihr verbundenen Parteiapparat an sich zu binden, einen Ausgleich schaffen, der - wie bisher die überplanmäßigen betrieblichen Investitionen - die volle Planerfüllung und damit Prämienzahlung ermöglicht. Außerdem ist die Planerfüllung ein Erfordernis zur Aufrechterhaltung des sozialen Friedens und damit der politischen Stabilität: Eine Minderung bzw. der Wegfall der Prämienzahlungen muß die arbeitende Bevölkerung gegen die Parteiführung aufbringen.

-Die Bindung der Wirtschaftsbürokratie an das wirtschafts-politische Zentrum: Zentralisierung der Planung und Leitung und ständige Plankorrektur „nach unten"

Um die Wirtschaftsbürokratie der vernachlässigten, außerhalb der Investitionsschwerpunkte stehenden Wirtschaftsbereiche an das wirtschafts-politische Zentrum zu binden, wurde einerseits die Wirtschaftsleitung durch die zu Beginn der achtziger Jahre durchgeführte Kombinatsreform zentralisiert. Die Organisierung der Industrie in Kombinaten ersetzte den dreistufigen Aufbau der Wirtschaftsleitung (Minister - Vereinigung Volkseigener Betriebe - Betriebe) durch einen zweistufigen. Die Kombinatsdirektoren hatten innerhalb ihres Kombinates weitreichende Entscheidungsbefugnisse; sie selbst unterstanden direkt der Wirtschaftskommission des ZK mit

460 vgl. Kusch 1991, S.60

461 vgl. Deutschland Archiv 1992, S.1023

462 vgl. Knauff 1983, S.337 und Kusch 1991, S.116

Günter Mittag an der Spitze. Oft wurden sie direkt zu Mittag zitiert, um dem stets über Einzelheiten bestens informierten Wirtschaftssekretär Rede und Antwort über ihre Aktivitäten zu stehen.[463]

Andererseits wurde die Planerfüllung durch stetige Plankorrekturen „nach unten" ermöglicht: Auf der einen Seite nahmen die Planziele mit abnehmender Leistung der Wirtschaft immer voluntaristischere Züge an, um mittels mobilisierender Planung den Leistungsverlust zu stoppen. Verpflichtungen der Betriebe und Kombinate zur Übererfüllung der Pläne nahmen zu. Durch diese Maßnahmen wurde das Ziel der Planerfüllung utopisch; die schnell auftretenden Planrückstände führten zur zentralen Intervention: „Wie sehr sich die zentrale Planung von ihrer eigentlichen Funktion entfernte, zeigt die Entwicklung der operativen Planung. Eigentlich sollte der Fünfjahrplan das Hauptinstrument der Planung sein. Tatsächlich hat jedoch immer der jährliche Volkswirtschaftsplan die bestimmende Rolle gespielt."[464] Zur Verhinderung diskontinuierlicher Produktion und dem Anwachsen der Planrückstände über das Jahr wurden schließlich Quartals-, Monats- und Dekadenpläne erstellt, letztendlich wurde die „Tagesmeldung" der Produktion mit der Auflistung von „Ist" und „Soll" eingeführt.[465] Trotz dieser immer extremeren Bürokratisierung und Zentralisierung der Planung und Leitung konnte keine Verbesserung der Planerfüllung erreicht werden; das wirtschafts-politische Zentrum war zu ständigen Planreduzierungen gezwungen. Die Praxis der Plankorrektur beschreibt Janson folgendermaßen: „In den letzten Jahren gab es keinen Plan, dessen öffentlich verkündete Übererfüllung nicht durch erhebliche Plansenkungen ermöglicht worden wäre. Damit sollen keineswegs hohe Leistungen von Arbeitskollektiven abgewertet werden. Aber wo Material und Zulieferungen nicht für eine hundertprozentige Planerfüllung ausreichten, konnten auch großartige Ergebnisse einzelner nichts ändern, sondern nur eine Plankorrektur. Diese Praxis verursachte intern viele Diskussionen. So passierte es nicht selten, daß am letzten Tag eines Monats bestimmte Betriebe ihren Plan nicht erfüllt hatten und von der zuständigen Bezirks- und Kreisleitung der SED Schelte bekamen. Bis zum ersten Werktag des Folgemonats jedoch hatte der Vorsitzende der Staatlichen Plankommission im Interesse der Gesamtpolitik die Pläne korrigiert, und die betreffenden Betriebe fielen plötzlich nicht mehr unter die Planschuldner. Eine andere Methode der Korrektur bestand in der Umverteilung der Ergebnisse zwischen Betrieben eines Kombinats, wozu der Generaldirektor berechtigt war. Dem Besseren wurde etwa genommen und einem Schlechteren etwas gegeben."[466] Der genannte Vorsitzende der Plankommission, Schürer, beschreibt die Wirtschafts-„Planung" der letzten Jahre der DDR folgendermaßen: „Je schlechter es

463 vgl. Janson 1991, S.109ff
464 Kusch 1991, S.115
465 ebenda
466 Janson 1991, S.144f

aber um die Zahlungsbilanz und die Versorgung der Bevölkerung stand, um so stärker schlug die Tendenz durch, überspannte Planvorgaben zu fordern. Wenn wir unseren Planentwurf vorlegten, war es zuletzt ständig so - meistens vom Wirtschaftssekretär oder der Abteilung Planung und Finanzen ausgehend -, daß die Leistungsziele noch höher gestellt werden mußten. Wir gingen dann wieder in neue Planrunden, neue Planberatungen mit den Ministern, und darin spielte die Standfestigkeit der einzelnen Personen als Minister eine große Rolle... 1988 erhielt ich dann vom Politbüro den Auftrag, den nicht bilanzierten Plan noch zu erhöhen, obwohl dafür keine materiellen Voraussetzungen bestanden... Die Minister haben gesagt, da sind sowieso schon Luftnummern drin, dann mach ruhig noch eine rein... Der Plan wurde dann wieder gesenkt... Es gab also eine Disproportion in einem beschlossenen Plan, etwas.. wofür man immer durch Störungen im Produktionsablauf bestraft wird."[467]

Eine solche Wirtschaftspolitik mußte sich schließlich auf die Entwicklung des Lebenstandards auswirken und eine Erfüllung der „Hauptaufgabe" - die Sicherung des politischen Machtmonopols der Parteiführung durch eine fühlbare stetige Verbesserung des Lebenstandards - verhindern.

- Die Entwicklung des Lebensstandards - die Wirtschaft als politischer Krisenfaktor

Zwar wuchs im Planjahrfünft 1971-75 die Produktionsmittelindustrie nach wie vor schneller als die Konsumgüterindustrie; allerdings verminderte sich die Differenz zwischen den Wachstumsraten beider Sektoren.[468] Der Lebenstandard und die Versorgung besserten sich merklich: so stiegen 1974 gegenüber 1973 sowohl der Einzelhandelsumsatz als auch die Nettogeldeinnahmen der Bevölkerung überplanmäßig an; der Einzelhandelsumsatz um 5,9 vH (Plan:5,2 vH) und die Nettogeldeinnahmen um 4,8 vH (Plan:4,5 vH). Der größere Wert des Einzelhandelsumsatzes gegenüber den Nettogeldeinnahmen (bei Preisstabilität) zeigt, daß den Lohnerhöhungen tatsächlich ein vergrößertes Warenangebot gegenüberstand. Ab 1975 kehrte sich das Verhältnis zwischen beiden Werten um: fast jedes Jahr stiegen die Nettogeldeinnahmen stärker als der Einzelhandelsumsatz. Dies bedeutet einen vermehrten Kaufkraftüberhang und Zwangssparen, die Löhnerhöhungen können nicht voll durch vermehrten Verbrauch realisiert werden.

Das Verhältnis zwischen Einzelhandelsumsatz und Nettogeldeinnahmen gestaltete sich folgendermaßen:[469]

---

467 Deutschland Archiv 2/1992, S.138f

468 siehe oben S.173

469 Quelle: Bolz.K: Die wirtschaftliche Entwicklung in Osteuropa zu Jahreswende 77/78 bis 88/89; Hamburg 1978 -89. Kapitel DDR

	Einzelhandelsumsatz	Nettogeldeinnahmen
	(Steigerung in vH gegenüber dem Vorjahr)	
1974	5,9	4,8
1975	3,6	4,0
1977	4,3	5,4
1978	3,5	3,5
1981	2,5	3,3
1982	unter 1	2,7
1986	4,1	4,5
1987	3,5	4,6
1988	3,9	3,9

Um anhand dieser Werte ein realistisches Bild über die Entwicklung des Lebensstandards zu erhalten, ist zu berücksichtigen, daß der Anteil der industriellen Konsumgüter am Einzelhandelsumsatz stetig steigt. Gerade bei diesen Gütern sind aber, vor allem in den achtziger Jahren, starke Preiserhöhungen zu verzeichnen. Aufgrund einer, oft nur auf dem Papier stehenden Qualitätsverbesserung und damit „Wertsteigerung", werden kräftige Preiserhöhungen durchgeführt. Janson führt folgendes Beispiel an: „1979 wurde ein neues Sportfahrradmodell vorgestellt. Der Hersteller Mifa Sangershausen beantragte einen Preis von 350 Mark. Einen höheren Preis konnte er nicht fordern, weil die Ausstattung eher spärlich war... Mit Preiskarteiblatt vom 23.Juli 1979 stufte das Preisamt dieses Fahrrad mit 550 Mark ein. Mit Preiskarteiblatt vom 1. September 1979 setzte dasselbe Preisamt 750 Mark fest, ohne daß der Betrieb einen Antrag gestellt hatte. Als das Fahrrad zu diesem Preis auf den Markt kam und sinnigerweise durch einen roten Klingelknopf auffiel, gab es Ärger, und der Preis mußte im November 1979 auf 450 Mark korrigiert werden, stillschweigend natürlich. Solche Beispiele gab es zu Hunderten. Dahinter steckte Mittags Absicht, durch höhere Preise Wachstum vorzutäuschen."[470] Auch zahlreiche Güter des Massenbedarfs wurden durch angebliche Qualitätserhöhungen in höhere Preisklassen eingestuft: „Das betraf zum Beispiel Bier. Hier wurde die Marke 'einfach hell' zu 48 Pfennig weitgehend ersetzt durch 'Pils' zu 61 Pfennig und damit die Preisgruppe aufgehoben. Es gab echten Etikettenschwindel, so etwa bei Spirituosen. Dort wurde 'Klarer' zu 'Eisklarem', 'Kroatzbeerlikör' zu 'Brombeerlikör'...[471]

Während die Subventionierung der Grundnahrungsmittel immer höhere Summen verschlang und diese aufgrund ihres niedrigen Preises z.B. zur Tierfütterung mißbraucht wurden, kam es neben den Preissteigerungen auch zu Versorgungsengpässen bei den anderen Gütern. Jährlich wurde in den Planerfüllungsberichten und

---

470 Janson 1991, S.86

471 Janson 1991, S.85

manchmal auch in den Reden der Politiker auf Versorgungsmängel hingewiesen. Welches Ausmaß diese angenommen hatten, zeigt der Planerfüllungsbericht 1987: „Versorgungsengpässe traten vor allem auf bei Hart- und Schnittkäse, verschiedenen Dauerbackwaren, bestimmten Diätartikeln sowie bei Obst und Gemüse... Zu Vertrags- und Lieferrückständen kam es insbesondere bei Bekleidungserzeugnissen, wie Kinderhosen, Damenkleidern und Untertrikotagen, bei Möbeln und Polsterwaren, Waschautomaten, Täschnerwaren, Sraßenschuhen und Kleinkrafträdern."[472]

Die drohende Zahlungsunfähigkeit der DDR seit Beginn der achtziger Jahre führte zur Unterordnung auch der Versorgungsinteressen der Bevölkerung unter die Notwendigkeit der Devisenbeschaffung: „Es wurde alles verkauft, was sich absetzen ließ, selbst wenn für eine Mark Aufwand nur zehn Pfennige zurückflossen. Viele erinnern sich an zeitweilige Engpässe in der Fleischversorgung, weil die besten Qualitäten gegen schnelles Geld in den Westen verkauft wurden..."[473]

Zusammenfassend läßt sich sagen: Zwar verhinderte die Subventionspolitik eine Verelendung breiter Schichten wie in Polen und sicherte der DDR-Bevölkerung den bei weitem höchsten Lebensstandard der sozialistischen Staaten. Dennoch stieg die Unzufriedenheit mit der Wirtschaftspolitik, als seit Ende der siebziger Jahre der Lebenstandard stagnierte und wachsende Sortimentslücken die Versorgung verschlechterten. Der Abstand zum Lebensstandard in der BRD, an dem sich die Bevölkerung orientierte, konnte nicht verringert werden.

Die Politik der „Einheit von Wirtschafts- und Sozialpolitik" scheiterte an der Ineffizienz der zentralen Planwirtschaft. Die anfängliche Steigerung und dann Stagnation des Lebensstandards konnte nicht aufgrund eigener Leistungskraft erbracht werden und mußte mit einer wachsenden Verschuldung erkauft werden. Wiedereinsetzende Reformversuche ab 1988, wie die neuerlich propagierte „Eigenerwirtschaftung der Mittel", verstärkte Gewinnorientierung und die Dezentralisierung der Investitionsentscheidungen, waren halbherzig, konnten im zentralplanwirtschaftlichen Rahmen nicht wirken und kamen zu spät.[474] In einer nach der Absetzung Honeckers verfaßten Analyse zur Wirtschaftslage kommt eine Expertenkommission unter Leitung von Schürer zu dem Ergebnis, daß eine Verhinderung des Anstiegs der Verschuldung die Reduzierung der Konsumtion um 25 bis 30 Prozent erfordert hätte.[475]

---

472 K. Bolz: Die wirtschaftliche Entwicklung... 1987/88, S.57
473 Janson 1991, S.66
474 vgl. Roesler 91, S.317
475 DA 1992, S.1023

10.b.) Der Einfluß des Wirtschaftssystems auf die Entwicklung einer rein-politischen Gesellschaft - vorläufiges „Modell IIb“

Nach der Darstellung der wirtschafts- und sozialpolitischen Entwicklung in der DDR kann die Frage beantwortet werden, auf welche Weise diese den „regulären“ Verlauf der „rein-politischen Gesellschaft“ beeinflußt:

1.) Unter den Bedingungen der politischen Ent-Deklassierung der Bürgerschaft Anfang Juni 1953 („Neuer Kurs“) verkürzt die Wirtschaftspolitik der Parteiführung den Übergang von der Deklassierungs- in die revolutionäre Phase. Der tiefen gesellschaftlichen Deklassierung korrespondiert die administrative Wirtschaftslenkung mit der Bevorzugung der Schwerindustrie zulasten des Konsumniveaus der Gesellschaft. Die Folgen sind wirtschaftliche Disproportionen, verbunden mit ernsten Versorgungsschwierigkeiten. Die politische Führung versucht die Schwierigkeiten durch eine Normerhöhung für die Industriearbeiterschaft zu vermindern.

Die Auswirkungen der gegen die Konsuminteressen der Arbeiterschaft gerichteten Sozial- und Wirtschaftspolitik können **dann** Massenwiderstand hervorrufen, **wenn** der staatliche Terror nachläßt Die „von außen“ (von der Sowjetunion) inspirierte „Entstalinisierung“ verstärkt den bürgerlichen Widerstand, da autonome Sozialbeziehungen zwischen den Bürgern nicht mehr sofort zerschlagen werden.

2.) Wird die erste „Revolution zweiten Typs“ (im Jahr 1953) von der Herrscherklasse schnell niedergeschlagen, so daß die Phase der gesellschaftlichen Deklassierung nur kurzzeitig überwunden wird und kann sich deshalb keine Widerstandstradition herausbilden, dann

a.) beschleunigen wirtschaftliche Zugeständnisse an die Bürgerschaft den Übergang in eine erneute Phase der politischen Deklassierung. Die Masse der Bürgerschaft läßt sich mit ökonomischen Zugeständnissen pazifizieren.

b.) Folgt der Niederschlagung der Revolution und der Gewährung ökonomischer Zugeständnisse eine signifikant gesteigerte Abwanderung, dann kann die Herrscherklasse die politische Deklassierung der Bürgerschaft **über das vorrevolutionäre Niveau hinaus** vertiefen.

Der Übergang von einer Phase bevorzugter Konsumgüterproduktion als politischer Antikrisenstrategie zu einer erneuten Akkumulationsphase führt dann **nicht** zum Wiederaufleben des bürgerlichen Widerstandes, sondern zu verstärkter Abwanderung.

3.) Die Phase tiefer politischer Deklassierung der Bürgerschaft kann nach der Schließung des Ventils massenhafter Abwanderung (durch den Mauerbau im Jahr 1961) gegenüber der „regulären“ Entwicklung einer sozialistischen Gesellschaft (wie sie in Nowaks „Modell I“ dargestellt ist) signifikant verlängert werden durch

a.) die Steigerung der Effektivität des Wirtschaftssystems durch eine „von oben“ eingeleitete wirtschaftliche De-Regulierung. Die „Herrscherklasse“ „tauscht“ den

Verlust von Anteilen an wirtschaftlicher Regelungsmacht gegen die Stabilisierung und Ausdehnung politischer Regelungsmacht.

b.) In der Phase politischer Deklassierung kann die wirtschaftliche De-Regulierung aufgrund des Mechanismus der innerbürokratischen Konkurrenz nicht von Dauer sein. Ohne den Druck bürgerlichen Widerstands dehnt sich der staatliche Regelungsbereich im wirtschaftlichen System wieder aus. Es setzt ein Prozeß der Re-Bürokratisierung des Wirtschaftssystems ein; dies ist mit einem Effizienzverlust des Wirtschaftens verbunden.

Die Phase politischer Deklassierung kann in dieser Situation durch die langfrisitge Bevorzugung des gesellschaftlichen und individuellen Konsums gegenüber der Akkumulation verlängert werden. Voraussetzung der Möglichkeit einer **langfristigen** Bevorzugung des Konsums gegenüber dem „natürlichen" Akkumulationsinteresse der Partei- und Wirtschaftsbürokratie ist eine **gegenüber den bürokratischen Intressengruppen** „starke" politische Führung.

Bedingung der Existenz einer **gegenüber der Bürgerschaft** starken politischen Führung ist das Ausbleiben zyklischer Revolutionen. Bedingung der Existenz einer **gegenüber den bürokratischen Interessengruppen** des Partei- und Wirtschaftsapparates starken politischen Führung ist ebenso das Ausbleiben zyklischer Revolutionen. Zyklische Revolutionen sind mit einer Schwächung bzw. dem personellen Austausch der Führungsgruppe verbunden. Die neue bzw. geschwächte Führung muß sich die Anerkennung ihrer Führungsrolle durch Zugeständnisse an die bürokratischen Interessengruppen erkaufen. Im ökonomischen Sektor bestehen diese Zugeständnisse im Nachgeben gegenüber den Investitionsforderungen dieser Gruppen. Eine schwache Führung kann **langfristig** keine Politik der Vernachlässigung der Akkumulation zugunsten der Konsumtion durchsetzen. Die Bevorzugung der Akkumulation führt dann wiederum zu politischen Krisen, die in einem erneuten Führungswechsel und der weiteren Schwächung der neuen Führung enden.

Eine durch das Ausbleiben zyklischer Revolutionen **starke Führung** kann die bürokratischen Intressengruppen stärker kontrollieren. Sie kann ihnen eine Wirtschaftspolitik des **langfristigen** Verzichts auf die Bevorzugung der Investitionsgüterindustrie aufzwingen. Dennoch muß sie das Prämieninteresse der Produzenten und der Wirtschaftsbürokratie berücksichtigen. Durch ständige Planreduzierungen wird die Planerfüllung und damit Prämienzahlung garantiert.

Die Politik der Vernachlässigung der Investitionen und der ständigen Plansenkungen führt zum wirtschaftlichen Niedergang und wird von einem Faktor der Herrschaftsstabilisierung zu einem Destabilisierungsfaktor. Die ökonomischen Zugeständnisse an die Bürgerschaft können aufgrund fehlender wirtschaftlicher Leistungskraft nicht mehr finanziert werden.

Die einzige Möglichkeit der Verlängerung der Phase politischer Stabilität durch sozialpolitische Zugeständnisse bildet die massive Verschuldung gegenüber kapitalistischen Staaten. Da die erhaltenen Kredite nicht zu produktiven Zwecken eingesetzt werden können -sie müssen zur Minderung der stärksten Versorgungsprobleme verwandt werden -steigt der Schuldenberg. Die Wirtschaftspolitik muß den Schuldenabbau in den Mittelpunkt ihrer Bemühungen stellen und kann keine entschiedenen Maßnahmen zur Verbesserung des Lebensstandards einleiten. Damit verliert die Verschuldungspolitik ihre Wirksamkeit als politischer Stabilisierungsfaktor.

4.) Die Phase politischer Deklassierung ist nicht beliebig perpetuierbar. Mit der Zeit bilden sich autonome Sozialbeziehungen wieder aus. Sie erfassen sukzessive einen immer größeren Teil der Bürgerschaft.

Die Ent-Deklassierung der Bürgerschaft wird verstärkt durch den Ausfall der Zwangsmittel der politischen Vormacht zur Herrschaftssicherung des Satellitenregimes seit Mitte der achtziger Jahre.

Eine Abbremsen des Ent-Deklassierungsprozesses wird durch gesteuerte Abschiebungen Oppositioneller und durch die Massenabwanderung Unzufriedener (1984) erreicht. Mit der Zeit wird die Abwanderung von einem herrschaftsstabilisierenden zu einem destabilisierenden Faktor; da der entstandene Arbeitskräfteverlust das Land auszubluten droht. Die Möglichkeit der Herrschaftsstabilisierung durch kontrollierte Abwanderung ist an ihr Ende gekommen.

5.) Das Zusammenfallen von politischer Ent-Deklassierung, der verstärkten Verhinderung der Abwanderung und dem Leistungsverlust der Wirtschafts- und Sozialpolitik führt in eine revolutionäre Phase über.

6.) Die **siegreiche** Revolution wirkt als Mechanismus sozialen Fortschritts und führt in eine Phase des Klassenfriedens über.

Der letzte Punkt scheint Nowaks These von **niedergeschlagenen Revolutionen** als einem Mechanismus sozialen Fortschritts zu widersprechen.

a.) Hierbei ist jedoch zu bedenken, daß Nowak als idealisierende Bedingung seiner These die **Isolierung** der untersuchten Gesellschaft von anderen Gesellschaften voraussetzte. Wie deutlich wurde, muß diese Voraussetzung bei der Analyse eines sowjetischen Satellitenstaates aufgehoben werden; der Einfluß der sowjetischen Vormacht muß bereits im ersten theoretischen Entwicklungsmodell berücksichtigt werden. Im Fall der DDR kommt ein weiteres hinzu: Thesen zu den gesellschaftlichen Folgen der siegreichen Revolution müssen das Faktum des staatlichen Anschlusses der DDR an die BRD in ihre Überlegungen miteinbeziehen. Für die zukünftige Entwicklung der „vergrößerten BRD" kann man annehmen, daß gesellschaftliche Entwicklungen des einen Teils (ehemalige DDR) auf den anderen Teil („alte" BRD) einwirken und umgekehrt. Für das ehemalige Gebiet der DDR kann so die (prognostizierende) Hypothese einer langfristig ent-deklassierenden Wirkung der weniger verstaatlichten „alten“ Bundesrepublik auf die „neuen Länder“ aufgestellt werden.

Eher als die DDR ist die Entwicklung in Rumänien ein Prüfstein für Nowaks These. Hier wird die weitere Entwicklung zeigen, ob die siegreiche Revolution mit einer erneuten Diktatur und Deklassierung der Bürgerschaft zu bezahlen ist.

b.) Eine weitere Unterscheidung in Bezug auf die gesellschaftlichen Folgewirkungen einer **siegreichen** Revolution ergibt sich aus folgender Überlegung:

1.) Ist eine Revolution siegreich in einer Gesellschaft, in der ein relativ großer Teil der Bürgerschaft in der Deklassierung verharrt, so ist als Folge der Revolution eine gesellschaftliche Deklassierung zu erwarten. Die Möglichkeit einer solchen „irregulären“ (in Nowaks „Modell I“ nicht möglichen) Revolution ergibt sich aus der Schwächung der politischen Vormacht und/oder dem Ausbruch von Revolutionen in anderen Satellitenstaaten; diese Revolutionen beschleunigen den revolutionären Prozeß in der stark deklassierten Gesellschaft.

2.) Ist eine Revolution siegreich in einer Gesellschaft, in der ein relativ großer Teil der Bürgerschaft sich bereits aus der Deklassierung befreit hat, so ist als Folge der Revolution keine gesellschaftliche Deklassierung zu erwarten. Die autonomen Sozialbeziehungen innerhalb der Gesellschaft sind so stark entwickelt und so verbreitet, daß die Bürgerschaft den Aspirationen der neuen politischen Führung auf eine radikale Ausdehnung ihres Regelungsbereichs erfolgreich Widerstand leistet.

Nachdem eine Untersuchung der politischen und ökonomischen Entwicklung der DDR zu den oben dargestellten Ergebnissen in Bezug auf die Entwicklungsdynamik eines „sowjetischen Satellitenstaates“ geführt hat, werden im folgenden Abschnitt

a.) die bisherigen Ergebnisse dieser Arbeit zusammengefaßt

b.) die in den vorläufigen Modellen „IIa“ und IIb“ - die sich einmal auf die empirische Basis der polnischen und einmal der Entwicklung in der DDR stützen - dargestellten Ergebnisse zu einem verallgemeinerten „**Modell II**“ zusammengefaßt.

Dieses „**Modell II**“ soll grundlegende gesellschaftliche Entwicklungsprozesse in „sowjetischen Satellitenstaaten“ verständlich machen.

11.) Zusammenfassung und Erstellung des theoretischen Modells der zeitlichen Entwicklung eines sowjetischen Satellitenstaates als „politisch-ökonomischer Gesellschaft"

A.) Das Ziel der vorgelegten Arbeit ist eine Darstellung und - darauf aufbauend - eine modellhafte Erörterung gesellschaftlicher Entwicklungsprozesse in „realsozialistischen" Staaten. Bislang ist die Diskussion über sozialistische Systeme in der Geschichtswissenschaft von der „Totalitarismus-Theorie" und der „Theorie der sozialistischen Industriegesellschaft" geprägt. Im ersten Teil dieser Arbeit wurden zwei der einflußreichsten Ausprägungen dieser beiden Theorien vorgestellt:

a.) Die „Totalitarismus-Theorie" Carl Joachim Friedrichs.

Friedrich definiert die **Struktur** einer „sozialistischen" und damit „totalitären" Diktatur mittels eines Merkmalssyndroms. Dieses umfaßt: eine totalitäre Ideologie, eine Parteidiktatur, den Terror der Geheimpolizei, das Informations- und Waffenmonopol der Partei sowie eine Zentralplanwirtschaft.

Innerhalb dieses Merkmalssyndroms gibt Friedrich (implizit) der „totalitären Ideologie" eine inhaltlich herausgehobene Stellung und konstruiert folgende gesellschaftliche **Entwicklungsdynamik**: Die Versuche zur Realisierung der ideologischen Postulate durch die Parteidiktatur führen zur ständigen Verschärfung und Ausbreitung des staatlichen Terrors gegenüber der Gesellschaft. Die terroristische Vernichtung staatsunabhängiger Solidarzusammenhänge führt zur „Atomisierung" des einzelnen Bürgers und der Ausbildung des „Massenmenschen". Die zerfallene Gesellschaft ist dem „totalitären Angriff" des Staates ausgeliefert, ohne erfolgreiche Widerstandsstrategien entwickeln zu können. Der staatliche Terror ist „Lebensnerv" und kennzeichnendes Merkmal des Herrschaftssystems.

Nach dem Beginn der „Entstalinisierung" und dem Ende des staatlichen Massenterrors in der Sowjetunion revidiert Friedrich seine Theorie; er konstatiert nun die „konservativ-beharrende" Rolle der Ideologie, die aufhört, als Auslöser des Terrors zu wirken. Die Frage nach der Entwicklungsdynamik **post-stalinistischer** sozialistischer Staaten wird von Friedrich widersprüchlich beantwortet. Einerseits spricht er von der Angleichung der „totalitären Diktaturen" an „Autokratien", andererseits von der Möglichkeit des Wiederauflebens des Massenterrors. Trotz der einschneidenden Veränderungen in der Herrschaftsausübung bezeichnet Friedrich auch die **post-stalinistischen** Parteidiktaturen als „totalitär".

b.) Der Übergang einer „totalitären" sozialistischen Gesellschaft in ihre „post-totalitäre" und damit **„autoritäre"** Phase sowie deren **Entwicklunglogik** stehen im Mittelpunkt der „Theorien der sozialistischen Industriegesellschaft".

Peter Christian Ludz untersucht diese Thematik anhand der gesellschaftlichen Entwicklung der DDR in den späten fünfziger und den sechziger Jahren. Er konstruiert eine Entwicklungslogik vom „Totalitarismus" über den „konsultativen" zum

„partizipativen Autoritarismus". In dieser Entwicklung stabilisiere sich die Parteiherrschaft zusehends; die Akzeptanz der Bevölkerung gegenüber dem Herrschaftssystem wachse. Durch den Abbau des Staatsterrors, die Modernisierung der Organisationsstruktur der SED, die Einschränkung der Entscheidungsmacht des Politbüros durch die zunehmende Partizipation von „Fachleuten" an gesellschafts-politischen Entscheidungen „verfachliche" und „versachliche" sich die Herrschaftsausübung und passe sich zunehmend den „Sachzwängen" einer „industriellen Gesellschaft" an. Nicht mehr die politische Herrschaftssicherung, sondern die optimal-funktionale Verwaltung einer „sozialistischen Industriegesellschaft" sei das primäre Ziel der Partei. Die Parteiherrschaft entwickle sich in Richtung des „partizipativen Autoritarismus", der durch die Teilhabe breiter Gesellschaftsschichten an den politischen Entscheidungen definiert sei. Als das „Zentrum der Dynamik" der beschriebenen gesellschaftlichen Entwicklung bezeichnet Ludz die „institutionalisierte Gegenelite", die von den „Fachleuten" innerhalb der Führungsgremien der SED gebildet wird, denen die „Altfunktionäre" als „Zentrum der Beharrung" gegenüberstehen.

B.) Die **Darstellung** beider Theorien wurde mit einer **Kritik ihrer grundlegenden Thesen** verbunden.

Eine **inhaltliche** Kritik geht von dem Faktum aus, daß sozialistische Gesellschaften unterschiedliche Entwicklungsphasen durchlaufen. Innerhalb des „monopolistischen Parteiregimes als relativ konstantem Kontinuitätsrahmen" (Jänicke) sind zu unterscheiden

a.) Eine „terroristische" Phase der gewaltsamen Zerstörung der vorrevolutionären Gesellschaftsstruktur und des „Aufbaus des Sozialismus". Die **Entwicklungsdynamik** dieser Phase entspricht derjenigen von Friedrich für eine „totalitäre Diktatur" konstruierten.

b.) „Reformphasen", in denen der Terror abgebaut und von der Parteiführung eine politische und/oder wirtschaftliche Liberalisierung eingeleitet wird.

c.) „Revolutionäre Phasen", in welchen es zu Aufständen oder Massenprotesten gegen die Diktatur der Partei kommt; „Revolutionen" gehen der allmählichen Transformation bzw. dem plötzlichen Zusammenbruch des Sozialismus voraus.

Sowohl die „Totalitarismustheorie" als auch die „Industriegesellschaftstheorie" können diese unterschiedlichen Entwicklungsphasen nicht theorieimmanent beschreiben und erklären.

Die Aussagen der „Totalitarismustheorie" beziehen sich auf die „terroristische" Entwicklungsphase; die Dynamik einer „post-totalitären" sozialistischen Gesellschaft kann sie nicht erfassen. Weder der Begriff der „Reform" noch der „Revolution" lassen sich in diese Theorie integrieren.

Methodisch läßt sich „Totalitarismus“ als ein „Idealtypus“ bezeichnen. An diesem „Idealtypus“ lassen sich unterschiedliche empirisch beobachtete Zustände der Gesellschaft messen und „mehr“ oder „weniger“ „totalitäre“ Phasen unterscheiden; sowohl die „reformistische“ als auch die „revolutionäre“ Entwicklungsphase entfernen sich so weit von dem Idealtypus, daß sie nicht mehr unter diesen subsumierbar sind. Zur „idealtypischen“ Beschreibung der Entwicklung ein und derselben „sozialistischen Gesellschaft“ wären mithin mehrere „Idealtypen“ erforderlich. Mit anderen Worten: gesellschaftliche **Entwicklungen** lassen sich nicht durch die Bildung eines „Idealtypus“ begreifen.

Die Aussagen der „Industriegesellschaftstheorie“ beziehen sich auf „Reformphasen“ in der Entwicklung sozialistischer Gesellschaften. Das definitive Ende von „Reformphasen“ bzw. das Eintreten „revolutionärer Phasen“ lassen sich nicht theorieimmanent erklären.

Der „Theorie der sozialistischen Industriegesellschaft“ liegt ein „**Basis-Überbau-Theorem**“ zugrunde, nach welchem das Entwicklungsniveau der Produktivkräfte den „politisch-juristischen“ und „ideologischen Überbau“ einer Gesellschaft bestimmt. Im Gegensatz zu dieser Aufassung wurde gezeigt, daß die Wirtschaftspolitik in sozialistischen Staaten der Absicherung der **politischen** Macht des Parteiapparates dient, mithin die „Politik“ die „Wirtschaft“ bestimmt. Es kommt nicht zur „Anpassung“ des politischen Systems an die Erfordernisse einer „modernen Industriegesellschaft“.

C.) Als ein theoretisches Konzept, welches die beschränkte Reichweite der Erklärungskraft der beiden dargestellten Theorien überwindet, wurden die von Leszek Nowak auf der Grundlage einer kritischen Auseinandersetzung mit der marxschen Theorie verwendete **Forschungsmethode** der „Idealisierung und Konkretisierung“, die **Geschichtsphilosophie** des „nicht-marxistischen historischen Materialismus“ sowie das darauf aufbauende „**Modell einer sozialistischen Gesellschaft**“ vorgestellt.

a.) Auf der Grundlage der Hypothese einer „essentialistischen“ Verfaßtheit der Wirklichkeit wurde von Marx die **Forschungsmethode der „Idealisierung und Konkretisierung“** erarbeitet; diese Methode wird von Nowak übernommen. In der Struktur eines Untersuchungsgegenstandes, hier einer „sozialistischen Gesellschaft“, werden demnach ihn beeinflußende „Hauptfaktoren“ von „sekundären Faktoren“ unterschiedlichen Grades unterschieden.Eine **isolierte Betrachtung der Hauptfaktoren einer Gesellschaftsstruktur in ihrer gegenseitigen Beeinflußung** gestattet die **modellhafte Erfassung grundlegender sozial-historischer Entwicklungsprozesse**.

Das diese **Hauptfaktoren** in ihrer gegenseitigen Beeinflußung thematisierende, abstrakte **erste theoretische Modell** wird dann durch die **sekundäre Faktoren** einbeziehenden **weiteren Modelle** konkretisiert.

b.) Im **nicht-marxistischen historischen Materialismus** wird der marxsche Klassenbegriff aus seiner „ökonomistischen Beschränktheit" gelöst und generalisiert; es werden drei voneinander unabhängige Klassenteilungen in einer Gesellschaft anerkannt: im politischen Bereich steht die Minderheit der Zwangsmitteldisponenten als **Herrscher** der Mehrheit der nicht über solche Mittel verfügenden **Bürger** gegenüber; im ökonomischen Bereich stehen sich die Disponenten über die Produktionsmittel als **Besitzer** und die **Produzenten** gegenüber; im kulturellen Bereich stehen die Disponenten über die ideologischen Machtmittel als **Priester** den **Gläubigen** gegenüber.

Sozialistische Gesellschaften werden von Nowak als **Tripelherrschaften** bezeichnet, in denen **eine** Klasse die Verfügungsgewalt über die politischen, wirtschaftlichen und ideologischen Machtmittel in ihren Händen monopolisiert.

Als unterdrückende Klasse der „Herrscher-Besitzer-Priester" steht sie der unterdrückten Klasse der „Bürger-Produzenten-Gläubigen" gegenüber. Aufgrund des „Primats des Politischen" in sozialistischen Gesellschaften ist die unterdrückende Klasse in erster Linie eine **politische Herrscherklasse**, die **auch** Besitzer- und Priesterklasse ist. Sie wird vom Apparat der kommunistischen Partei (Parteibürokratie) gebildet.

c.) Ein erstes, hochabstraktes und nur die **Hauptfaktoren** der gesellschaftlichen Struktur in ihrer gegenseitigen Beeinflußung thematisierendes **Modell einer sozialistischen Gesellschaft** in ihrer zeitlichen Entwicklung wird von Nowak folgendermaßen gebildet:

Die untersuchte Gesellschaft wird so betrachtet, „als ob" sie nur aus den Klassen der „Herrscher" und „Bürger" bestände, mithin eine „rein-politische Gesellschaft" sei. Diese Gesellschaft wird als eine isolierte, von äußeren Einflüssen freie angesehen.

Aufgrund des **innerbürokratischen Konkurrenzverhältnisses** zwischen den einzelnen Herrschern bzw. Herrschergruppen liegt das **Klasseninteresse der Herrscherklasse als ganzer** in der **Ausdehnung des staatlichen Regelungsbereiches** durch die Vernichtung autonomer, nicht staatlich kontrollierter Sozialbeziehungen innerhalb der Bürgerschaft. Das **Klasseninteresse der Bürgerschaft** liegt in der **Aufrechterhaltung autonomer, nicht staatlich kontrollierter Sozialbeziehungen**, steht demjenigen der Herrscherklasse also „antagonistisch" gegenüber. Der aus diesem Antagonismus hervorgehende **Klassenkampf** führt zu einer bestimmten gesellschaftlichen Entwicklung, in deren Verlauf sich das Kräfteverhältnis zwischen den Klassen wandelt.

Das Niveau des Klassenkampfes wird vom Niveau der **gesellschaftlichen Entfremdung** bestimmt. Das Maß der gesellschaftlichen Entfremdung ergibt sich dabei aus dem Anteil **verstaatlichter** bürgerlicher Interaktionen im Verhältnis zur Gesamtzahl dieser Interaktionen; die gesellschaftliche Entfremdung steigt, wenn der Anteil verstaatlichter Interaktionen ansteigt.

Die Entwicklung beginnt in Nowaks **Modell einer sozialistischen Gesellschaft** mit der Phase des **Klassenfriedens**, in welcher das Entfremdungsniveau niedrig ist.

Die Ausdehung des staatlichen Regelungsbereiches steigert dieses Niveau auf einen mittleren Wert; es kommt zum Ausbruch einer **Revolution ersten Typs**.

Verläuft diese Revolution siegreich, dann wiederholt sich die gesellschaftliche Entwicklung. Wird die Revolution niedergeschlagen, dann folgt eine starke Ausdehnung des staatlichen Regelungsbereiches; das Entfremdungsniveau nimmt einen sehr hohen Wert an, während die Widerstandsneigung der Bürgerschaft gegen Null sinkt. Diese Entwicklung bezeichnet Nowak als **Deklassierung**, ihren Extremfall als **Totalisierung**. Während der Totalisierung einer Gesellschaft sind alle bürgerlichen Interaktionen, die prinzipiell verstaatlicht werden können, tatsächlich verstaatlicht. Der staatliche Regelungsbereich kann dann nicht weiter auf Kosten bürgerlicher Autonomie ausgedehnt werden, die weiterbestehende innerbürokratische Konkurrenz führt nun zur partiellen Selbstdestruktion der Herrscherklasse im Rahmen von „Säuberungen".

Das mit der Zeit eintretende Wiederaufleben autonomer Sozialbeziehungen unter hochrepressiven Bedingungen führt zu einer **ersten Revolution zweiten Typs** auf einer schmalen sozialen Basis. Ist diese Revolution siegreich, dann wiederholt sich die bisher beschriebene gesellschaftliche Entwicklung. Die Niederschlagung der Revolution aber ändert den weiteren Verlauf der Gesellschaftsentwicklung. Die Herrscherklasse reagiert zum Zweck der Sicherung ihrer bedrohten Position mit Zugeständnissen an die Bürgerschaft, die das gesellschaftliche Entfremdungsniveau zunächst verringern. In dieser Phase tritt die innerbürokratische Konkurrenz zurück gegenüber der Klassensolidarität; angesichts der Drohung des völligen Machtverlustes wird ein partieller Machtverlust in Kauf genommen. Nach dem Abebben der revolutionären Gefahr lebt der innerherrschaftliche Konkurrenzmechanismus wieder auf und führt erneut zum Anstieg der gesellschaftlichen Entfremdung und einer dieser folgenden **zweiten Revolution zweiten Typs**.

Die weitere gesellschaftliche Entwicklung ist durch **zyklische Revolutionen** auf jeweils breiterer sozialer Basis und vergrößerten Zugeständnissen der Herrscher an die Bürgerschaft gekennzeichnet.

Schließlich führt eine **niedergeschlagene Revolution zweiten Typs** zu solch weitgehenden Zugeständnissen der Herrscher an die Bürger, daß die gesellschaftliche Entwicklung in die Phase des **Klassenfriedens** übergeht.

Die bisherige gesellschaftliche Entwicklung, die vom **Klassenfrieden** ausgehend über eine **Revolution ersten Typs** zur **Deklassierung** der Bürgerschaft führte, wiederholt sich nun nicht mehr, da sich das Kräfteverhältnis zwischen den Klassen im Verlauf der **zyklischen Revolutionen** grundlegend geändert hat. Die in revolutionären Auseinandersetzungen erstarkte Bürgerschaft kann eine Ausdehnung des staatlichen Regelungsbereiches über den Bereich des **Klassenfriedens** hinaus erfolgreich verhindern.

Als **Mechanismus sozialen Fortschritts**, verstanden als Einschränkung des staatlichen Regelungsbereiches und Steigerung der bürgerlichen Autonomie, wirken in Nowaks Modell **zyklische, niedergeschlagene Revolutionen**. Siegreiche Revolutionen dagegen führen zur Deklassierung der Bürgerschaft.

D.) Das dargestellte **Modell einer sozialistischen Gesellschaft** wurde auf der **empirischen Basis** der Geschichte der Sowjetunion erstellt. Dabei gelang es Nowak - im Gegensatz zur „Totalitarismus-Theorie“ ebenso wie zur „Theorie der sozialistischen Industriegesellschaft“ - die **unterschiedlichen Entwicklungsphasen** der Parteidiktatur in **eine** Theorie zu integrieren und in ihrer gegenseitigen Bedingtheit deutlich zu machen.

Nowaks **Modell** wurde in der hier vorliegenden Arbeit sodann auf seine „Übertragbarkeit“ auf „sowjetische Satellitenstaaten“ überprüft.

Als **empirische Basis** der Ausarbeitung eines **Entwicklungsmodells eines „sowjetischen Satellitenstaates“** wurde die geschichtliche Entwicklung in der Volksrepublik Polen und der DDR gewählt. Im Mittelpunkt der Darstellungen stand das sich ändernde machtpolitische Kräfteverhältnis zwischen dem Parteiapparat als “Herrscherklasse“ und der „Bürgerschaft“.

Der Auswahl Polens und der DDR als empirischer Basis lag der Gedanke zugrunde, durch die Thematisierung zweier äußerst unterschiedlicher gesellschaftlicher Entwicklungswege die Reichweite der Aussagekraft des zu erstellenden Modells möglichst groß zu gestalten. Die Geschichte des sozialistischen Polens war durch mehrere revolutionäre Erschütterungen mit anschließendem Wechsel der personellen Zusammensetzung der politischen Führungsgruppe gekennzeichnet; die DDR hingegen zeichnete sich nach der Krise des Mauerbaus seit 1961 durch jahrzehntelange politische Stabilität aus; diese wurde auch nicht durch den Machtwechsel von Ulbricht zu Honecker ernsthaft gestört.

Der Darstellung der gesellschaftlichen Entwicklung Polens folgte die sich darauf stützende Erstellung des **ersten Modells eines sowjetischen Satellitenstaates als einer „rein-politischen Gesellschaft“** Die Nowaksche These über die Bedeutung niedergeschlagener Revolutionen als Mechanismen sozialen Fortschritts wurde bestätigt. Weiter konnte festgestellt werden, daß der konkrete Anlaß des Ausbruchs der zyklischen Revolutionen in den Jahren 1956, 1970, 1976 und 1980 jeweils in

Versorgungsschwierigkeiten und dem Versuch, wirtschaftliche Krisensymptome durch die Einschränkung des gesellschaftlichen Konsums zu lösen, lag. Diese Erkenntnis führte zu der Hypothese, in der Entwicklung des **ökonomischen gesellschaftlichen Sektors** den **sekundären Faktor ersten Grades** zu sehen, der die **reguläre Entwicklung einer „rein-politischen Gesellschaft"** modifizierend beeinflußt.

Es folgte die Erstellung eines **Entwicklungsmodelles des ökonomischen Sektors in einer sozialistischen Gesellschaft**. Zunächst wurde die Funktionsweise einer zentralen Planwirtschaft dargestellt. Es handelt sich um ein bürokratisch organisiertes System, das von einem hierarchisch gegliederten Wirtschaftsapparat geleitet und von dem Zusammenspiel von „Planauflagen", „Planerfüllung" und „Prämienzahlungen" bestimmt wird. Die Planung und Leitung der Wirtschaftsprozesse ist durch die widersprüchliche Interessenlage der unterschiedlichen Leitungsebenen und der Betriebe bestimmt; das „Prämieninteresse" der wirtschaftlich Handelnden führt zu einer Strategie der „weichen Pläne" und ökonomisch unsinnigen Verhaltensweisen, wie sie etwa in der „Tonnenideologie" zum Ausdruck kommen. Das Interesse der Betriebe und der mittleren Planungshierarchie an einer möglichst „leichten" Planerfüllung läßt diese ständig neue Investitionsmittel vom wirtschafts-politischen Zentrum fordern. Letzteres fördert im Interesse der Erhaltung und des Ausbaus seiner Machtstellung gegenüber diesen Gruppen die „Produktion von Produktionsmitteln". Dadurch entstehen gesamtwirtschaftliche Disproportionen, die durch Überinvestition hervorgerufen werden. Die Disproportionen führen zu zyklischen Wirtschaftskrisen, deren Auswirkungen das wirtschafts-politische Zentrum durch eine Einschränkung des individuellen und gesellschaftlichen Konsums zu mildern sucht Die politische Lösung der zyklisch auftretenden Wirtschaftskrisen durch die Einschränkung des Lebensstandards der Bürgerschaft wird zum Anlaß des Ausbruchs zyklischer Revolutionen.

Dieses Entwicklungsmodell fand seine empirische Bestätigung in der Darstellung der wirtschaftlichen und politischen Entwicklung der Volksrepublik Polen. Es wurde gezeigt, auf welche Weise die wirtschaftliche Entwicklung den Verlauf einer „rein-politischen Gesellschaft" beeinflußt.

Sodann wurde sowohl die politische als auch die wirtschaftspolitische Geschichte der DDR in ihren Grundzügen dargestellt und die Unterschiede zu Polen verdeutlicht. Ein **zweites Modell der gesellschaftlichen Entwicklung eines sowjetischen Satellitenstaates**, das die aufgrund **dieser** Darstellung gewonnenen Erfahrungen verallgemeinerte, wurde im Anschluß erstellt.

E.) Eine Zusammenfassung beider Modelle - des auf der Basis der politischen und wirtschaftliche Entwicklung in der VR Polen erstellten und desjenigen, das die Entwicklung in der DDR reflektiert - ermöglicht nun die Formulierung eines allgemeineren „**Modells der Entwicklung eines sowjetischen Satellitenstaates als politisch-ökonomischer Gesellschaft**".

Das **Modell einer „rein-politischen Gesellschaft"** wird dabei durch die Einbeziehung der **ökonomischen Entwicklung** konkretisiert; damit soll dem deutlich gewordenen Einfluß des Wirtschaftssystems auf die „reguläre" gesellschaftliche Entwicklung Rechnung getragen werden.

Durch die Erarbeitung dieses - die reale gesellschaftliche Vielfalt „idealisierenden" - Entwicklungsmodells einer „politisch-ökonomischen Gesellschaft" sollen **grundlegende sozial-historische Entwicklungsprozesse in sowjetischen Satellitenstaaten** verdeutlicht werden.

„Modell II" der Entwicklung eines sowjetischen Satellitenstaates als politisch-ökonomischer Gesellschaft

1.) Die **importierte Revolution** führt zur Bildung eines sowjetischen Satellitenregimes. Die Überlegenheit der sowjetischen Zwangsmittel ermöglicht dem Apparat der kommunistischen Partei die Errichtung einer **Tripelherrschaft**.

Die Ausbildung einer Tripelherrschaft ist a.) in Polen das Ergebnis der in den Jahren 1944-1947 durchlaufenen revolutionären Phase, die in einer Deklassierung der Bürgerschaft endet. b.) beginnt in der SBZ bereits 1945 mit der Deklassierung der Bürgerschaft.

2.) Die radikale Ausdehnung des staatlichen Regelungsbereiches durch die Vernichtung autonomer Sozialbeziehungen führt beide Gesellschaften in eine Phase **tiefer politischer Deklassierung** während der Zeit des „Stalinismus" Ende der vierziger/ Anfang bis Mitte der fünfziger Jahre.

Der tiefen politischen Deklassierung entspricht im ökonomischen Bereich ein System direktiver Wirtschaftslenkung mit starker bürokratischer Kontrolle der Wirtschaftsprozesse. Die den macht- und wirtschaftspolitischen Interessen der Partei- und Wirtschaftsbürokratie entsprechende bevorzugte Produktion von Produktionsmitteln führt in eine Überakkumulationskrise.

3.) Die Phase der politischen Ent-Deklassierung der Bürgerschaft wird durch die „Entstalinisierung" eingeleitet. Diese beginnt in der Sowjetunion und wird von ihr auf die Satellitenstaaten übertragen. Der staatliche Regelungsbereich verringert sich vor allem durch den Abbau des staatlichen Terrors und/oder Terrorapparates.

Der Phase der politischen Ent-Deklassierung entspricht im ökonomischen Bereich die Parametrisierung (Entbürokratisierung) der Wirtschaftslenkung, die eine Steigerung der wirtschaftlichen Effektivität bewirkt und/oder die bevorzugte Produktion von Konsumgütern zulasten der Produktionsgüterindustrie.

Die aufgrund der bisherigen Wirtschaftspolitik bevorzugter Produktionsmittelproduktion entstandenen schweren gesamtwirtschaftlichen Disproportionen versucht die politische Führung auf Kosten der Produzenten abzuschwächen. Durch Norm- und Preiserhöhungen wird der Lebensstandard gesenkt.

Das Zusammentreffen von politischer Ent-Deklassierung und dem Angriff auf den Lebensstandard verkürzt den „regulären" (für eine „rein-politische Gesellschaft" geltenden) Zeitraum des Überganges von der gesellschaftlichen Deklassierung in eine revolutionäre Phase. Die staatliche Wirtschaftspolitik verstärkt den bürgerlichen Widerstand und wird zum Anlaß des Ausbruchs der **ersten Revolution zweiten Typs**.

4.) Die erste Revolution zweiten Typs wird in der DDR 1953, in Polen 1956 niedergeschlagen. In der Folge der niedergeschlagenen Revolutionen bilden sich in den beiden Ländern **zwei unterschiedliche gesellschaftliche Entwicklungspfade** aus.

4a.a.) **In der DDR wird die Revolution durch den Einsatz der überlegenen sowjetischen Zwangsmittel schnell niedergeschlagen**.

Während der kurzen revolutionären Phase kann sich keine Widerstandstradition innerhalb der Bürgerschaft ausbilden.

Die Revolution hat das Kräfteverhältnis zwischen den Klassen der „Herrscher" und „Bürger" **nicht** grundlegend verändert. Die Revolution führt **nicht** zu einem Wechsel des politisch-wirtschaftlichen Machtzentrums, sondern zu einem personellen Austausch des mittleren Parteiapparates. Die Führung kann ihre Machtposition gegenüber dem Apparat festigen. Die besondere Lage der DDR als Teil einer geteilten Nation führt zur Massenabwanderung unzufriedener Bürger in die BRD; dies bedeutet eine starke Schwächung des Widerstandspotentials und der Widerstandsneigung in der Bürgerschaft.

Trotzdem leitet die Parteiführung zum Zweck der Machtstabilisierung Zugeständnisse an die Bürgerschaft ein.

Der Revolution folgt eine relativ geringfügige staatliche De-Regulierung im kulturellen Bereich; die Zwangskollektivierung der Landwirtschaft wird zunächst gestoppt und die Konsumgüterproduktion zulasten der Produktionsmittelproduktion forciert.

Die politischen und wirtschaftlichen Zugeständnisse führen in Verbindung mit der Massenabwanderung zu einem signifikanten Nachlassen des bürgerlichen Widerstandes.

4a.b.) Der kurzfristigen postrevolutionären De-Regulierungsphase folgt eine erneute Ausdehnung des staatlichen Regelungsbereiches **über das vorrevolutionäre Niveau hinaus**. Es setzt erneut ein Phase tiefer politischer Deklassierung ein.

Im wirtschaftlichen Bereich wird der Vorrang der Produktionsmittelproduktion wiederhergestellt. Die eingeschlagene Wirtschaftspolitik führt in eine Produktionskrise mit Versorgungsmängeln und sinkendem Lebensstandard.

Da die Wirtschaftskrise mit einer Phase tiefer politischer Deklassierung zusammenfällt, wird sie **nicht** zum Auslöser von Massenwiderstand. Vielmehr kommt es zum dramatischen Anstieg der Abwanderung; diese wird mehr und mehr von einem herrschaftsstabilisierenden zu einem die Parteiherrschaft existenziell bedrohenden Faktor.

Die Abwanderung wird durch den Mauerbau im Jahr 1961 unterbunden, es entsteht eine „geschlossene Gesellschaft".

4a.c.) Durch „präventive Krisenstrategien" gelingt es der politischen Führung trotz der Schließung des „Ventils" der Massenabwanderung, eine Ent-Deklassierung der Bürgerschaft und das Ausbrechen zyklischer Revolutionen **langfristig** zu verhindern:

A.) Durch den Ausbau des Sicherheitsapparates wird eine flächendeckende Überwachung und Kontrolle autonomer bürgerlicher Interaktionen ermöglicht.

B.) Durch das Zulassen unpolitischer „Nischen" wird der Druck staatlicher Regulierung verringert.

C.) Die Parametrisierung des Wirtschaftslenkungssystems führt zur Effektivitätssteigerung wirtschaftlichen Handelns und zum signifikanten Anstieg des Lebensstandards. Der steigende Lebensstandard korrespondiert mit abnehmender Widerstandsneigung.

Unter den Bedingungen politischer Deklassierung aber kann eine Parametrisierung der Wirtschaftslenkung nicht von Dauer sein. Das dem Verhältnis innerbürokratischer Konkurrenz inhärente Streben nach Ausdehnung des staatlichen Regelungsbereiches trifft **nicht** auf bürgerlichen Widerstand. Die Ausdehnung des staatlichen Regelungsbereiches äußert sich auf ökonomischem Gebiet in einer Re-Bürokratisierung der Wirtschaftslenkung. Die Wirtschaftsreformen der sechziger Jahre werden 1971 rückgängig gemacht.

D.) Die gesellschaftliche Deklassierung wird von der Parteiführung ab 1971 durch den **langfristigen** Vorrang des (individuellen und gesellschaftlichen) Konsums und die Vernachlässigung der Akkumulation gesichert.

Voraussetzung dieser herrschaftsstabilisierenden Politik ist das Ausbleiben zyklischer Revolutionen mit mehrmaligem Wechsel und einer daraus resultierenden schwachen Stellung der politischen Führung gegenüber dem Partei- und Wirtschaftsapparat. Die starke Stellung der zentralen Führung ermöglicht ihr die Kontrolle des Apparates und die Durchsetzung einer gegen dessen „natürliches Akkumulationsinteresse" gerichteten Wirtschaftspolitik der langfristigen Überkonsumtion.

Mit der (unter den Verhältnissen politischer Deklassierung **notwendigen**) Re-Bürokratisierung der Wirtschaftslenkung tritt eine Effizienzminderung wirtschaftlichen Handelns ein. Effizienzminderung und Vernachlässigung der Akkumulation führen in den wirtschaftlichen Niedergang. Die Aufrechterhaltung des Konsumniveaus übersteigt die wirtschaftliche Leistungskraft. Stagnation des Lebensstandards und verstärkte Versorgungsmängel beenden seit Beginn der achtziger Jahre die herrschaftsstabilisierende Wirkung der Überkonsumtion.

Die Phase der politischen Deklassierung kann durch eine massive Verschuldung gegenüber der BRD und anderen kapitalistischen Staaten zunächst verlängert werden; diese ermöglicht eine Fortsetzung der Überkonsumtionspolitik.

4a.d.) Die Phase tiefer politischer Deklassierung ist nicht beliebig perpetuierbar; mit der Zeit entstehen auch unter hochrepressiven Verhältnissen neue Zentren autonomer bürgerlicher Interaktionen. Der anwachsende bürgerliche Widerstand befreit zunächst nur eine kleine Minderheit aus dem Zustand der Deklassierung. Seit Ende der siebziger Jahre kann die Evangelische Kirche ihre Stellung als einzige gesellschaftlich relevante Großorganisation, die nicht in das System der parteiabhängigen „Massenorganisationen" eingebunden ist, konsolidieren. Unter dem Dach der Kirche sammeln sich oppositionelle „Basisgruppen", deren politisches Ziel die Reform des Sozialismus durch eine Überwindung der Diktatur des Parteiapparates ist.

Das Übergreifen der Widerstandsneigung auf breitere Bevölkerungskreise kann von der Parteiführung zunächst durch „Abschiebungen" Oppositioneller und durch staatlich kontrollierte Abwanderungen Unzufriedener verhindert werden.

Der Übergang in eine revolutionäre gesellschaftliche Entwicklungsphase wird bewirkt durch das Zusammenfallen von

A.) politischen Veränderungen in der Vormacht des Satellitenstaates. Die Zwangsmittel der Sowjetunion fallen für die Sicherung der politischen Herrschaft des Parteiapparates der SED aus.

B.) Der wirtschaftliche Niedergang beendet die herrschaftsstabilisierende Phase der konsumfreundlichen Wirtschaftspolitik.

C.) Das Scheitern der Wirtschaftspolitik führt zum starken Anstieg der „illegalen" Abwanderung. Die „legalen" Abwanderungsmöglichkeiten werden eingeschränkt, da das Land aufgrund des sich verschärfenden Arbeitskräftemangels „auszubluten" droht.

D.) Die „illegale" Massenabwanderung über die benachbarten sozialistischen Staaten seit Sommer 1989 fördert das Entstehen von Massenwiderstand im Land selbst.

E.) Die revolutionären Erhebungen in den anderen sozialistischen Ländern verstärken den Massenwiderstand in der DDR.

Das Zusammentreffen der Faktoren A,B,C,D und E führt zu einer siegreichen Revolution im Herbst 1989.

Die **siegreiche Revolution** endet nicht in erneuter gesellschaftlicher Deklassierung, sondern führt zum Zusammenbruch der **Tripelherrschaft** und der (im Vergleich zum vorrevolutionären Niveau) „Entstaatlichung" durch den Anschluß der DDR an die **Klassengesellschaft** der BRD. Eine **siegreiche Revolution** wirkt als **Mechanismus sozialen Fortschritts**.

4b.) **In Polen nimmt ein zweiter gesellschaftlicher Entwicklungspfad in der Folge der niedergeschlagenen ersten Revolution zweiten Typs im Jahr 1956** folgenden Verlauf:

4b.a.) Die Revolution hat tiefgreifende Veränderungen im machtpolitischen Kräfteverhältnis der Klassen der „Herrscher" und „Bürger" zur Folge; es bildet sich eine Tradition bürgerlichen Widerstandes aus.

Die Revolution führt zu einem personellen Austausch des politsch-wirtschaftlichen Machtzentrums. Die aus dem Parteiapparat hervorgegangene neue politische Führung muß ihre Position durch Zugeständnisse an die Bürgerschaft **und** an den Partei- und Wirtschaftsapparat sichern.

Der Revolution folgt eine weitgehende staatliche De-Regulierung. Der Versuch der Kollektivierung der Landwirtschaft ist endgültig gescheitert, die Konsumgüterproduktion wird zulasten der Produktionsmittelproduktion forciert und ein parametrisches Wirtschaftslenkungssystem errichtet. Infolge der weitgehenden Zugeständnisse kommt es zu einem signifikanten Nachlassen der bürgerlichen Widerstandsneigung.

Der Parteiapparat trägt die De-Regulierungsmaßnahmen der Führung zunächst zum Zweck der Sicherung der eigenen Machtposition mit. Nachdem der bürgerliche Widerstand abgeebbt ist, beginnt eine Phase der erneuten Ausdehnung des staatlichen Regelungsbereiches. Die gesellschaftliche Entwicklung tritt erneut in die Phase der politischen Deklassierung ein, die aber **nicht** das vorrevolutionäre Niveau erreicht.

Im wirtschaftlichen Bereich gibt die politische Führung dem Akkumulationsinteresse des Apparates nach; der vorrangige Ausbau des Produktionsmittelsektors wird von der Restauration administrativer Wirtschaftslenkungsmethoden begleitet.

Tritt die (notwenig) folgende Überakkumulationskrise in einer Phase politischer Deklassierung auf, wie dies in Polen 1962 der Fall ist, dann ist sie **nicht** mit Massenwiderstand verbunden. Die wirtschaftlichen Disproportionen werden auf Kosten des Lebensniveaus der Bürgerschaft verringert und eine neuerliche Phase verstärkter Akkumulation eingeleitet. Die Vertiefung der politischen Deklassierung infolge der Ausdehnung des staatlichen Regelungsbereichs wird nun von der wirtschaftlichen Entwicklung nicht beeinflußt.

Bevor die politische Deklassierung das vorrevolutionäre Niveau (der Jahre vor 1956) erreicht, erzwingt wachsender bürgerlicher Widerstand die Umkehrung der gesellschaftlichen Entwicklungstendenz; es setzt eine Phase politischer Ent-Deklassierung ein. Zunächst sind es nur wenige Intellektuelle, die in den Jahren 1964 und 1968 gegen die Parteidiktatur protestieren.

Die infolge des Vorrangs der Produktionsmittelindustrie entstehende Überakkumulationskrise versucht die politisch-wirtschaftliche Führung im Jahr 1970 durch ein Absenken des Lebensstandards der Bevölkerung zu lösen. Das Zusammenfallen von politischer Ent-Deklassierung und dem staatlichen Angriff auf das wirtschaftliche Lebensniveau der Bürgerschaft führt die Gesellschaft in eine revolutionäre Phase. Die konsumentenfeindliche Wirtschaftspolitik wird zum Anlaß des Ausbruchs einer **zweiten Revolution zweiten Typs** Ende des Jahres 1970.

4b.b.) Die zweite Revolution zweiten Typs wird niedergeschlagen.

Es folgen politische und wirtschaftliche Zugeständnisse der Parteiführung an die Bürgerschaft. Die bald folgende Ausdehnung des staatlichen Regelungsbereiches und Preissteigerungen für Grundnahrungsmittel führen bereits 1976 zu erneuten bürgerlichen Widerstandsaktionen, die durch wirtschaftliche Zugeständnisse schnell beendet werden können; entscheidend für die weitere gesellschaftliche Entwicklung ist das aus diesen Aktionen entstehende **langfristige** Bündnis zwischen katholischer Kirche, nicht kirchlich gebundener Intelligenz und Arbeiterschaft gegen die Parteidiktatur. Die soziale Basis für Widerstandsaktionen umfaßt nun breiteste Bevölkerungsteile.

Der forcierte Ausbau der Produktionsmittelproduktion bei gleichzeitiger Förderung des Konsums zur Verhinderung politischer Unruhen während der siebziger Jahre ist nur durch eine massive staatliche Verschuldung zu finanzieren; diese Politik führt Ende des Jahrzehnts zum Zusammenbruch der Volkswirtschaft. Die Parteiführung versucht, die Wirtschaftskrise durch eine Senkung des Lebensstandards zu überwinden.

Das Zusammenfallen politischer Ent-Deklassierung und des Angriffs auf das wirtschaftliche Lebensniveau der Bürgerschaft führt zu einer neuerlichen **Revolution zweiten Typs** in den Jahren 1980/81.

4b.c.) Die gesellschaftliche Entwicklung in Polen entspricht dem von Nowak gebildeten **Modell I** : nach dem Auftreten einer Reihe zyklischer Revolutionen ändert sich das Kräfteverhältnis der Klassen irreversibel zugunsten der Bürgerschaft.

Anlaß des Ausbruchs der Revolutionen sind jeweils die Auswirkungen der Überakkumulation im wirtschaftlichen Bereich und die politische Krisenlösungsstrategie der Führung (Senkung des Lebensstanards).

Die Revolution der Jahre 1980/81 schließt praktisch die ganze Gesellschaft gegen den Parteiapparat zusammen; die Partei muß die Gewerkschaft „Solidarität“ als unabhängige Interessenvertreterin der Bürgerschaft anerkennen. Diese „tauscht“ eine Akzeptierung der Einschränkung des Konsumniveaus zur Überwindung der Krise gegen die Gewährung **politischer Rechte**.

Obgleich die Herrscherklasse im Jahr 1981 ihre Position durch das Kriegsrecht und ein Verbot der „Solidarität“ kurzzeitig konsolidieren kann, gelingt es ihr nicht, autonome Sozialbeziehungen zu zerschlagen und die Gesellschaft im Zustand der Deklassierung zu halten. Die Transformation der Diktatur in eine Demokratie kann nicht mehr aufgehalten werden: Streiks gegen die Wirtschaftspolitik der Regierung im Jahr 1988 gewinnen schnell eine politische Dimension und haben die Einrichtung des „Runden Tisches“ und das Ende des politischen Herrschaftsmonopols der Partei zur Folge. Die **Tripelgesellschaft** wandelt sich zu einer **Klassengesellschaft**. Die gesellschaftliche Entwicklung tritt in eine Phase des **Klassenfriedens**.

5.) Ziel der Ausarbeitung des dargestellten „**Modells II**“ war die Erkenntnis grundlegender sozial-historischer Entwicklungsprozesse in sowjetischen Satellitenstaaten. Nowaks „Modell einer sozialistischen Gesellschaft“ mußte dabei in folgenden Punkten geändert werden:

a.) Eingeschränkt wurden die Nowaks „Modell I“ zugrundeliegenden „idealisierenden“ Bedingungen:

a.a.) Die untersuchte Gesellschaft konnte **nicht** als isolierte betrachtet werden. Vielmehr mußte der Einfluß der politischen Vormacht Sowjetunion auf die gesellschaftliche Entwicklung einbezogen werden.

a.b.) Als die **reguläre** Entwicklung einer **rein-politischen Gesellschaft** modifizierend wurde die ökonomische Entwicklung als **sekundärer Faktor ersten Grades** erkannt.

Die Ausarbeitung eines „**Modells II**“, welches die untersuchte Gesellschaft als eine **politisch-ökonomische** betrachtet, führte zu folgenden Erkenntnissen:

b.) Im Unterschied zu Nowaks „Modell I“ beginnt die gesellschaftliche Entwicklung eines sowjetischen Satellitenstaates nicht in einer Phase des „Klassenfriedens“, sondern in einer „revolutionären“ Phase, die in eine „Deklassierungsphase“ übergeht (in Polen), oder mit der „Deklassierung“ der Bürgerschaft (in der DDR).

c.) Die „totalitäre“ Phase (im Sinne der vollständigen staatlichen Regulierung aller regulierbaren bürgerlichen Interaktionen) wurde in diesen Gesellschaften nicht durchlaufen; als Grund hierfür wurde der Abbruch der radikalen Ausdehnung des staatlichen Regulierungsbereiches durch die von der Sowjetunion ausgehende „Entstalinisierung“ angeführt. Diese wirkte als Katalysator des Ausbruchs der ersten „Revolution zweiten Typs“.

d.) Es konnte das Ausbleiben zyklischer Revolutionen und die lange Dauer einer Phase politischer Deklassierung erklärt werden

d1.) durch die Aufhebung der idealisierenden Bedingung der Isolation der untersuchten Gesellschaft. Der Zusammenhang von „Widerspruch und Abwanderung“ wurde in die Überlegungen zur gesellschaftlichen Entwicklungsdynamik einbezogen; verstärkte Abwanderung führte unter bestimmten Bedingungen zum Rückgang der Widerstandsneigung in der Bürgerschaft.

d2.) die rasche Niederschlagung der ersten „Revolution zweiten Typs“ durch die überlegenen Zwangsmittel der politischen Vormacht im Zusammenhang mit Massenabwanderungen führte in der DDR zu einer Nowaks „Modell I“ widersprechenden Entwicklung: die niedergeschlagene Revolution wirkte nicht als Mechanismus sozialen Fortschritts, sondern ermöglichte die Deklassierung der Gesellschaft über das vorrevolutionäre Niveau hinaus.

Nowaks These über die gesellschaftlichen Folgewirkungen einer „Revolution zweiten Typs" muß folgendermaßen modifiziert werden: eine niedergeschlagene Revolution zweiten Typs wirkt nur dann sozial fortschrittlich, wenn dieser Revolution keine Massenabwanderung folgt und sich eine Widerstandstradition in der Bürgerschaft bildet.

d3.) Das Ausbleiben zyklischer Revolutionen ermöglichte die langfristige Absicherung der politischen Deklassierung der Bürgerschaft durch eine langfristige Wirtschafts- und Sozialpolitik des Vorrangs der Konsumtion vor der Produktionsmittelproduktion. Die herrschaftsstabilisierenden Wirkungen dieser Politik sind aber nicht beliebig perpetuierbar.

e.) Geändert werden mußte Nowaks These, daß siegreiche Revolutionen **notwendigerweise** zur politischen Deklassierung der Bürgerschaft führen.

e1.) Ist eine Revolution siegreich in einer Gesellschaft, in welcher sich bereits große Teile der Bürgerschaft aus der Deklassierung befreit haben, so kann die „starke" Bürgerschaft die erneute Ausdehnung des staatlichen Regelungsbereiches beschränken.

e2.) Wird die idealisierende Bedingung der Isolation der untersuchten Gesellschaft aufgehoben, so kann durch Einflüsse „von außen" die Verhinderung einer erneuten Deklassierung auch einer „schwachen", nicht durch **zyklische** Revolutionen gestärkten, Bürgerschaft erklärt werden. Diese Möglichkeit ergibt sich durch den staatlichen Anschluß der Gesellschaft an eine Demokratie.

6.) Das dargestellte „**Modell II**" erklärt **grundlegende** gesellschaftliche Entwicklungsprozesse. Weitere Modelle können ein verfeinertes und genaueres Bild dieser Prozesse in sowjetischen Satellitenstaaten liefern:

6a.) So kann die **empirische Basis** des „Modells II" erweitert werden. Außer Polen und der DDR können auch andere sowjetische Satellitenstaaten in die Untersuchung einbezogen werden.

In Ungarn beispielsweise folgt der ersten Revolution zweiten Typs im Jahr 1956 eine staatliche De-Regulierung, der trotz des Ausbleibens zyklischer Revolutionen keine weitergehende Re-Regulierung folgt. Eine theoretische Einordnung des „Prager Frühlings", einer weitgehenden, von Teilen des Parteiapparates eingeleiteten staatlichen De-Regulierung würde zur Verfeinerung des theoretischen Modells wichtiges beitragen. In Rumänien kommt es in den fünfziger Jahren nicht zu einer Revolution zweiten Typs; dagegen muß die Gesellschaft in den siebziger und achtziger Jahren die „totalitäre" Entwicklungsphase (der weitestgehenden staatlichen Regulierung bürgerlicher Interaktionen) durchlaufen. Die Parteiherrschaft wird schließlich nur in Rumänien durch einer **gewaltsame** Revolution gestürzt.

Die Einbeziehung der gesellschaftlichen Entwicklungen in den genannten Staaten würde das erarbeitete „**Modell II**“ in der Reichweite seiner Aussagekraft erweitern. Weiterhin könnten die gegenseitige Beeinflußung der einzelnen Länder und die Einwirkung der sowjetischen Entwicklung genauer thematisiert werden.

6b.) „**Modell II**“ kann ferner durch die **sukzessive Aufhebung der geltenden idealisierenden Bedingungen** um weitere Modelle ergänzt werden. Die Einbeziehung weiterer „**sekundärer Faktoren**“ auf die Ausarbeitung eines „Modells“ würde etwa nationale Besonderheiten, historische Prägungen, Unterschiede und Widersprüche innerhalb des Parteiapparates und der Bürgerschaft etc. thematisieren.

Die Realisierung der in 6a.) und 6b.) genannten Möglichkeiten bleibt weiteren Forschungen mit dem Ziel der theoretischen Klärung gesellschaftlicher Entwicklungsprozesse in „real-sozialistischen Staaten“ vorbehalten. Die hier vorgelegte Arbeit versteht sich als ein erster Schritt in diese Richtung.

Literaturverzeichnis

Altrichter, Helmut: Kleine Geschichte der Sowjetunion. 1917-1991; München 1993

Anders, Johann-Friedrich: Theorien über sozialistische Systeme oder die Erfolglosigkeit der empirischen Sozialwissenschaften; Kronberg/Ts. 1976

Anweiler, Oskar: Die Arbeiterselbstverwaltung in Polen; in: Osteuropa 8 (1958), S.224-232

Arendt, Hannah: Elemente und Ursprünge totaler Herrschaft; München 1986

Baring, Arnulf: Der 17. Juni 1953; Bonn 1957

Bingen, Dieter: Vorgeschichte und Phasen des Systemwechsels in Polen 1989; Köln 1990

Bolz, K.: Die wirtschaftliche Entwicklung in Osteuropa zur Jahreswende 77/78 bis 88/89; Hamburg 1978 -89, Kapitel DDR

Bress, Ludwig; Hensel, Karl Paul u.a.: Wirtschaftssysteme des Sozialismus im Experiment. Plan oder Markt.; Frankfurt 1973

Brus, W.: Funktionsprobleme der sozialistischen Wirtschaft; Frankfurt 1971

Buchheim, Christoph: Wirtschaftliche Hintergründe des Arbeiteraufstandes vom 17. Juni 1953 in der DDR. in: Vjh. Zeitgeschichte 38 (1990) S.415-433

Buck, Hansjörg: Technik der Wirtschaftslenkung in kommmunistischen Staaten; Coburg 1969

Cornelsen, Doris: Die Wirtschaft der DDR in der Honecker-Ära; in: Glaeßner 1988, S.357-370

Die Aussagen der Konvergenztheorie, in: Wirtschaftsdienst. Hamburgisches Weltwirtschafts-Archiv; Hamburg 1972, S.149-153

Diepenthal, Wolfgang: Drei Volksdemokratien. Ein Konzept kommunistischer Machtstabilisierung und seine Verwirklichung in Polen, der Tschechoslowakei und der SBZ 1944-1948; Köln 1974

Dietz, Raimund: Die Wirtschaft der DDR 1950-1974; Wien 1976

Dobias, Peter: Die Wirtschaftssysteme Osteuropas; Darmstadt 1986

Dobias, Peter: Theorie und Praxis der Planwirtschaft ; Paderborn 1977

Ebel, Horst: Abrechnung. Das Scheitern der ökonomischen Theorie und Politik des „realen Sozialismus“; Berlin 1990
Förtsch, E. und Mann, R.: Die SED; Stuttgart 1969
Fricke, K.W.: Der Fall Berija und die Zaisser/Herrnstadt Opposition; Berlin 1984
Fricke, K.W.: MfS intern. Macht, Strukturen, Auflösung der DDR- Staatssicherheit; Köln 1991
Fricke, K.W.: Opposition und Widerstand in der DDR; Köln 1984
Fricke, K. W.: Politik und Justiz in der DDR. Zur Geschichte der politischen Verfolgung 1945-68; Köln 1979
Friedrich, C.J.:Totalitäre Diktatur; Stuttgart 1957
Friedrich, C. J.: Totalitarianism: Recent Trends; in: Problems of Communism.17.Jg. (1968), Nr.3, S.32-43
Fritze, Lothar: Kommandowirtschaft: Ein wissenschaftlicher Erlebnisbericht über Machtverhältnisse, Organisationsstrukturen und.Funktionsmechanismen im Kombinat; in: Leviathan 21 (1993), S.174-204
Gaus, Günter: Wo Deutschland liegt. Eine Ortsbestimmung; Hamburg 1983, S.156-233
Glaeßner, G.- J.(Hg.): Die DDR in der Ära Honecker. Politik- Kultur- Gesellschaft; Opladen1988
Glaeßner, G.-J.:Herrschaft durch Kader; Opladen 1977
Glaeßner, G.- J.: Sozialistische Systeme, Einführung in die Kommunismus- und DDR- Forschung; Opladen 1982
Glaser, Günther: Errichtung des Machtmonopols der SED auf sicherheits- und militärpolitischem Gebiet (April bis Oktober 1948); in: Beiträge zur Geschichte der Arbeiterbewegung 3/91, S.336-348
Gleitze, Bruno u.a.: Das ökonomische System der DDR nach dem Anfang der siebziger Jahre; Berlin 1971
Gleitze Bruno: Die Industrie der Sowjetzone unter dem gescheiterten Siebenjahrplan; Berlin 1964
Graf, Friedrich W.: Eine Ordnungsmacht eigener Art. Theologie und Kirchenpolitik im DDR- Protestantismus; in: Kaelble 1994, S.295-321
Günzel, Karl: Die Wirtschaftspolitik der Volksrepublik; in: Markert 1959, S.367-386

Hacker, Jens: Der Ostblock; Baden- Baden 1983
Hamel, Hannelore: Das Stalinsche Wirtschaftssystem administrativer Planung Leitung und Kontrolle. in: Bress 1973, S.33-38
Heitzer, Heinz: Entscheidungen im Vorfeld der 2. Parteikonferenz der SED (Februar bis Juli 1952); in: Beiträge zur Geschichte der Arbeiterbewegung 4/92, S.18-32
Henrich, Rolf: Der vormundschaftliche Staat. Vom Versagen des real existierenden Sozialismus; Hamburg 1989
Hensel, K.P.: Das Stalinsche Wirtschaftssystem; in: Bress 1973, S.39-61
Hensel, K.P.: Reformexperimente im administrativen Sozialismus; in: Bress 1973, S.149-169
Henyks, Reinhard: Thesen zum Wandel der gesellschaftlichen und politischen Rolle der Kirchen in der DDR in den siebziger und achtziger Jahren; in: Glaeßner 1988, S.332-356
Hertle, Hans- Hermann: Der Weg in den Bankrott der DDR- Wirtschaft. Das Scheitern der „Einheit von Wirtschafts- und Sozialpolitik" am Beispiel der Schürer/Mittag- Kontroverse im Politbüro 1988; in: Deutschland Archiv 1992, S.127-145
Hertle, Hans- Hermann: Staatsbankrott. Der ökonomische Untergang des SED-Staates; in: Deutschland Archiv 1992, S.1019-1039
Hirschman, Albert O.: Abwanderung und Widerspruch; Tübingen 1974
„Historikerstreit" Die Dokumentation der Kontroverse um die Einzigartigkeit der nationalsozialistischen Judenvernichtung; München 1987[3]
Hodos, Georg Hermann: Schauprozesse. Stalinistische Säuberungen in Osteuropa 1948-54; Frankfurt 1988
Hoensch, Jörg K. Geschichte Polens; Stuttgart 1983 und 1990
Hoesli, Andreas: Planlose Planwirtschaft; Hamburg 1989
Holzer, Jerzy: Solidarität. Die Geschichte einer freien Gewerkschaft in Polen; München 1985
Institut für die Geschichte der Arbeiterbewegung: Einheitsdrang oder Zwangsvereinigung. Die Sechziger Konferenzen von KPD und SPD 1945 und 1946; Berlin 1990

Institut für Marxismus-Leninismus beim ZK der SED(Hg): Geschichte der Deutschen Arbeiterbewegung, Band 6; Berlin1966

Jaeger, Hans: Geschichte der Wirtschaftsordnung in Deutschland; Frankfurt 1988

Janson, C.-H.: Totengräber der DDR. Wie Günter Mittag den SED- Staat ruinierte; Düsseldorf 1991

Jänicke, Martin: Totalitäre Herrschaft. Anatomie eines politischen Begriffes; Berlin 1971

Jermakowicz,W.: Das wirtschaftliche Lenkungssystem Polens. Indikatoren und Determinanten seiner Entwicklung 1944-1984; Marburg1985

Jermakowicz, W.: Reform Cycles in Poland, the UdSSR, the GDR, and Czechoslovakia; in: Marer,P.; Siwinski,W.;(ed): Creditworthiness and Reform in Poland. Western and Polish Perspectives; Bloomington and Indianapolis 1988, S.80-91

Johnson, Chalmers (ed.): Change in Communist Systems; Stanford 1970

Jonuscheit, Karl- Heinz: Einige Fragen der Theorie und der Anwendung der wirtschaftlichen Rechnungsführung in der DDR; in: Probleme der politischen Ökonomie, Bd.3, Berlin 1960, S.309-363

Kaelble, Hartmut (Hgbr.) u.a.: Sozialgeschichte der DDR; Stuttgart 1994

Kaiser Monika: Die Zentrale der Diktatur - organisatorische Weichenstellungen, Strukturen und Kompetenzen der SED-Führung in der SBZ/DDR 1946 bis 1952; in: Kocka,J. (Hg) Historische DDR- Forschung. Aufsätze und Studien; Berlin 1993

Klonovsky, Michael, Flocken, Jan von: Stalins Lager in Deutschland 1945-1950; Frankfurt 1991

Knauff, R.: Die Investitionspolitik der DDR in: Gutmann,G. u.a.(Hg.): Das Wirtschaftsystem der DDR; Stuttgart.1983, S.331-344

Kolakowski, Leszek: Die Hauptströmungen des Marxismus. Entstehung, Entwicklung, Zerfall, 3 Bände; München 1978

Konrad, György und Szelenyi, Ivan: Die Intelligenz auf dem Weg zur Klassenmacht; Frankfurt 1981

Kosta, Jiri: Die ökonomische Reformdiskussion in Ostreuropa, in: Wirtschaftsprobleme Osteuropas in der Analyse, Hg. Heinrich Vogel, Berlin 1982, S.145-161

Krol, G.-J.: Die Wirtschaftsreform in der DDR und ihre Ursachen; Tübingen 1972

Kuron, Jacek; Modzelewski, Karol: Offener Brief an die Polnische Vereinigte Arbeiterpartei; in: Jänicke, Martin (Hg.) Politische Systemkrisen. Köln 1973

Kusch, Günter u.a.: Schlußbilanz DDR. Fazit einer verfehlten Wirtschafts- und Sozialpolitik Berlin 1991

Leipold, Helmut: Wirtschafts- und Gesellschaftssysteme im Vergleich. Grundzüge einer Theorie der Wirtschaftssysteme; Stuttgart1988

Lenin, W.I.: Ausgewählte Werke, B.II; Berlin 1970[8]

Leonard, Wolfgang: Die Revolution entlässt ihre Kinder; Frankfurt 1990[4]

Lepsius, Rainer M.: Die Institutionenordnung als Rahmenbedingung der Sozialgeschichte der DDR; in: Kaelble 1994, S.17-30

Loth, Wilfried: Stalins ungeliebtes Kind. Warum Moskau die DDR nicht wollte; Berlin1994

Ludz, Peter Christian: Parteielite im Wandel. Funktionsaufbau, Sozialstruktur und Ideologie der SED- Führung. Eine empirisch-systematische Untersuchung; Köln 1970[3]

Ludz, Peter Christian: Situation, Möglichkeit und Aufgaben der DDR-Forschung in der Bundesrepublik; in: Akademie für politische Bildung Tutzing. Mitteilungen und Berichte Nr.39, S.2-17

Lutz, F.A.: Gesellschaftliche Entwicklungstendenzen in Osteuropa; Zürich 1969

Markert, Werner (Hg.): Osteuropa-Handbuch. Polen; Köln 1959

Markus, György: Planning the Crisis:Some Remarks on the Economic System of Soviet-type Societies;in: Praxis International, S. 240-257

Marquardt, Bernard: Der Totalitarismus - ein gescheitertes Herrschaftssystem. Eine Analyse der Sowjetunion und anderer Staaten Ost-Mitteleuropas; Bochum1991

Marx, Karl; Engels, Friedrich: Ausgewählte Werke in sechs Bänden. Herausgegeben vom Institut für Marxismus- Leninismus beim ZK der SED; Berlin 1972[2]

Marx, Karl; Engels, Friedrich, Werke (abgekürzt: MEW), Berlin 1956ff

Meuschel, Sigrid: Auf der Suche nach der versäumten Tat - Kommentar zu Klaus Schroeders und Jochen Staadts Kritik an der bundesdeutschen DDR-Forschung; in: Leviathan 21 (1993), S. 407-423

Meuschel,Sigrid: Legitimation und Parteiherrschaft in der DDR. Zum Paradox von Stabilität und Revolution in der DDR 1945-1989; Frankfurt1992

Meyer, Gerd: Die DDR- Machtelite in der Ära Honecker; Tübingen 1991

Meyer, Gerd: Sozialistische Systeme. Theorie- und Strukturanalyse. Ein Studienbuch; Opladen 1979

Michnik Adam: Der lange Abschied vom Kommunismus; Hamburg 1992

Naumann G., Trümpler E.: Von Ulbricht zu Honecker. 1970 - ein Krisenjahr der DDR; Berlin 1990

Neugebauer, G.: Partei und Staatsapparat in der DDR am Beispiel des Staatsapparates; Opladen 1977

Niethammer, Lutz: Erfahrungen und Strukturen. Prolegomena zu einer Geschichte der Gesellschaft der DDR; in: Kaelble 1994, S.95-115

Nolte, Ernst: Der europäische Bürgerkrieg 1917-1945. Nationalsozialismus und Bolschewismus; Frankfurt 1987

Nowak, Leszek: A model of socialist society; in: Studies in soviet thought (34) 1987

Nowak, Leszek: Power and Civil Society. Toward a dynamic theory of Real Socialism; New York 1991

Nowak, Leszek: Property and Power. Towards a Non-Marxian Historical Materialism; Dordrecht 1983

Nowak, Leszek: The Structure of Idealization. Towards a Systematic Reconstruction of the Marxian Idea of Science; Dordrecht 1980

Nowak, Leszek: The Totalitarian Approach and the history of Socialism; in: Frentzel- Zagorska, Janina (Hg.): From a One-Party State to Democracy: Transition in Eastern Europe, S.45-66 Amsterdam 1993

Olsienkiewicz, Henryk: Entwicklungsschwankungen und Konjunkturzyklen in der Ostblockwirtschaft; in: Osteuropa 19 (1969), S.773-784

Pollack, Detlef: Zum Stand der DDR- Forschung; in: Politische Vierteljahresschrift (34) 1993, S.119-139

Prieß, Lutz; Eckert, Detlef: Zu Verhaltensmustern der SED-Parteiführung in Krisensituationen der DDR - politischer Machtanspruch kontra Demokratie; in: Keller, Dietmar (Hg.) Ansichten zur Geschichte der DDR; Bd.1; Bonn 1993, S. 99-128

Przybylski, Peter: Tatort Politbüro, Band 1: Die Akte Honecker; Berlin 1992

Przybylski, Peter: Tatort Politbüro, Band 2: Honecker, Mittag, Schalck-Golodkowski; Berlin1992

Pysz, Piotr; Quaisser, Wolfgang: Polens Wirtschaft zwischen Krise und Reform; in: Aus Politik und Zeitgeschichte, Beilage zur Wochenzeitschrift „Das Parlament", 11/88

Rhode, Gotthold: Polen als „Volksdemokratie";in: Markert 1959, S.223-266

Roesler, Jörg: 40 Jahre Planwirtschaft in der DDR: Aufarbeitung aus retrospektiver Sicht? in: Beiträge zur Geschichte der Arbeiterbewegung 3/91, S.310-321

Roesler, Jörg: Zwischen Plan und Markt. Die Wirtschaftsreform in der DDR zwischen 1963 und 1970; Berlin 1990

Roos, Hans: Geschichte der Polnischen Nation 1916-1960; Stuttgart 1960

Rüddenklau, Wolfgang: Störenfried. DDR-Opposition 1986-1989; Berlin 1992

Sarel, Benno: Arbeiter gegen den „Kommunismus". Zur Geschichte des proletarischen Widerstandes in der DDR (1945-1958); München 1975

Schenk, Fritz: Im Vorzimmer der Diktatur; Köln 1962

Schenk, Fritz: Magie der Planwirtschaft; Köln 1960

Schneider, Eberhard: Die osteuropäische Wirtschaftskrise als innenpolititisches Problem: Polen, UdSSR und DDR; in: (Hg.) Höhmann H., Vogel, H.: Osteuropas Wirtschaftsprobleme und die Ost- West- Beziehungen; Baden-Baden 1984

Schneider, Gernot: Wirtschaftswunder DDR. Anspruch und Realität; Köln 1988

Siegel, Achim: Überrepressionskrisen. Zur Dynamik des Terrors im Stalinismus; Freiburg 1991

Stalin, J.: Fragen des Leninismus; Moskau 1947

Staniszkis, Jadwiga: Ökonomische Zyklen und Politik in Polen; in: Osteurpa 3/1982, S.189-199

Staritz, Dietrich: Die Gründung der DDR. Von der sowjetischen Besatzungsherrschaft zum sozialistischen Staat; München 1884

Staritz, Dietrich: Geschichte der DDR 1949-1985; Frankfurt 1985

Stasiewski, Bernhard: Die Kirchenpolitik der polnischen Regierung; in: Markert 1959, S.356-365

Stern, Carola: Porträt einer bolschewistischen Partei. Entwicklung, Funktion und Situation der SED; Köln 1957

Stern, Frank: Dogma und Widerspruch. SED und Stalinismus in den Jahren 1946 bis 1958; München 1992

Suckut,Siegfried: Blockpolitik in der SBZ/DDR 1945-1949; Köln 1986

Suckut,Siegfried: Die Betriebsrätebewegung in der Sowjetisch Besetzten Zone Deutschlands (1945-1948); Frankfurt 1982

Thadden, von Johannes: Krisen in Polen 1966, 1970, 1980. Köln 1986

Thalheim, Karl C.: Die Rezeption des Sowjetmodells in Mitteldeutschland; in:Jahn, Georg (Hg.) Die Wirtschaftssysteme der Staaten Osteuropas und der Volksrepublik China, Bd.1, S.267-291; Berlin 1961

Thieme, H. Jörg: Gesamtwirtschaftliche Instabilitäten im Systemvergleich; in: Thieme H.J. (Hg.): Gesamtwirtschaftliche Instabilitäten im Systemvergleich, Stuttgart 1979, S.3-16

Thomas, Rüdiger: Kulturpolitik und Künstlerbewußtsein seit dem VIII. Parteitag der SED; in: Glaeßner 1988, S.589-608

Tietzel, Manfred u.a.: Die Logik der sanften Revolution. Eine ökonomische Analyse; Tübingen 1991

Vollnhals, Clemens: Das Ministerium für Staatssicherheit. Ein Instrument totalitärer Herrschaftsausübung in: Kaelble 1994, S.498-518

Voslensky, Michael S.: Nomenklatura. Die herrschende Klasse der Sowjetunion in Geschichte und Gegenwart; München 1987

Wallace, Ian: Die Kulturpolitik der DDR 1971-1990; in: Glaeßner, Gert-Joachim, Eine deutsche Revolution: der Umbruch in der DDR, seine Ursachen und Folgen; Frankfurt 1991

Weber , Hermann: Aufstieg und Niedergang es deutschen Kommunismus; in: APuZ B40/91, S.25-40

Weber, Hermann: Die DDR 1945-1990; München 1993

Weber, Hermann: Geschichte der DDR. München 1985

Weber, Hermann: Die SED; Bd.1u.2; Hannover 1971/74

Weber, Hermann: Von der SBZ zur „DDR", Band 1, 1945-1955 Hannover 1966

Weber, Max: Gesammelte Aufsätze zur Wissenschaftslehre; Tübingen 1973

Weiß, Robert: Chronik eines Zusammenbruchs. Der „heiße" Herbst 1989 und seine Folgen in den Ländern des Warschauer Paktes; Berlin 1990

Wörterbuch der Ökonomie. Sozialismus. Ehlert, Willi u.a.(Hg.); Berlin 1969[2]

Zwahr, Hartmut: Kontinuitätsbruch und mangelnde Lebensfähigkeit. Das Scheitern der DDR; in: Kaelble 1994, S.554- 558

Zwahr, Hartmut: Umbruch durch Ausbruch und Aufbruch: Die DDR auf dem Höhepunkt der Staatskrise 1989; in: Kaelble 1994, S.426-465